"十三五"国家重点出版物出版规划项目

中国工程院重大咨询项目　国家食物安全可持续发展战略研究丛书

第　三　卷

经济作物产业可持续发展战略研究

中国工程院"经济作物产业可持续发展战略研究"课题组

傅廷栋　主编

科 学 出 版 社

北 京

内 容 简 介

本书是中国工程院重大咨询项目"国家食物安全可持续发展战略研究"成果系列丛书的第三卷，是重大咨询项目的课题"经济作物产业可持续发展战略研究"的总结。全书分为课题综合报告和专题研究。课题综合报告在探讨经济作物产业的战略意义、现状、存在问题与制约因素、产品供求预测、市场调控、经济作物产业可持续发展国际经验与借鉴基础上，给出我国经济作物产业可持续发展的战略定位、战略目标与战略重点，并提出我国经济作物产业可持续发展的政策建议。专题研究用基本相同的研究框架，分别对经济作物中的纤维作物、油料作物、糖料作物进行研究，为课题综合报告提供佐证，丰富了本书的研究内容。

本书适合国内从事粮食安全与油料（糖料、棉花等）产业发展的研究人员，以及从事国家农业战略研究、农业发展管理的从业者参考使用，适合国内大中型图书馆馆藏。

图书在版编目（CIP）数据

经济作物产业可持续发展战略研究/傅廷栋主编. —北京：科学出版社，2017.10

（国家食物安全可持续发展战略研究丛书：第三卷）

"十三五"国家重点出版物出版规划项目　中国工程院重大咨询项目

ISBN 978-7-03-054382-0

Ⅰ.①经⋯　Ⅱ.①傅⋯　Ⅲ.①经济作物–产业–可持续发展战略–研究–中国　Ⅳ.①F326.12

中国版本图书馆 CIP 数据核字(2017)第 216811 号

责任编辑：马　俊　李　迪／责任校对：李　影
责任印制：肖　兴／封面设计：刘新新

科学出版社 出版

北京东黄城根北街 16 号
邮政编码：100717
http://www.sciencep.com

中国科学院印刷厂 印刷

科学出版社发行　　各地新华书店经销

*

2017 年 10 月第 一 版　　开本：787×1092　1/16
2017 年 10 月第一次印刷　　印张：16 1/4
字数：356 000

定价：118.00 元

（如有印装质量问题，我社负责调换）

"国家食物安全可持续发展战略研究"
项目组

顾　问

宋　健　周　济　沈国舫

组　长

旭日干

副组长

李家洋　刘　旭　盖钧镒　尹伟伦

成　员

邓秀新	傅廷栋	李　宁	孙宝国	李文华	罗锡文
范云六	戴景瑞	汪懋华	石玉林	王　浩	孟　伟
方智远	孙九林	唐启升	刘秀梵	陈君石	赵双联
张晓山	李　周	白玉良	贾敬敦	高中琪	王东阳

项目办公室

高中琪	王东阳	程广燕	郭燕枝	潘　刚	张文韬
王　波	刘晓龙	王　庆	郑召霞	鞠光伟	宝明涛

"经济作物产业可持续发展战略研究"
课题组

组　长：傅廷栋　　中国工程院院士、华中农业大学植物科技学院，教授

副组长：喻树迅　　中国工程院院士、中国农业科学院棉花研究所，研究员
　　　　冯中朝　　华中农业大学经济管理学院，教授

专题研究组及主要成员

1. 纤维作物产业可持续发展战略研究
   喻树迅　　中国农业科学院棉花研究所　　院士、研究员
   毛树春　　中国农业科学院棉花研究所　　研究员
   谭砚文　　华南农业大学　　教授
   周治国　　南京农业大学　　教授
   熊和平　　中国农业科学院麻类研究所　　研究员
   唐守伟　　中国农业科学院麻类研究所　　研究员
   刘志远　　中国农业科学院麻类研究所　　助理研究员
   杨宏林　　湖南大学　　副教授
   李建琴　　浙江大学　　教授

2. 油料作物产业可持续发展战略研究
   马文杰　　华中农业大学经济管理学院　　副教授
   李谷成　　华中农业大学经济管理学院　　教授
   郑炎成　　华中农业大学经济管理学院　　教授
   张学昆　　中国农业科学院油料作物研究所　　研究员
   冷博峰　　华中农业大学经济管理学院　　博士研究生
   刘　成　　华中农业大学经济管理学院　　博士研究生

3. 糖料作物产业可持续发展战略研究
   陈如凯　　福建农林大学　　教授
   刘晓雪　　北京工商大学　　副教授
   阙友雄　　福建农林大学　　副教授

丛书序

　　"手中有粮，心中不慌"。粮食作为特殊商品，其安全事关国运民生，维系经济发展和社会稳定，是国家安全的重要基础。对于我们这样一个人口大国，解决好十几亿人口的吃饭问题，始终是治国理政的头等大事。习近平总书记反复强调："保障粮食安全对中国来说是永恒的课题，任何时候都不能放松。历史经验告诉我们，一旦发生大饥荒，有钱也没用。解决 13 亿人吃饭问题，要坚持立足国内。"一国的粮食安全离不开正确的国家粮食安全战略，而正确的粮食安全战略源于对国情的深刻把握和世界发展大势的深刻洞悉。面对经济发展新常态，保障国家粮食安全面临着新挑战。

　　2013 年 4 月，中国工程院启动了"国家食物安全可持续发展战略研究"重大咨询项目。项目由第九届全国政协副主席、中国工程院原院长宋健院士，中国工程院院长周济院士，中国工程院原副院长沈国舫院士担任顾问，由时任中国工程院副院长旭日干院士担任组长，李家洋、刘旭、盖钧镒、尹伟伦院士担任副组长。项目设置了粮食作物、园艺作物、经济作物、养殖业、农产品加工与食品安全、农业资源与环境、科技支撑、粮食与食物生产方式转变 8 个课题。

　　项目在各课题研究成果基础上，系统分析了我国食物生产发展的成就及其基础支撑，深入研究了我国食物安全可持续发展面临的国内外情势，形成了我国食物安全可持续发展的五大基本判断：一是必须全程贯穿大食物观、全产业链和新绿色化三大发展要求，依托粮食主区和种粮大县，充分发挥自然禀赋优势和市场决定性作用，进一步促进资源、环境和现代生产要素的优化配置，加快推进形成人口分布、食物生产布局与资源环境承载能力相适应的耕地空间开发格局；二是必须依靠科技进步，扩大生产经营规模，强化社会化服务，延长产业链条，让种粮者获得更多增值收益；三是必须推进高标准农田建设，以重大工程为抓手，确保食物综合生产能力稳步提升所需的投入要素和资源供给；四是必须采取进村入户的技术扩散应用方式，节水节肥节地、降本增效，控制生产及各环节的不当损耗，持续提高资源利用率和土地产出率，强化农业环境治理；五是必须坚定不移地实施"以我为主、立足国内、确保产能、适度进口、科技支撑"的国家粮食安全新战略，集中科技投入，打造高产稳产粮食生产区，确保口粮绝对安全、粮食基本自给；丘陵山地以收益为导向，调整粮经比例、种养结构，实现农村一、二、三产业融合发展。通过实行分类贸易调节手段，有效利用国外资源和国际市场调剂国内优质食物的供给。

基于以上基本判断，项目组提出了我国食物安全可持续发展战略的构想，即通过充分发挥光、温、水、土资源匹配的禀赋优势，科技置换要素投入的替代优势，农机、农艺专业协作的规模优势，食物后续加工升值的产业优势，资源综合利用和保育的循环优势，国内外两种资源、两个市场的调节优势等路径，推进食物安全可持续发展及农业生产方式转变。提出了八大发展思路，即实施粮食园艺产业布局区域再平衡、经济作物优势区稳健发展、农牧结合科技示范推广、农产品加工业技术提升、农业科技创新分层推进、机械化农业推进发展、农田生态系统恢复与重建、依据消费用途实施差别化贸易等。提出了十大工程建议，即高标准农田建设、中低产田改造、水利设施建设、旱作节水与水肥一体化科技、玉米优先增产、现代农产品加工提质、现代农资建设、农村水域污染治理、农业机械化拓展、农业信息化提升等。提出了 7 项措施建议：一是严守耕地和农业用水红线，编制粮食生产中长期规划；二是完善支持政策，强化对食物生产的支持和保护；三是创新经营方式，培育新型农业经营主体；四是加快农业科技创新，加大适用技术推广力度；五是加大对农业的财政投入和金融支持，提高资金使用效率；六是转变政府职能，明确公共服务的绩效和职责；七是完善法律法规标准，推进现代农业发展进程。

《国家食物安全可持续发展战略研究》是众多院士和多部门多学科专家教授、企业工程技术人员及政府管理者辛勤劳动和共同努力的结果，在此向他们表示衷心的感谢，特别感谢项目顾问组的指导。

希望本丛书的出版，对深刻认识新常态下我国食物安全形势的新特征，加强粮食生产能力建设，夯实永续保障粮食安全基础，保障农产品质量和食品安全，促进我国食物安全可持续发展战略转型，在农业发展方式转变等方面起到战略性的、积极的推动作用。

"国家食物安全可持续发展战略研究"项目组

2016 年 6 月 12 日

前　言

经济作物包括纤维作物、油料作物、糖料作物三大类。经济作物产品具有特殊的使用价值，许多经济作物产品是人类生存最基本、最必需的生活资料，关系到我国十几亿人饮食、穿衣等生活质量的提高。经济作物产品是出口、创汇、增加农民经济收入的主要来源，对我国工业尤其是轻工业的发展具有举足轻重的作用。可以说，经济作物的生产对整个国民经济的发展和社会稳定起着十分重要的作用。因此，研究经济作物产业可持续发展具有重要的现实意义。

"经济作物产业可持续发展战略研究"是 2013 年中国工程院启动实施的重大咨询项目"国家食物安全可持续发展战略研究"的课题之一。课题主要目标是在宏观资源与人口压力下，综合粮食、油料、糖料、水果、蔬菜、肉类、牛奶等产品系统发展基础上，制定经济作物可持续发展战略与政策措施。

为深入研究我国经济作物产业可持续发展战略与政策，课题分产品设置为"纤维作物产业可持续发展战略研究"、"油料作物产业可持续发展战略研究"和"糖料作物产业可持续发展战略研究"3 个专题组和 1 个综合组，由华中农业大学、中国农业科学院棉花研究所和福建农林科技大学共同承担。两年多来，来自 3 家单位的 20 多位专家协同努力，先后赴湖北、湖南、新疆、浙江、黑龙江、贵州、四川、云南、江西等省份开展调研，获得大量关于经济作物产业发展与产品消费的相关数据，组织 20 多次行业内相关专家咨询活动，最终圆满完成课题研究任务。

《经济作物产业可持续发展战略研究》一书旨在研究如何实现我国经济作物产业的可持续发展。本书的第一部分，在探讨经济作物产业的战略意义、现状、存在问题与制约因素、产品供求预测、市场调控、经济作物产业可持续发展国际经验与借鉴基础上，给出我国经济作物产业可持续发展的战略定位、战略目标与战略重点，并提出我国经济作物产业可持续发展的政策建议。本书的第二部分，用基本相同的研究框架，分别对经济作物中的纤维作物、油料作物、糖料作物进行研究，为第一部分研究提供佐证，并丰富了本书的研究内容。

本书综合了包括华中农业大学、中国农业科学院、福建农林科技大学等多个部门和研究单位的知名专家在各自领域的观点与成果，是课题全体人员共同智慧的结晶。在课题执行过程中，得到了中国工程院、国家农业部、中国农业科学院油料作物研究所及其他参与单位和各调研单位和农户的大力支持，在此一并表示感谢！

限于时间和水平，不足之处在所难免。同时，课题综合报告作为三个专题研究的归纳与凝练，重复之处也在所难免，敬请读者批评指正。

"经济作物产业可持续发展战略研究"课题组

2017 年 5 月

目　录

专 题 研 究

课题综合报告

一、经济作物产业可持续发展的战略意义

经济作物产品具有特殊的使用价值，许多经济作物产品是人类生存最基本的生活资料，关系到我国十几亿人饮食、穿衣等生活质量的提高。经济作物产品是出口、创汇、增加农民经济收入的主要来源，对我国工业尤其是轻工业的发展具有举足轻重的作用。可以说，经济作物的生产对整个国民经济的发展和社会稳定起着十分重要的作用。因此，研究经济作物产业可持续发展具有重要的现实意义。

（一）经济作物产业的界定

1. 经济作物界定模糊

传统的分类体系将人工栽培的植物划分为粮食作物和经济作物两大类。粮食作物一般是指用作人类主食的作物，经济作物一般是指为工业特别是轻工业提供原料的作物，按其用途又分为纤维作物、油料作物、糖料作物、嗜好性作物、药用植物等（陈道，1983）。

《中国农业年鉴 2000》把作物划分为粮食作物、经济作物和其他作物三大类，其中经济作物包含棉花、油料（含花生、油菜、向日葵、芝麻、胡麻等）、麻类（含黄麻、红麻、苎麻、亚麻等）、烟叶、糖料（含甘蔗、甜菜等）和药材，而水果、干果、热带作物（如橡胶、胡椒等）尽管具有较高的经济价值，但均不属于经济作物范畴，其种植面积也均不计入农作物总播种面积。

《当代中国的农业》把农作物分为：食用植物（又分直接食用植物，如粮、油、糖、菜、果、饮料植物和间接食用植物如牲畜饲料）、工业用植物（含纤维、橡胶、树胶、芳香油、鞣质、色素、编织植物等）、环保植物（含观赏、固沙植物）和种质植物四大类，其划分方法与各种作物归属于其他学者或机构的关系较大，未出现经济作物的概念与范畴。

由于经济作物外延很宽，种类繁多。《云南农业地理》在计算"粮经比"时，说明经济作物"是指除粮食、饲料，绿肥以外的各种农作物"，还"包括部分木本经济林木"（如蚕桑），这是一个"宽"的口径。相比之下，《中国农业年鉴 2000》在经济作物的范畴里，除去了蔬菜、瓜果类，当然更不含水果、蚕桑、热带作物等，是一个"窄"的口径。除去"宽""窄"两种口径外，还有大量存在于两者之间的关于经济作物的概念界定。

现行国家统计局农业统计报表，没有粮食作物和经济作物的明确划分。农作物播种面积是由粮食、豆类、纤维、糖料、油料、烟叶、药材、蔬菜（含瓜果）、绿肥、饲料等组成的（干安生等，2002）。

2. 本课题经济作物范畴界定

中国工程院重大咨询项目"国家食物安全可持续发展战略研究"主要任务是对中长期国家粮食和食物安全可持续发展开展多维度分析，全面制订今后一个时期确保国家粮食和食物安全可持续发展的战略。"经济作物产业可持续发展战略研究"是中国工程院重大咨询项目"国家食物安全可持续发展战略研究"的八大课题之一，因此，直接可以为人类提供食物的经济作物（如油料作物、糖料作物）自然属于本课题的研究范畴；不能直接为人类提供食物，但播种面积较大且与粮食作物存在争夺资源（如争地）的经济作物（如棉花[①]、麻类）同样属于我们的研究范畴。

为了研究的需要，本课题把经济作物按其用途分为纤维作物、油料作物、糖料作物，其他经济作物如嗜好性作物、药用植物等包含在园艺作物中进行研究。按前述对研究范畴的界定：纤维作物，我们主要研究棉花和麻类；油料作物，我们主要研究油菜和花生；糖料作物，我们主要研究甘蔗和甜菜。

作为产品而言，纤维除去棉花、麻以外，还包括丝（桑蚕丝和柞蚕丝），但桑树和柞树本身不能提供纤维，也不属于传统的纤维作物。同时，桑树相对于其他作物来说，种植面积相当小；而柞树处于野生状态，且柞树并没有全部放养柞蚕，因此，我们在纤维作物中未包括桑树和柞树，对纤维产品的研究已包括丝类产品。

中国植物油来源的农作物主要有大豆、油菜、花生、棉花、玉米、葵花、山茶、芝麻、胡麻等。按照国家的农业产业政策可以划分为 3 种类型：①大宗油料作物如油菜和花生，是中国国产食用植物油的主要来源；②非油料作物的大豆和玉米在政策上按粮食作物对待，棉花则是作为提供纺织原料的经济作物（纤维作物）对待，虽然棉花是第三大国产植物油脂作物；③小宗油料作物如葵花、山茶、芝麻和胡麻等，利用这几种油料生产的食用植物油总产量比较少，还不到我国植物油总产量的5%（周振亚等，2011）。在我们的研究中，作为产业范畴，油料作物主要研究油菜和花生，兼顾小宗油料作物；作为产品而言，我们的研究包括大豆油、菜籽油、花生油、棉籽油和棕榈油（全部来源于进口）等在内的所有植物油。

（二）经济作物产业可持续发展的内涵

可持续发展（sustainable development）概念的明确提出，最早可以追溯到 1980 年由世界自然保护联盟（IUCN）、联合国环境规划署（UNEP）、野生动物基金会（WWF）共同发表的《世界自然保护大纲》（李强，2011）。1987 年，以挪威首相布伦特兰夫人为首的世界环境与发展委员会（WCED）发表了《我们共同的未来》。这份报告正式使用了可持续发展概念，并对之作了比较系统的阐述，产生了广泛的影响。该报告中，可持

[①] 棉花的种子可以用于榨油，棉籽油在中国是一种重要的食用油，但中国的棉花主要是一种纤维作物，其作为纤维作物的战略意义远大于油料作物。

续发展被定义为："能满足当代人的需要，又不对后代人满足其需要的能力构成危害的发展。它包括两个重要概念：需要的概念，尤其是世界各国人民的基本需要，应将此放在特别优先的地位来考虑；限制的概念，技术状况和社会组织对环境满足眼前和将来需要的能力施加的限制。"可持续发展是建立在社会、经济、人口、资源、环境相互协调和共同发展的基础上的一种发展，其宗旨是既能相对满足当代人的需求，又不能对后代人的发展构成危害。

一般来讲，可持续性是指生态系统受到某种干扰时（这种干扰保持在一定的阈值之内），仍能保持其正常生产率的能力[①]。具体对于经济作物产业来说，可持续发展可以理解为持续、稳定提供给人类安全、健康、优质的经济作物产品的能力。经济作物产业可持续发展分为如下几方面。

1. 资源上的可持续性

经济作物为人类提供丰富产品的过程是一个资源消耗的过程。经济作物产品的生产过程需要土地资源、水资源、光能资源、劳动力资源等。因此，对于经济作物产业来说，资源上的可持续性意味着在生产过程中尽可能少消耗资源（当然包括尽可能少使用资源和少污染资源），即要求经济作物产业是资源节约型和环境友好型产业。

2. 技术上的可持续性

技术决定了资源转化为产品的能力。因此，经济作物产业的可持续发展必然包括技术上的可持续发展。新的农业技术革命正在深刻改变世界农业的面貌，设施农业、农产品加工业的发展，使农业效益大幅度提高。任何技术成果都要经历由创新—扩散—成熟—退化—替代—再创新的技术周期。农业技术的可持续性体现在某项技术要确保农户（场）生产足够产品，满足最优化的生产需求目标，并可获得足够的劳动报酬，并在此基础上持续采用此项技术或者衍生出新技术的行为。

3. 经济上的可持续性

经济作物产业的实施主体是农民，而农民的种植积极性取决于经济作物种植的收益。因此，经济上的可持续性主要是指稳定降低成本，提高经济作物产品的出售价格，保证农民种植经济作物有一个相对稳定的收入预期。技术上的可持续性是经济上可持续性的前提，经济上的可持续性是技术上可持续性的结果[②]。

---

① 农业可持续性是指农业运行过程中，既要保持生态的可持续性，还要保持农业经济发展的可持续性。一方面，对农业资源的利用率特别是农业自然资源的利用率，应当且必须等于资源的更新率，或者说消耗掉的资源，与再生资源必须基本实现平衡。另一方面，农业可持续性还意味着一个连续的政治意愿和经济发展的目标应对环境质量和自然资源保护负起社会的责任，遵循各代人之间的平等性和经济的持续性，以确保对各代人的足够供给（包晓斌，2002）。

② 当然，这种结果并不一定是必然的结果。有的情况下，技术上具有可持续性，但因为产品价格、投入成本、管理差异等因素，农民虽然获得了足够的劳动报酬（技术上可持续），但并未获得行业平均利润率，未达到经济上的可持续。

4．政策上的可持续性

政策影响着中国的产业，当然也包括经济作物产业。政策的可持续性主要体现为国家对于经济作物产业的支持与调控政策应具有相应的连续性，通过适度增加种植经济作物的补贴，向农民传递国家重视农业、重视经济作物产业的信号。

综合经济作物产业资源上的可持续性、技术上的可持续性、经济上的可持续性、政策上的可持续性，经济作物的可持续性最终表现为经济作物综合生产能力上的可持续性。经济作物综合生产能力是指一定时期的一定地区，在一定的经济技术条件下，由各生产要素综合投入所形成的，可以稳定地达到一定产量的经济作物产出能力。这种产出能力并不一定表现出现实的经济作物产品的供给能力，但可预示着经济作物产业在资源、劳动力、技术和政策等各种要素的协调能力，预示着未来迅速转化为经济作物产品供给的能力，包括耕地保护能力、生产技术水平、政策保障能力、科技服务能力和抵御自然灾害能力等。

（三）经济作物产业可持续发展的战略意义

古人曰："一日不再食则饥，终岁不制衣则寒"（《论贵粟疏》），"人之情不能无衣食，衣食之道必始于耕织"（《淮南子》），可见经济作物在农业中占有十分重要的地位。经济作物产品具有特殊的使用价值，许多经济作物产品是人类生存最基本的生活资料，关系到我国十几亿人饮食、穿衣等生活质量的提高。经济作物的生产对我国工业尤其是轻工业的发展具有举足轻重的作用，同时也是出口创汇、增加农民收入的主要来源。因此，经济作物的生产对整个国民经济的发展和社会稳定起着十分重要的作用。

1．经济作物是食物的重要组成部分

（1）经济作物可以提供人类所需要的蛋白质

油菜籽、花生、芝麻、棉籽等饼粕里都含有相当数量的蛋白质，可以作为畜牧业的优质饲料，间接为人类提供了优良的蛋白源。例如，花生的蛋白质含量为25%～30%，仅次于大豆，而高于芝麻、油菜和棉籽，远高于猪肉（瘦）的16.7%、牛肉（瘦）的20.3%、羊肉（瘦）的17.3%。同时，花生蛋白含有人体必需的8种氨基酸，精氨酸含量高于其他坚果，生物学效价高于大豆。

（2）经济作物可以提供人类所需要的油脂

油菜是我国播种面积最大、地区分布最广的油料作物。油菜籽中含有33%～50%的脂肪，是重要的植物油源。双低菜籽油是良好的食用油，其气味香醇，营养丰富，对人体有益的油酸及亚油酸含量居各种植物油之冠，可呵护心脑血管疾病患者的身体健康，保护中老年人血管通畅。双低菜籽油还富含多种人体必需营养素，具有抗衰老、抗突变，提高人体免疫力等作用。

我国生产的花生50%以上用于榨油，花生油是人们日常的主要食用油来源。花生油含不饱和脂肪酸80%以上，饱和脂肪酸20%左右。花生油气味清香、营养丰富、品质好，可以基本满足人体的生理需要。棉籽油不饱和脂肪酸占70%以上，其中双烯脂肪酸——亚油酸占50%以上，堪称高品质的食用油。

芝麻、亚麻等也都可以提供人类所需要的油脂。

（3）经济作物产品是重要的能量来源

甘蔗和甜菜是主要的糖料作物。甘蔗中含有丰富的糖分、水分，还含有对人体新陈代谢非常有益的各种维生素、脂肪、蛋白质、有机酸、钙、铁等物质，主要用于制糖，且可提炼乙醇作为能源替代品。甜菜块根是制糖工业的原料，也可作饲料，是我国主要的糖料作物之一。

（4）经济作物是粮食作物的重要轮作作物

经济作物与粮食作物的合理轮作可以均衡地利用土壤养分，改善土壤理化性状，调节土壤肥力，防治和减轻病虫危害，防除和减少田间杂草，可以达到合理利用农业资源、提高经济效益的目的。

棉花等中耕作物，中耕时有灭草作用。油料作物中的油菜根、茎、叶、花和果壳都含有丰富的氮、磷、钾，还田后可显著提高肥力和土壤结构，是一种用地与养地相结合的作物。花生是国际公认的半干旱豆科固氮作物，可以在土壤贫瘠和气候较为干旱的地方种植，能改善土壤，有利于农业的可持续发展（国家发改委宏观经济研究院公众营养与发展中心，2005）。花生每亩[①]可固氮6～8kg，借助根瘤菌的固氮作用，补充土壤氮素。

2. 经济作物是重要的工业原料

棉花的种子纤维是最早用作纺织纤维的品种之一，它可作为纤维产品、服装、绳索、船帆、油脂、纸张及医疗用品的原材料。棉花的种子可以榨油，是我国重要的油源。大麻种子可以入药，有滋润、止痛功效。

油料作物的种子可以榨油，其油供食用外，还可以用来制造高级人造乳酪、肥皂、蜡烛、润滑油、化妆用品、内燃机的燃料等，也可以作为生物柴油的原料，解决能源问题。

蔗糖是世界上最主要的食糖。制糖副产品——糖浆（橘水）富含糖分、蛋白质和维生素，可以酿酒和提制乙醇、培养酵母菌、提制维生素B、喂饲家畜、制造糕饼。蔗渣除作燃料以外，还可以造纸、制造建筑上用的隔音板、作为炸药和人造丝的原料。

3. 经济作物是重要的外贸商品

棉织品、麻织品、花生等经济作物产品及其加工品，不少是中国的传统出口产品，也是国家出口创汇的重要物资，经济作物产品及其加工品的出口额在国家总出口额中占有较大的比例，今后较长时期内仍将是出口物资的重要来源。中国加入世界贸易组织（WTO）后，大力发展外向型农业，经济作物及其加工品的生产和出口占有举足轻重的地位。

---

① 1亩≈666.7m²。

二、经济作物产业现状

20 世纪 80 年代以来，中国在"决不放松粮食生产，积极发展多种经营"方针的指导下，逐步扩大经济作物面积，并根据"因地制宜，适当集中"的原则，调整作物布局，建设各种经济作物的商品基地，促进了各类经济作物全面发展。

（一）纤维作物产业现状

纤维产品包括棉、麻、丝三类，是一个关系国计民生的大产业，是一个深度融入国际化并具有比较优势和竞争力的大产业，在国民经济和在全球的地位都举足轻重。经过 60 多年特别是近 10 多年的快速发展，如今，我国已成为全球棉、麻、丝的生产大国，纺织品制造、消费和出口大国。

1. 发展规模

（1）棉花

我国是棉花生产大国。2012 年全国棉花总产 683.6 万 t，占全球棉花总产量的 26.4%，位居全球第一。2012 年植棉面积 468.8 万 hm²，占全球棉花总面积的 13.6%，植棉面积仅次于印度，位居全球第二。2012 年全国棉花单产 1458kg/hm²，居全球产棉大国（印度、美国、巴基斯坦、巴西、乌兹别克斯坦）的首位，高出全球平均水平 86.9%。

2000～2012 年全国平均植棉面积 507.1 万 hm²，呈开口向下的抛物线型，2007 年最大为 592.6 万 hm²，2000 年最小仅 404.1 万 hm²，相差 188.5 万 hm²，变异幅度达到 48.2%（表 1）。

表 1 我国棉花的种植面积和产量

年份	种植面积/万 hm²	产量/万 t
2000	404.1	441.7
2001	481.0	532.4
2002	418.4	491.6
2003	511.1	486.0
2004	569.3	632.4
2005	506.2	571.4
2006	581.6	753.3
2007	592.6	762.4
2008	575.4	749.2
2009	494.9	637.7
2010	484.9	596.1
2011	503.8	659.8
2012	468.8	683.6

资料来源：《中国农业年鉴》（2001～2013 年）

2000～2012 年全国平均皮棉总产 615 万 t，受面积的影响，总产也呈开口向下的抛物线型，2007 年最大为 762.4 万 t，2000 年最小仅 441.7 万 t，相差 320.7 万 t，变异幅度达到 42.2%（表 1）。植棉面积和总产的波动受政策、市场、价格、进口和天气等诸多因素的综合影响。

（2）麻类

我国是麻类主要生产国。2012 年，我国麻类种植面积为 10.1 万 hm^2（表 2），约占世界麻类种植面积的 5%。2012 年，我国麻类总产量为 29.1 万 t，约占世界总产量的 5%，其中苎麻 15.8 万 t、亚麻 4.0 万 t、黄麻 4.4 万 t、大麻 3.4 万 t、剑麻 1.5 万 t。

表 2 我国麻类的种植面积和产量

年份	种植面积/万 hm^2	产量/万 t
2000	26.2	52.9
2001	32.3	68.1
2002	33.8	96.4
2003	33.7	85.3
2004	33.2	107.4
2005	33.5	110.5
2006	28.3	89.1
2007	26.3	72.8
2008	22.1	62.5
2009	16.0	38.8
2010	13.3	31.7
2011	11.8	29.6
2012	10.1	26.1

资料来源：《中国农业年鉴》（2001～2013 年）

2000～2012 年，麻类播种面积、总产呈开口向下的抛物线型，即先增后减的趋势。2002 年，麻类播种面积最大，为 33.8 万 hm^2，2012 年播种面积最小，为 10.1 万 hm^2，相差 23.7 万 hm^2，变异幅度相当大。2005 年麻类产量最大，达到 110.5 万 t，2012 年产量最小，仅为 26.1 万 t。总的来说，受市场、用途替代、价格等综合影响，全国麻类种植面积和总产近年均急速下滑（表 2）。

2. 区 域 布 局

（1）棉花

根据生产生态条件，全国棉花种植区域划分为 5 个生态区，分别是华南、长江流域、黄河流域、辽河流域和西北内陆棉区。按照商品棉生产的多少，全国棉花主要产区为长江流域、黄河流域和西北内陆三大产区。

长江流域棉区棉田面积和总产占全国的 25% 左右，产棉地有江苏、上海、湖北、安徽、湖南、江西和四川等。黄河流域棉区棉田面积占全国33%上下，总产占30%，主要产棉地有山东、河南、河北，以及天津、山西、陕西、北京等。西北内陆是以新疆为主的棉区，面积约占全国的40%，总产占全国的50%左右（表3）。

表3　2012年各省（自治区、直辖市）棉花播种面积和产量

项目	播种面积/万 hm²	占全国比例/%	总产/万 t	占全国比例/%
全国	468.8	100	683.6	100
四川	1.46	0.3	1.3	0.2
湖南	17.22	3.7	25.1	3.7
湖北	47.29	10.1	54.5	8.0
安徽	30.49	6.5	29.4	4.3
江西	8.5	1.8	15.2	2.2
江苏	17.06	3.6	22.0	3.2
上海	0.2	0.0	0.4	0.1
浙江	2.09	0.4	3.0	0.4
河南	25.67	5.5	25.7	3.8
河北	57.83	12.3	56.4	8.3
山东	68.99	14.7	69.8	10.2
山西	3.74	0.8	4.7	0.7
陕西	4.83	1.0	6.7	1.0
天津	5.54	1.2	5.8	0.8
北京	0.02	0.0	—	—
新疆	172.08	36.7	353.9	51.8
甘肃	4.82	1.0	8.1	1.2
辽宁	0.03	0.3	0.1	0.2

资料来源：《中国农业年鉴》（2001～2013年）

注：所列省份并不是全部的棉花生产省份，所以各省（自治区）数据加总后不等于全国数据

（2）麻类

我国麻类作物分布较广，南起海南的三亚，北至黑龙江的大兴安岭，西到新疆伊犁，东到浙江一带均有种植。我国麻类种植有较强的地域性，长江流域的苎麻、东北地区的亚麻、黄淮流域的红麻、雷州半岛和海南省的剑麻，已初步形成规模。

苎麻主要分布在长江流域，包括湖南、四川、江西、重庆、湖北等地区，2012年这5个省（直辖市）的种植面积、产量占全国苎麻95%以上。

亚麻主要产区位于新疆、云南、东北三省、内蒙古、甘肃、宁夏等地。2012年，新疆、黑龙江、云南种植面积和产量占全国亚麻总种植面积和产量的98%左右。

黄麻、红麻主要分布在黄河流域、淮河流域、长江中下游和华南地区，主要种植地区分布在河南、安徽、江西、福建、广西、广东等省（自治区）。其中河南、安徽、广西两省（自治区）是我国最大的红麻生产省份，2012年其种植面积和产量占全国黄麻、红麻总种植面积和产量的85%以上，广西、广东等省（自治区）是我国红麻种子产区，

每年向红麻原料生产基地提供优质良种，同时兼收红麻纤维。

大麻主要分布在安徽、山东、河南、山西、山东、云南等地，人工种植的大麻主要集中在安徽六安，2012 年其面积和产量占全国 45% 以上。此外，黑龙江、甘肃等地还有大量的野生大麻。

3. 产品和品种结构

（1）棉花

我国棉花主要种植陆地棉（*Gossypium hirsutum* L.），也种植少量海岛棉（*Gossypium barbadense* L.）。海岛棉的绒长更长、纤维更细、强度更大，适合纺高支纱。

陆地棉品种大致分为杂交种和常规种，还有转 *Bt* 抗虫棉（简称 *Bt* 棉）与非转基因的常规棉之分，迄今除新疆不是转基因环境释放区以外，长江和黄河流域均为转基因环境释放区。

据中国棉花生产监测预警数据，2011 年全国品种（系）567 个，与 2010 年数量基本持平。其中，常规棉 134 个，占品种数的 23.6%，占播种面积的 45.7%。杂交种 258 个，占品种数的 45.5%，占播种面积的 17.6%。*Bt* 棉 191 个（指通过安全性评价、允许环境释放的、以 *Bt* 棉名义审定的，即合法），几乎占环境释放区播种面积的 100%。长绒棉（即优质棉）13 个，占品种数的 2.3%，占播种面积的 1.3%，预计面积 6.67 万 hm^2（毛树春和冯璐，2012）。可见我国棉花品种多乱杂现象非常严重。

（2）麻类

麻类作物包括苎麻、亚麻、黄麻、剑麻、大麻等。随着我国麻类育种工作的不断深入，麻类品种结构得到了不断完善。我国先后选育出麻类作物新品种 80 余个，在生产上发挥了重要作用。

4. 进出口贸易

（1）棉花

我国是棉花净进口大国。2012 年进口量 513 7 万 t，比 2011 年增 53.1%，占 2012 年全球进口比例的 60%；进口额 118.02 亿美元，比 2011 年增 24.6%（表 4）。按进口额计，在国内大宗农产品的排序中，大豆位列第一，棉花位列第二，食用植物油位列第三。

2012 年，我国进口棉花来自的国家或地区有 30 多个，按进口数量和金额排序，其中，从美国进口排第一，数量 146.0 万 t，占总量的 28.5%；金额 36.9 亿美元，占总额的 31.2%。从印度进口排第二，数量 143.9 万 t，占总量的 28.0%；金额 30.3 亿美元，占总额的 25.7%。从澳大利亚进口排第三，数量 81.9 万 t，占总量的 15.7%；金额 19.1 亿美元，占总额的 16.4%。以上 3 个国家数量占全国进口的 72.2%，其他还有乌兹别克斯坦、布基纳法索、贝宁、喀麦隆、巴基斯坦和墨西哥等。

表 4　中国棉花进出口

年份	出口		进口	
	数量/万 t	金额/亿美元	数量/万 t	金额/亿美元
2000	29.2	3.06	5.0	0.74
2001	5.2	0.80	6.0	0.76
2002	15.0	1.70	18	1.86
2003	11.2	1.33	87	11.69
2004	0.9	0.15	191	31.76
2005	0.5	0.08	257	31.97
2006	1.3	0.24	364.3	48.68
2007	2.1	0.32	246.0	34.79
2008	1.6	0.34	211.5	34.92
2009	0.82	0.18	152.68	21.14
2010	0.65	0.09	284.5	56.56
2011	2.57	0.78	335.6	94.69
2012	1.76	0.37	513.7	118.02

资料来源：《中国海关统计年鉴》（2001～2013 年）

2012 年我国出口棉花 1.76 万 t，同比减 31.5%；金额 0.37 亿美元，同比减 52.6%。棉花贸易数量逆差 500 万 t，金额逆差 117.7 亿美元。主要出口地区为周边国家和地区。

（2）麻类

2004～2012 年，我国麻类进出口总值为 128.50 亿美元，年均 14.28 亿美元，近几年维持在 20 亿美元左右。在 2004～2007 年，年进出口都有不同程度的上升，但在 2008 年，由于受金融危机的影响，我国麻类进口和出口都有不同程度的下降，表明我国麻类产业抵御风险能力还有待加强（表 5）。

表 5　2004～2012 年我国麻类进出口状况　（单位：亿美元）

年份	进口值	出口值	进出口总值
2004	4.54	6.54	11.08
2005	4.63	7.38	12.01
2006	4.63	8.12	12.75
2007	5.04	8.19	13.23
2008	4.18	7.87	12.05
2009	4.03	7.78	11.81
2010	5.68	10.18	15.86
2011	7.72	13.22	20.94
2012	6.15	12.62	18.77
年均	5.18	9.10	14.28

资料来源：《中国海关统计年鉴》（2001～2013 年）

（二）油料作物产业现状

1. 发展规模

（1）油菜

油菜是十字花科作物，原产于我国，是我国播种面积最大、地区分布最广的油料作物。油菜是喜凉作物，对热量要求不高，对土壤要求不严。

我国是油菜生产大国。2012 年全国油菜总产 1350 万 t（表 6），占全球油菜总产量的 21.52%，位居全球第二。2012 年全国油菜种植面积 770 万 hm²，占全球油菜总面积的 21.42%，种植面积仅次于加拿大，位居全球第二。2012 年全国油菜单产 1884kg/hm²，高出全球平均单产 0.5%。

表 6　我国油菜的种植面积和产量

年份	种植面积/万 hm²	产量/万 t
2000	749	1138
2001	709	1133
2002	714	1055
2003	722	1142
2004	727	1318
2005	728	1305
2006	598	1097
2007	564	1055
2008	659	1210
2009	728	1366
2010	737	1308
2011	734.7	1342.6
2012	770	1350

资料来源：《中国农业年鉴》（2001～2013 年）

如表 6 所示，油菜的种植面积在 2007 年达到最低值，为 564 万 hm²，随后开始逐步回升，2012 年的种植面积为 770 万 hm²，为近年来最高值，较最低年份增加 36.52%。2012 年油菜籽产量为 1350 万 t，相比 2009 年的最高值 1366 万 t，减少了 16 万 t，产量基本趋于稳定。

（2）花生

花生是豆科植物，是一年生草本植物，起源于南美洲热带、亚热带地区，约于 16 世纪传入我国，19 世纪末在我国有所发展。在各种油料作物中，花生的单产高，含油率高，是喜温耐瘠作物，对土壤要求不严，以排水良好的砂质土壤为最好。

我国是花生生产大国。2012年全国花生总产1650万t，占全球花生总产量的40.93%，位居全球第一。2012年全国花生种植面积470万hm²，占全球花生总面积的19.12%，种植面积仅次于印度，位居全球第二。2012年全国花生单产3568.6kg/hm²，高出全球平均水平114%。

如表7所示，花生的种植面积在2000~2005年基本保持稳定，平均为480万hm²左右。而在2006~2010年有较大波动，花生的种植面积在2007年达到最低值，为394万hm²，随后逐步回升。2010年之后，花生种植面积呈现稳中有升的趋势，2012年的种植面积为470万hm²，较最低年份增加19.29%。

表7 我国花生的种植面积和产量

年份	种植面积/万 hm²	产量/万 t
2000	486	1444
2001	499	1442
2002	492	1482
2003	506	1342
2004	475	1434
2005	466	1434
2006	396	1289
2007	394	1305
2008	425	1429
2009	438	1471
2010	453	1564
2011	458	1604
2012	470	1650

资料来源：《中国农业年鉴》（2001~2013年）

花生产量在波动中稳步增长，2012年花生产量为1650万t，为13年来最高产量，较2006年最低产量1289万t增加361万t，增幅为28.01%。

2. 区域布局

（1）油菜的区域布局

油菜根据播种期的不同，可分为春油菜和冬油菜。我国以种植冬油菜为主，在北方地区和西北高原地区种植春油菜。油菜主要集中在我国的上海、江苏、浙江、安徽、江西、河南、湖北、湖南、广西、四川、重庆、贵州、云南、陕西、甘肃、青海、新疆、内蒙古、西藏等19个省（自治区、直辖市）进行种植（表8）。我国的油菜种植区域非常广，按照品种和地域可以大致分为4个区域。

表8 2012年各省（自治区、直辖市）油菜播种面积和产量

项目	播种面积/万 hm²	占全国比例/%	总产/万 t	占全国比例/%
全国	743.2	100	1400.7	100
浙江	16.54	2.23	32.1	2.29
云南	28.12	3.78	53.5	3.82
四川	98.14	13.21	222.1	15.86
陕西	20.21	2.72	39.9	2.85
青海	16	2.15	34.5	2.46
内蒙古	27.07	3.64	30.7	2.19
江苏	42.13	5.67	109.1	7.79
江西	55.19	7.43	68.8	4.91
湖南	120.13	16.16	230	16.42
湖北	116.73	15.71	178.6	12.75
河南	38.04	5.12	87.6	6.25
贵州	49.7	6.69	78.2	5.58
甘肃	17.5	2.35	33.9	2.42
重庆	20.46	2.75	37.7	2.69
安徽	60.96	8.20	134.3	9.59

资料来源：《中国农业年鉴》（2001～2013年）

注：所列省份并不是全部的油菜生产省份，所以各省（自治区）数据加总后不等于全国数据

1）长江流域冬油菜区，包括上海、浙江、江苏、安徽、湖北、江西、湖南、四川、贵州、云南、重庆、河南信阳、陕西汉中13个地区。长江流域冬油菜区历来是我国油菜生产的主要区域，在我国油菜生产中处于主导地立，并一直处于上升趋势。

2）北方春油菜区，包括青海、甘肃、内蒙古、新疆4个省（自治区），是国家着力建设的高原春油菜特色农业区域。

3）黄淮平原冬油菜区，包括陕西、河南（不包括汉中和信阳），是我国油菜单产水平最高的区域。

4）其他区域，包括广西和西藏，种植面积不大。

（2）花生

花生全国各地均有种植，主要集中在我国的北京、河北、辽宁、江苏、安徽、福建、山东、河南、湖北、广东、广西、四川、云南、陕西等14个省（自治区、直辖市）进行种植。根据我国各地的自然条件、耕作制度、品种类型，我国花生的产地主要有三大自然区域。

i. 北方花生区

北方花生区花生种植面积占全国总面积的49.8%，包括山东、河北两省和河南东北部、山西南部、陕西渭河流域及苏北、皖北地区，是我国花生最集中产区。

ii. 南方春秋两熟花生区

南方春秋两熟花生区种植面积占全国总面积的31.2%，是我国花生的第二个主产区。

包括广东、广西、福建东南部、湖南南部。

iii. 长江流域春夏花生交作区

长江流域春夏花生交作区花生播种面积占全国总面积的 16%，主要包括湖北、浙江两省和江苏、安徽、河南、陕西 4 省南部，湖南、江西、福建、四川等省北部地区（表 9）。

表 9　2012 年花生主产地播种面积和产量

项目	播种面积/万 hm²	占全国比例/%	总产/万 t	占全国比例/%
全国	463.853	100	1669.16	100
四川	26.196	5.66	64.82	3.88
山东	78.707	17.00	348.65	20.89
江西	16.071	3.47	44.81	2.68
湖南	11.06	2.39	27.75	1.66
湖北	23.98	5.18	74.34	4.45
河南	100.711	21.75	454.03	27.20
河北	35.453	7.66	126.94	7.61
福建	10.033	2.17	26.22	1.57
安徽	18.745	4.05	86.86	5.20
辽宁	35.962	7.77	116.53	6.98
吉林	14.145	3.06	46.69	2.80
广东	34.317	7.41	95.52	5.72
广西	18.882	4.08	51.29	3.07

资料来源：《中国农业年鉴》（2001~2013 年）

注：所列省份并不是全部的花生生产省份，所以各省（自治区）数据加总后不等于全国数据

3. 产品和品种结构

我国的食用植物油有三大来源，即草本油料作物、木本油料作物和兼用型油料作物。目前，我国的油料生产和消费以草本油料为主，兼用型油料和木本油料为辅，其中草本油料作物的榨油产量约占国产食用植物油总产的 78.2%，兼用型油料作物约占 19.3%，木本油料作物仅占国内食用植物油总产的 2.5%。因此此处只分析草本油料作物。

草本油料为一年生油料作物，主要包括油菜、花生、大豆、芝麻、向日葵、胡麻等，其中油菜、大豆、花生三大作物面积、总产之和占油料作物的 90% 以上，是我国油料生产的主体（由于大豆在分类中属于粮食作物，因此本部分不对大豆进行分析）。

近年来，我国各油料作物的种植面积占油料作物总面积比例、产量占油料作物总产量比例等反映品种结构的指标变化较大，具体如表 10 所示。

如表 10 所示，总体来看，我国油菜的种植面积、产量占油料作物总面积、总产量的比例逐年增长，分别由 2008 年的 30.0%、26.9% 增长到 2012 年的 35.2%、29.5%；花生种植面积占比稳步增加，由 2008 年的 19.3% 增加到 2012 年的 22.0%，产量占比先降后升；向日葵的种植面积、产量占比大致稳定，分别由 2008 年的 4.4%、4.0% 变化到 2012 年的 4.2%、4.9%；芝麻的种植面积和产量的占比变化较小，其他油料作物的种植面积和产量的占比变动也不大。

表10 我国油料作物的品种结构变化情况   （%）

品种	占比情况	2008 年	2009 年	2010 年	2011 年	2012 年
油菜	面积	30.0	31.9	32.9	33.8	35.2
	产量	26.9	29.4	27.6	28.2	29.5
花生	面积	19.3	19.2	20.2	21.1	22.0
	产量	31.7	31.6	33	33.7	35.2
向日葵	面积	4.4	4.2	4.4	4.3	4.2
	产量	4.0	4.2	4.8	4.9	4.9
芝麻	面积	2.1	2.1	2	2	2.1
	产量	1.3	1.3	1.2	1.3	1.3
其他	面积	2.5	2.5	2.5	2.5	2.5
	产量	1.7	1.3	1.5	1.4	1.5

数据来源：中国种植业网农作物数据库

注：中国种植业网农作物数据库将大豆列入油料作物，本项目中将大豆归属于粮食作物，因此本表中未列出大豆占比情况，导致几种油料作物占比加总后不等于100%

总体来看，在油料作物的品种结构变化上，油菜和花生均呈上升趋势，向日葵、芝麻等小油料作物的占比也有所上升，原因在于大豆面积、产量近年呈大幅缩减态势。

4. 进出口贸易

我国的农产品市场是一个开放市场，特别是在加入 WTO 之后，我国的农产品进出口贸易发展迅速，其中油料作物的进出口贸易情况见图1。

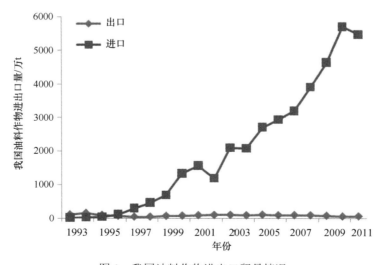

图1 我国油料作物进出口贸易情况

如图1所示，我国的油料作物缺口很大，主要以进口为主，出口接近于0，因此本研究只分析进口情况。在 2002 年以前，由于未加入 WTO，进口情况参考价值较小，因此本研究只分析 2003 年之后的进口情况。

（1）进口贸易数量

近年来，我国主要油料作物的进口数量整体上呈增长态势。如表 11 所示，2003～2012 年的 10 年中，2004 年大豆进口量最少，为 2023 万 t；2012 年进口量最多，为 5838 万 t，是 2004 年的 2.9 倍。油菜籽 2003 年的进口量最少，为 17 万 t；2009 年的进口量最多，为 329 万 t，是 2003 年的 19.4 倍。棕榈油 2003 年进口量最少，为 332 万 t；2009 年进口量最多，为 644 万 t，是 2003 年的 1.9 倍。豆油 2012 年和 2003 年的进口量基本一样。菜籽油的进口量由 2003 年的 15 万 t 增长到 2012 年的 118 万 t，增长了 6.87 倍。

表 11　2003～2012 年我国主要油脂产品进口数量　　　　（单位：万 t）

年份	大豆	油菜籽	棕榈油	豆油	菜籽油
2003	2074	17	332	188	15
2004	2023	42	386	252	35
2005	2659	30	433	169	18
2006	2824	74	507	154	4
2007	3082	83	509	282	37
2008	3744	130	528	259	27
2009	4255	329	644	239	47
2010	5480	160	570	134	99
2011	5245	126	591	114	55
2012	5838	293	634	183	118

数据来源：联合国商品贸易统计数据库

（2）进口品种结构情况

我国进口的油脂产品主要是大豆、油菜籽、棕榈油、豆油和菜籽油。2012 年，我国共进口油料 6230 万 t，其中，大豆 5838 万 t，占比 93.7%；油菜籽 293 万 t，占比 4.7%；其他 5 种油料仅占比 1.6%。

2012 年，我国共进口植物油 1052 万 t，其中，棕榈油 634 万 t，占比 60.3%；豆油 183 万 t，占比 17.4%；菜籽油 118 万 t，占比 11.2%；其他 8 种植物油共占比 11.1%。

（3）进口来源地情况

我国主要油脂产品进口基本上集中在一两个国家，进口来源地的集中度较高。2012 年，我国大豆进口主要来自美国和巴西，进口量分别为 2601.3 万 t 和 2389.0 万 t，分别占进口总量的 44.6% 和 40.9%，少量来自阿根廷，进口了 589.5 万 t，占比 10.1%。油菜籽基本上都来自加拿大，进口量为 292.2 万 t，占进口总量的 99.7%。

我国棕榈油的主要进口来源国是马来西亚和印度尼西亚，2012 年从马来西亚进口棕榈油 343.1 万 t，占进口总量的 54.1%，从印度尼西亚进口了 287.3 万 t，占比 45.3%。豆油的主要进口来源国是巴西、阿根廷和美国，分别进口了 91.3 万 t、70.3 万 t 和 20.7 万 t，分别占豆油进口总量的 49.9%、38.4% 和 11.3%。菜籽油主要是从加拿大进口，进口了 98.8 万 t，占比 83.7%，少量来自阿联酋和荷兰，分别进口了 9.4 万 t 和 4.2 万 t，占比 8.0% 和 3.6%。

（4）进口依存度情况

进口依存度主要反映国内产业的生存与发展对进口的依赖程度，用进口量与国内消费量之比来表示。从表 12 可以看出，2008～2013 年，我国油料的进口依存度基本上保持在 50% 左右，也就是国内消费的油料当中有一半都来自于进口。大豆的进口依存度在 80% 左右。油菜籽的进口依存度波动较大，最低的 2010/2011 年度只有 6.3%，最高的 2008/2009 年度达到 22.1%。

表 12　我国主要进口油脂产品的进口依存度　　　　　　　　（%）

年度	油料	大豆	油菜籽	植物油	棕榈油	豆油	菜籽油
2008/2009	46.5	79.9	22.1	73.8	108.9	104.3	31.8
2009/2010	51.0	84.7	14.4	70.0	97.1	101.3	27.8
2010/2011	48.9	79.4	6.3	65.6	98.5	96.7	16.5
2011/2012	52.1	82.2	15.7	71.3	100.0	101.8	31.7
2012/2013	50.0	78.5	18.2	72.6	103.2	97.0	42.3

注：本表数据是根据美国农业部网站（http://www.fas.usda.gov/psdonline/psdQuery.aspx）计算出来的。其中，植物油的进口依存度是将进口大豆和油菜籽分别折算成豆油和菜籽油，再加上进口植物油计算出来的；豆油的进口依存度是将进口大豆按照 18% 的出油率折算成豆油，再加上进口豆油计算出来的；菜籽油的进口依存度是将进口油菜籽按照 36% 的出油率折算出菜籽油，再加上进口菜籽油计算出来的

如表 12 所示，将进口大豆和油菜籽折算成植物油以后，植物油的进口依存度基本上在 70% 左右，最高达到 73.8%。由于我国不生产棕榈油，国内消费的棕榈油都来自进口，但是由于国内库存的变化，进口依存度会在 100% 上下波动。豆油的进口依存度基本上在 95% 以上，由于 2008/2009 年度国内库存比上一年度增加了 1 倍，进口依存度达到 104.3%。2008～2013 年菜籽油的进口依存度波动较大，从 2010/2011 年度的 16.5% 到 2012/2013 年度的 42.3%。由于 2012/2013 年度油菜籽进口量猛增到 320 万 t，菜籽油的进口依存度达到最高的 42.3%。

（5）在世界油料作物贸易中的地位

中国是大豆和豆油的全球第一大进口国；第二大棕榈油进口国；从基本不进口菜籽和菜籽油，逐渐成为全球第二大菜籽和菜籽油进口国。中国大豆进口量占全球进口总量 50% 以上；豆油、棕榈油、棕仁油、油菜籽、菜籽油进口量占全球进口总量均在 20% 左右。

■（三）糖料作物产业现状

糖料作物主要包括甘蔗和甜菜。甘蔗生长于热带和亚热带地区，多年生草本植物，属禾本科甘蔗属；甜菜生长于温带地区，二年生草本植物，属藜科甜菜属。糖料加工出

来的食糖，与粮、棉、油同属关系国计民生的大宗农产品。

1. 发展规模

我国糖料作物种植面积、糖料与食糖产量均呈波动中增长态势（表 13）。糖料作物种植面积由 2000 年的 151.42 万 hm² 增至 2012 年的 203.04 万 hm²；糖料产量由 2000 年的 7635.33 万 t 增至 2012 年的 13 485.43 万 t（2008 年糖料产量达到 13 419.62 万 t）；食糖产量由 1999/2000 制糖期的 686.86 万 t 增至 2007/2008 制糖期的历史最高水平（1484.02 万 t），后连续 3 年减产，2011/2012 制糖期开始恢复增长，2012/2013 制糖期第二年恢复性增长至 1306.84 万 t。

表 13　糖料作物的种植面积、产量和食糖产量

年份	种植面积/万 hm²	糖料产量/万 t	制糖期	食糖产量/万 t
2000	151.42	7 635.33	1999/2000	686.86
2001	165.42	8 655.13	2000/2001	620.00
2002	187.15	10 292.68	2001/2002	849.70
2003	165.74	9 641.65	2002/2003	1 063.70
2004	156.81	9 570.65	2003/2004	1 002.30
2005	156.44	9 451.91	2004/2005	917.40
2006	156.70	10 459.97	2005/2006	881.50
2007	180.17	12 188.17	2006/2007	1 199.41
2008	198.99	13 419.62	2007/2008	1 484.02
2009	188.38	12 276.57	2008/2009	1 243.12
2010	190.50	12 008.49	2009/2010	1 073.83
2011	194.78	12 516.54	2010/2011	1 045.42
2012	203.04	13 485.43	2011/2012	1 150.26

数据来源：糖料作物种植面积和糖料产量来自《中国统计年鉴》，为自然年度数据，中国食糖产量来自中国糖业协会，为制糖期（榨季）数据，这样表述更符合产业习惯

2. 区域布局

全国糖料作物分布在 18 个省（自治区），主产区集中在东北、西北和西南的沿边境地区，与糖料作物种植相关人员达 4000 万人左右。其中甘蔗主要集中在广西、云南、广东、海南、福建等地；甜菜主要分布在新疆、黑龙江和内蒙古等地。

如表 14 所示，2012/2013 制糖期，中国食糖总产量为 1306.84 万 t，其中，蔗糖和甜菜糖分别占食糖总产量的 91.70% 和 8.30%。从各省（自治区）来看，广西、云南、广东、新疆、海南 5 个省（自治区）分别位居全国食糖总产量的前 5 位，占全国产糖量的比例依次为 60.57%、17.16%、9.28%、4.18% 和 3.81%。随着传统种蔗大省广东和福建劳动力、土地成本不断提高，甘蔗生产已通过"东蔗西移"完成向西南优势区域的集中，

糖料生产形成了桂中南、滇西南和粤西琼北3个优势产区，三大产区产糖量占食糖总量的85%以上（表14）。

表14 2012/2013制糖期主产省（自治区）食糖产量及占全国比例

食糖种类	产糖省（自治区）	食糖产量/万t	占全国比例/%
蔗糖	广西	791.50	60.57
	云南	224.19	17.16
	广东	121.25	9.28
	海南	49.78	3.81
	福建	1.62	0.12
	其他	10	0.77
甜菜糖	新疆	54.66	4.18
	黑龙江	23.69	1.81
	内蒙古	16.28	1.25
	其他	13.87	1.06
食糖	合计	1306.84	100.00

数据来源：中国糖业协会

自1992年广西甘蔗面积、蔗糖产量超越广东位居全国第一开始，就确立了广西在我国甘蔗生产中的地位。截至2012/2013制糖期，广西食糖产量已连续20个制糖期位居全国首位。与此同时，云南省蔗糖生产得到迅速发展。云南产糖量于1998年超过广东，跃居我国第二甘蔗大省，随后稳定发展，并一直保持全国第二的位置。在甜菜糖的生产中，2003/2004新疆甜菜糖平均产量占全国甜菜糖的57%。新疆甜菜单产、总产和产糖量自1994年一直位居全国甜菜产区第一位。

3. 产品和品种结构

我国糖料作物呈现"蔗多甜少"的特征，形成了蔗糖为主、甜菜糖为辅的格局；从内部品种结构来看，甘蔗以新台糖系列为主，品种多系布局仍待进一步发展。

（1）"蔗多甜少"，即蔗糖为主、甜菜糖为辅的格局

从糖料作物的角度来看，甘蔗产量占糖料作物总产量的比例由1980年的80%增长到2012年的92%左右。从食糖的角度来看，自2003/2004制糖期以来，蔗糖产量占食糖产量的比例均在90%以上。因此，我国食糖生产形成了以蔗糖为主、甜菜糖为辅的格局，2012/2013制糖期蔗糖产量为1198.34万t，占食糖总量的91.70%，甜菜糖产量占8.30%。甘蔗与蔗糖得到快速发展，主要是因为甘蔗是异源多倍体，实行无性繁殖，具有C_4光合途径，CO_2补偿点比稻、麦作物低10倍，净光合效率高6～10倍，光合作用强、效率高，综合利用率高，而且能够适应热带与亚热带地区的气候生长，具有更强的增产潜力和适应性。

（2）甘蔗以新台糖系列为主，甜菜品种则为国外控制

从甘蔗内部品种结构来看，2000 年以后，我国种植的甘蔗品种主要是'新台糖 22 号'，形成了秋植、冬植、春植和宿根的种植格局。2012 年，新台糖系列品种占全国甘蔗种植面积的 85%左右，占我国最大甘蔗产区广西种植面积的 92%。品种单一化和重茬种植，导致原料蔗成熟期过于集中，平均出糖率不能达到合理水平，而且易造成病虫害大面积传播，加大了甘蔗生长的自然风险。

甜菜主要选用德国、瑞典等国家的品种，以第一大甜菜种植区新疆为例，德国品种占全区总面积的 80%，瑞典等其他国家的品种为 15%，国产品种仅占 5%。

4. 进出口贸易

中国食糖贸易在全球食糖贸易中居重要地位。从独立国家来看，我国是仅次于印度尼西亚的全球第二大食糖进口国。

在国际上，政府往往将食糖作为"高度敏感性商品"或"战略物资"进行管制。1999 年以前，我国食糖市场主要通过政府进口来弥补缺口，随着进入世界贸易组织（简称入世）谈判过程的推进，我国做出食糖关税配额管理承诺。从 1999 年开始发放 160 万 t 进口食糖关税配额，5 年内配额数量每年增加 5%，到 2004 年进口食糖关税配额增长到 194.5 万 t。在该项配额内，进口原糖关税为 20%，白糖为 30%，到 2004 年降低至 15%；配额外进口关税到 2004 年从 76%降低至 50%，同时打破国家对食糖进口的垄断。

我国进口糖主要以原糖为主，从贸易性质看，配额内进口中，一部分为政府间贸易（我国与古巴签订有 40 万 t 长期进口原糖协议），这部分进口原糖大都直接转为"国储糖"，以竞卖形式投放市场，经精炼糖厂加工成成品糖后进入国内市场自由流通；另一部分为一般贸易，即获得进口配额的食糖加工企业在国际食糖市场进口原糖，经过精炼糖厂加工成成品糖进入国内市场自由流通；另外，我国一般贸易进口糖中还有一部分为成品糖，这部分成品糖直接进入国内市场自由流通。从贸易主体要求看，配额内进口中，约 70%为国营贸易，大多为中粮集团有限公司、中商糖业有限公司、中国糖业酒类集团公司等国企获得，剩下 30%可由获得配额的非国营贸易企业或终端用户实现。配额外进口属自由贸易，企业按照市场化原则进口和销售。中国食糖现有关税水平远远低于全球 97%的食糖平均关税水平，因此，中国食糖市场是开放度较高的市场。

在 2010 年之前，尽管中国每年发放 194.5 万 t 的食糖进口配额，但除 40 万 t 签订长期战略合作协议的古巴糖外，真正进口的食糖并不多，配额没有被完全使用。2011～2013 年，中国食糖进出口形势发生新的变化，使得中国食糖进口贸易备受瞩目。

（1）进口量急剧攀升，连续 3 年超配额进口

近几年中国食糖进口量大幅增长，2011～2012 年，食糖进口量占国内食糖消费量的比例分别为 21.5%和 27.8%，严重冲击国内食糖产业安全。2011～2013 年，中国食糖进口量分别为 291.94 万 t、374.72 万 t 和 454.59 万 t，分别为关税配额的 1.5 倍、1.93 倍和

2.34 倍。我国长期食糖供需形势不容乐观，未来大规模进口可能成为常态。

（2）中国食糖进口来源国高度集中于巴西

2013 年，巴西、古巴、危地马拉和韩国分别是中国食糖进口的主要来源国，进口量分别为 329.4 万 t（占食糖进口总量的 53.1%）、43.6 万 t（占食糖进口总量的 9.6%）、34.1 万 t（占食糖进口总量的 7.5%）和 22.6 万 t（占食糖进口总量的 5.0%）。

（3）食糖进口企业以国企为主，私企进口数量猛增

从进口企业类型来看，2012 年中国食糖进口中，国企、私营企业和外资企业进口比例分别为 60.3%、36.5% 和 3.2%。从中国食糖进口前 10 位企业来看，中粮集团有限公司、日照凌云海糖业集团有限公司、中国糖业酒类集团公司分别居全国食糖进口的 39.90%、28.15% 和 16.09%，前 3 家企业占比为 84.14%。

（4）价格冲击显著，进口糖替代了国产糖的消费

历史上，食糖大幅进口往往与国内食糖供给大量短缺有关，然而 2012 年和 2013 年中国食糖进口形势发生显著变化。2012 年国内食糖大幅进口是在国内供给进入增产周期且增产 10% 的背景下发生的，2013 年食糖大幅进口是在国内供给增产 18%，以及国内市场供给和需求大致均衡的情况下出现的。因此，中国食糖大量进口主要与国际糖价低位运行有关。在国际食糖进口后完税到岸价持续明显低于国内食糖价格的情况下，不仅配额内进口有利可图，还出现了配额外进口有利可图的机会，进口糖出现了较大利润，2012/2013 制糖期价差多数在 700 元/t 以上，激发了食糖大量进口（表 15）。

表 15　2004 年以来中国食糖关税配额、税率、进出口量及占配额比例

年份	进口关税配额/万 t	配额内关税率/%	配额外关税率/%	进口量/万 t	出口量/万 t	净进口/万 t	进口量占配额比例/%
2004	194.5	15	50	121.43	8.52	112.91	62.43
2005	194.5	15	50	138.97	35.83	103.14	71.45
2006	194.5	15	50	136.54	15.45	121.09	70.20
2007	194.5	15	50	119.34	11.05	108.29	61.36
2008	194.5	15	50	77.99	5.84	72.15	40.10
2009	194.5	15	50	106.45	6.39	100.06	54.73
2010	194.5	15	50	176.61	9.43	167.18	90.80
2011	194.5	15	50	291.95	5.94	286.01	150.10
2012	194.5	15	50	374.72	4.71	370.01	192.66
2013	194.5	15	50	454.59	4.78	449.81	233.72

数据来源：关税配额及关税税率来自商务部；进出口量数据来自中国海关总署

三、经济作物产业存在的问题及制约因素分析

（一）经济作物产品供给安全外部环境复杂

在美元流动性过剩的大背景下，2003年以来石油价格上涨，同时大量资金涌入农产品市场，农产品具有了明显的金融属性和能源属性。世界经济危机发生后，国际农产品价格大幅度回落，影响国际农产品市场波动的各种力量暂时退却，但到目前为止，失衡的世界经济并没有发生根本性的改变（王晓辉，2011）。

1. 世界金融市场变化影响我国经济作物产品供给安全

作为世界上的主要结算货币和储备货币，美元汇率影响国际市场商品价格。作为国际大宗商品的农产品（包括棉、油、糖等经济作物产品），其价格巨幅波动的主要原因来源于美元汇率波动。在美元流动性过剩的背景下，国际金融资本大量进入农产品期货市场与现货市场，倒买倒卖、高抛低吸甚至恶意做空，导致国际农产品市场具有了很强的金融属性。国际农产品价格已经不仅取决于农产品本身的供求状况，还受国际资本、汇率等因素的制约，市场价格具了很大的不确定性（王晓辉，2011）。美元走强，国际市场以美元计价的农产品价格将走低，导致太多的棉、油、糖涌入我国，对我国经济作物产业形成冲击（张文飞，2009）。美元走弱，增加我国进口棉、油、糖等经济作物产品的支出成本，会造成我国居民的福利损失。因此，国际农产品的金融属性对于我国农产品供给提出了巨大的挑战。

2. 发达国家生活能源战略影响经济作物产品价格与供给安全

石油作为基础性能源，其价格对于实体经济具有很大的影响。一些发达国家为了摆脱对于石油的过度依赖，以食用油料（如菜籽油）为基质，大力发展生物能源，扩大本国供给充足的食用油料的消费，加剧了世界食用油料的供求矛盾。欧盟油菜籽产量占世界产量的33%，提出了强制性生物柴油使用规定，目前生物柴油已经由传统的出口国变为了进口国。加拿大是世界上第一大油菜籽生产与出口大国，为减轻供给压力，提高国际油菜籽贸易话语权，提出了使用生物柴油的最低添加标准（王晓辉，2011）。作为我国棕榈油的最大进口来源国，马来西亚正在积极发展生物柴油，对我国食用油进口造成冲击。美国奥巴马政府上台后，提出了新能源战略，超过1亿多吨的玉米——占其玉米总产量的1/3，用于燃料乙醇生产（张文飞，2009）。

美国、加拿大等均是世界主要的经济作物产品出口大国，谷物和油料用于生物能源后可能会危及世界粮食安全与经济作物产品供给安全，对国际市场上经济作物产品价格造成较为明显的影响。

3. 少数跨国粮商主导国际贸易格局难以在短期内打破

美国、巴西、阿根廷、印度尼西亚及马来西亚等是传统的食用油料生产大国，也是我国食用油籽及食用油主要进口来源地，而这些国家正是跨国粮商传统的经营区域。

跨国粮商在上述国家建设有稳定的原料生产基地、先进的仓储设施及完善的海运、中转、接卸设备，并与当地政府保持有良好的贸易、洽谈、合作关系，具有较强的垄断能力。美国嘉吉公司在 60 多个国家开展业务，北美和南美大豆主产区均设有农产品加工基地，并控制着美国 25%的谷物和油料的出口，是世界最大的农产品加工和粮食、食品贸易商，并在金融服务等领域具有强大实力（王晓辉，2011）。嘉吉公司是美国第三大大豆加工商，是巴西第二大大豆加工商，是阿根廷最大的大豆加工商。美国嘉吉公司还拥有 1600 万 t 的谷物仓储能力，并逐步完成对于新兴市场阿根廷、巴西、印度、罗马尼亚、俄罗斯和乌克兰的战略布局。美国邦基公司在美国、巴西、阿根廷和欧洲拥有自有港口、码头，在农产品运输、物流中具有竞争优势，实时船运管理大大提高了国际农产品物流效率。同时，美国邦基通过对所在国如巴西、阿根廷的农户提供贷款、种子及农业资料，将竞争触角延伸至农产品收购领域。法国路易达孚公司在运输物流方面拥有及经营着大量战略性资产，在美国拥有众多的内河、沿海港口的粮食和油籽装运设施，在巴西经营着遍布港口与储存设施的物流网络，在阿根廷拥有并经营巴拉那河工厂和港口设施（王晓辉，2011）。

跨国粮商主导国际贸易格局减弱了我国对于进口经济作物产品的控制力，增加了我国低成本获得经济作物产品的难度。

（二）资源约束导致经济作物增产难度日益加大

1. 耕地资源制约

我国虽然土地资源广阔，但耕地少，是耕地资源十分有限且耕地细碎化严重的国家。截至 2009 年 12 月 31 日，我国耕地面积 1.35 亿 hm^2，人均耕地 $0.10hm^2$，不到世界平均水平的一半。

随着生产积极性的发挥和粮棉单产水平的不断提高，以及两熟和多熟种植的推行，粮棉争地矛盾不是特别严重，进入 21 世纪还取得了棉粮双高产、双丰收的成就，其经验十分宝贵。因为土地资源的制约和国家粮食战略的实施，麻类作物与粮食作物争地的现象时有发生，特别是洞庭湖区尤其严重，麻类等天然纤维的生产更多地转向边际土壤、盐碱地和山坡地发展。

油料作物（如油菜籽和花生）的播种面积在不同年份有所增减，但一直不能稳步增加，未能达到历史上最大播种面积，土地资源对于油料作物播种面积的制约日益显现。

受土地资源的制约，中国糖料作物种植立地条件差，多为红、黄壤旱坡地、沙洲地等贫瘠土壤。一些原本不甚理想的土地经过改善水利条件后，不得不让位于其他更高经济附加值的作物。即使考虑到贫瘠土地的开发利用，中国糖料作物也处在最大可用面积 166.67 万 hm² 的边界。

2. 水资源制约

水是生命之源，棉花、油菜、花生、大豆、甘蔗等经济作物对水资源需求量较大，尤其是油菜在种子生长期间雨量充足，产量在一定程度上有所提高，种子含油率也会提高；油菜花期水量的大小也将影响其芥酸、油酸、亚油酸含量比例。经济作物的生产对水资源具有很强的依赖性。

我国是一个干旱缺水严重的国家，淡水资源总量为 28 000 亿 m³，占全球水资源的 6%，居世界第四位，人均水资源拥有量仅为世界平均水平的 1/4，是全球 13 个人均水资源最贫乏的国家之一。中国现实可利用的淡水资源量仅有 11 000 亿 m³ 左右，人均可利用水资源量约为 900m³，并且分布不均衡、水污染严重、水土流失严重、水资源浪费严重。

目前农业缺水量约为 300 亿 m³/年，受旱农田有 1333 万～2000 万 hm²。农业用水量是总用水量中最大的一部分，随着人口增加、收入增长及消费结构升级，各项农产品的需求随之不断地增加，水资源的数量和质量对农作物的生长起着不可替代的作用。但是目前水资源的紧缺及污染等问题对经济作物产业可持续发展的制约作用越来越明显。

中国水体污染主要来自两方面，一是工业发展超标排放工业废水，二是城市化过程中所产生的城市污染物、生活污水未经处理直接进入水体造成水体污染。根据环境部门 2009 年监测数据，全国 1/3 以上水域受到污染。

工业发展可以提升农业生产的装备水平，但是工业污染也阻碍农业的可持续发展，工业生产排入水体中的重金属，如汞、镉、铅、锌、铜、钴、镍等重金属都有一定的毒性，工业废水和城市废水以灌溉的形式进入农田，会严重影响经济作物产品的品质。资源滥用、水资源缺乏、水资源污染所造成的农业用水污染，将对中国经济作物产业可持续发展提出严峻的挑战。

3. 劳动力资源制约

中国传统农业中，丰富的劳动力资源为中国农业生产力发展起到了重大的推动作用，创造了巨大的物质财富。但是，随着经济社会的发展，农业劳动力资源在数量和质量方面也不断发生着变化，对中国经济作物产业可持续发展的制约作用日渐凸显，主要体现为农业劳动的老龄化与低素质。

随着城镇化和工业化进程的加快，农村劳动力转移的数量在不断增加。调查数据显示，在农村从业劳动力中，16～29 岁、30～39 岁、40～49 岁和 50 岁以上的比例分别为 26.4%、19%、25.3% 和 29.3%。65 岁以上的老年人口占比由 2001 年的 7.80% 上升到 2011 年的 10.36%，涨幅超过了 32%（"新生代农民工基本情况研究"课题组，2011）。农村青壮年劳动力的大量转移使得农业陷入劳动力短缺、农业基础设施建设与修复不足、土地撂荒、农业新技术难以推广等困境。

中国农村人口的劳动力文化水平以小学和中学为主，高中以上学历的农村人口占比很小。数据显示，高中以上文化水平的农村人口占比 10.66%，大专以上文化水平的农村人口占比 2.27%，与发达国家相比仍有较大差距。农民教育程度的普遍偏低使得其在农业新技术和新知识的接受和获取方面存在认知障碍，增大了农业向市场化、产业化迈进的难度，不利于经济作物产业的可持续发展。

4. 环境压力制约

经济作物中的大豆、花生为豆科作物，根系具有固氮作用。油菜的根系能分泌有机酸，溶解土壤中难以溶解的磷素，提高土壤中磷肥的有效性，改善土壤的理化性质，活跃土壤中的微生物，平衡农作物养分吸收。大豆、油菜、花生等作物生长过程中的大量落叶、落花及收获后的秸秆和残根还田，能提高土壤肥料、增加土壤有机质含量、改善土壤结构。尽管如此，经济作物，特别是棉花和糖料作物仍然带来了相当大的环境压力。

（1）残膜污染

我国棉田农膜用量大，土壤残留量大。长江流域和黄河流域棉田每年每公顷用膜量为 37.5～45kg，西北内陆棉区为 79～90kg。农膜在土壤中年残留量为 10%～30%，降解周期为 200～300 年。农膜的大量残留，破坏土壤结构，影响土壤的透气性，阻碍水肥的运移，导致土壤质量下降，阻碍种子发芽和根系生长，影响棉花产量和品质。残膜被随意丢弃，也严重影响环境美观，成为白色污染的重要标志。

（2）农药和除草剂污染

棉花是我国化学农药用量最大的作物之一，每年棉田农药用量占我国农药生产总量的 25%～30%。由于长期、大量、高频次地施用化学农药，加之我国农药品种以高毒、剧毒品种居多，同时由于施药器械落后，使用人员素质低等造成农药的有效利用率很低，只有 10%～30%，农药的大量、无节制施用和农药残留对土壤、水体和大气造成了极其严重的污染，生态平衡受到破坏，生物多样性明显下降，同时对人类健康威胁极大（崔金杰等，2007）。

（3）肥料污染

棉花也是施肥水平较高的作物，由于肥料用量过大和施用方法不当，致使氮肥施用量的一半在被农作物吸收之前就以气体形态逸失到大气中或从排水沟渠流失到水体环境中，每年使得超过 1000 多万吨的氮素流失到农田之外的地表水和地下水体中，直接经济损失约 300 亿元。50%～70%的化肥淋溶到深层土壤及地下水中，使地下水硝酸盐含量明显增加。高硝酸盐含量的饮用水摄入过多，会对人体健康造成危害。水体中氮含量增高，将造成富营养化，使大量鱼虾死亡。由于硝酸盐污染，"肥水井"现象不断增加，作物的病虫害严重，并影响农产品质量。

（4）其他环境压力

广西、云南、广东的大部分蔗区，均实施连作的耕作方式，例如，广西67万多公顷连续10年以上种植甘蔗，有些地块甚至连作甘蔗30年以上。甘蔗地没有轮作，缺乏休养生息，导致土壤肥力较低，病虫害严重。小块蔗田因蔗叶还田①的麻烦而直接焚烧蔗叶，形成滚滚浓烟，造成环境污染，还容易引发火灾。同时，制糖工业也给本地的环境保护带来了不小的压力，制糖的工业废水中含有的总磷和氨氮已成为当地水环境的主要污染源之一。

苎麻主要采用化学方法脱胶，残留的酸、碱严重污染环境，能耗和成本均较高。红麻、亚麻、剑麻等主要采用水沤法脱胶，虽具备简单易行、成本较低等优点，但同样存在着污染环境的问题。

（三）经济作物产业竞争力不足

1. 经济作物产业机械化和规模化程度低

我国经济作物种植多以家庭小生产为主体，户均种植规模小，机械化程度低。我国棉花种植零散，导致棉花机械程度低。据毛树春（2013）按国家农业行业标准测算，2010年全国棉花耕种收综合机械化水平为38.3%，远远低于全国农业机械化水平（52.3%）；机采率不到10%，且主要集中在西北新疆棉区；在棉花机械播种方面，黄河流域棉区机播水平为34%～97%，长江流域棉区机播水平不到1%。与先进植棉大国相比，我国棉花生产方式落后，规模小、劳动效率低、生产成本比较高。在美国，籽棉采摘成本约80元/亩，仅为我国人工采棉成本的1/16～1/5。美国生产50kg皮棉用工量平均0.5个工日，而我国高达12个左右。

我国油料作物生产除了大豆外，机械化程度都很低。2012年，花生、油菜的每亩用工分别为9.5个、7.91个，属劳动密集型作物，在种植、收获等环节需要大量的劳动力。当前，大量农村劳动力外出打工，再加上劳动力价格上涨及油料的种植效益不高，很多农民放弃油料种植，改种其他农作物。

甘蔗生产综合机械化水平约30%，远远低于我国主要农作物耕种收52.3%的综合机械化水平，特别是在劳动强度最大的收获环节，机械化水平仅约为1%，这意味着我国的甘蔗生产还大量地依靠人工。甘蔗收获机械化面临着农田地形地貌限制、现有栽培技术与大型收获机械不适应、农机农艺配套、品种与机械化配套等问题。

2. 综合生产成本持续上涨

2001～2012年棉田每亩平均物化成本为282元，人工成本为383元，总成本为665元，

---

① 多方试验数据证明，蔗叶是一种营养全面的有机肥源，直接还田可以有效地改善土壤的粒度结构，改善土壤保水、黏结、透气、保温等性能；可以有效提高土壤自身调节水、肥、温、气的能力，增加土壤有机质含量，达到改善土壤理化性状、培肥地力的目的，为甘蔗持续增产打下良好的基础。

纯收益为 389 元/亩。就具体年度来看，由于人工和生产资料价格不断上涨，棉花生产的纯收益不高，有些年份基本没有纯收益。例如，2008 年每亩平均利润仅为 2 元。与种植小麦、玉米、水稻等机械化程度高、用工少、收入稳定的作物相比，植棉比较优势减弱。

1990～2012 年，我国花生单位面积总成本一直呈上升趋势。其中，1993～1997 年上升幅度较大，从 205.31 元/亩，增加到 439.62 元/亩，年均增长率为 22.83%，之后有小幅度下降，但 2003 年之后花生单位面积总成本开始大幅度上涨，至 2012 年单位面积总成本为 1164.13 元/亩。

1990～2012 年，我国油菜种植成本一直呈现增长趋势，1990 年全国油菜籽总生产成本为 116.65 元/亩，2012 年增长到 734.44 元/亩，增长了 6.3 倍，年均增长率为 23.02%。其中 1990～1997 年，油菜籽单位面积总成本处于加速增长阶段，从 116.65 元/亩增长 310.91 元/亩，年均增长率为 16.7%。随后，由于油菜籽生产物质费用中化肥投入和动力费用投入的减少，以及劳动投入数量的大幅下降，单位面积油菜籽生产成本平稳下降，2001 年全国油菜籽平均生产成本为 282.37 元/亩，比 1997 年下降了 28.54 元/亩。2002 年之后，由于生产资料价格的上涨，我国油菜籽单位面积种植成本开始大幅度上涨。特别是 2006 年之后，种植成本更是迅猛增长，2012 年单位面积生产成本为 734.44 元/亩，较 2006 年相比增长了 423.09 元/亩，年均增率为 19.41%。

随着人工、农资、土地价格的上升，甘蔗综合生产成本持续上涨，每亩由 1990 年的 375 元增至 2000 年的 756.56 元，2011 年和 2012 年进一步增至 1626.54 元、1978.96 元，人工成本急剧上升，近 5 年上涨了 118.65%。

（四）经济作物面临国外同类产品的冲击

1. 棉花

棉花进口对弥补原棉短缺和满足纺织工业需要发挥了积极作用，但也存在冲击国产棉的严峻问题。我国棉花进口采用关税和配额管理（表 16），配额内 89.4 万 t 为 1% 的低关税，配额外数量采用协商追加方法，关税税率采用从量计征的滑准税方法。据统计，2002～2013 年，我国合计进口 3076 万 t，合计出口 39 万 t，这 12 年净进口 3037 万 t，年均净进口 253 万 t。2011 年进口 336 万 t，2012 年创历史新高，为 514 万 t，2013 年创历史次新高为 415 万 t。同期的 2011～2013 年国内生产量为 1973.4 万 t，市场预计全部产量突破 2000 万 t，达到 2221 万 t。至 2013 年 12 月底，国内收储 1489 万 t，而放储仅 499.4 万 t，造成 1000 万 t 的巨大库存压力，库存成本高达 200 多亿元。大量进口对棉花产业产生 3 个冲击：冲击国内生产、冲击棉农增收和冲击棉纺织工业。分析大量进口的主因：一是国内价格高于国际市场过大，国产棉与进口棉到港报价的加权价差，2011 年差价 5639 元/t，2012 年为 4411 元/t，2013 年为 4307 元/t；二是临时收储政策在保护农民利用的同时也抬高了国内价格。2011 年临时收储 19 800 元/t，2012/2013 年度提高到 20 400 元/t。

表 16　历年棉花进口配额发放和使用情况

年份	关税内配额		增发量			实际进口量/万 t
	关税内配额/万 t	适用税率/%	增发量/万 t	适用税率/%	全部配额/万 t	
2002	81.85	1	0	—	81.85	17.1
2003	85.625	1	50	1	135.625	87.4
2004	89.4	1	100	1	189.4	190.6
2005	89.4	1	140	5～40	229.4	257.1
2006	89.4	1	270	5～40	359.4	364.3
2007	89.4	1	260	5～40	349.4	246.0
2008	89.4	1	260	5～40	349.4	211.5
2009	89.4	1	40	5～40	129.4	152.7
2010	89.4	1	100	5～40	283.8	284.5
2011	89.4	1		5～40	336.4	335.6
2012	89.4	1		5～40	541.0	513.7
2013	89.4	1		5～40	415.0	415.0

注：据 2002～2013 年中国《海关统计》数据整理，因四舍五入尾数有差异

2. 麻类

中国麻类产业主要受到来自欧洲的亚麻，印度、孟加拉国等的黄麻等产品的竞争。欧洲的亚麻，印度、孟加拉国等的黄麻以其低廉的价格、优良的品质，近几年一直是中国进口的主要来源国。

3. 丝绸

主要来自印度、巴西、泰国、越南对我国丝绸的冲击，蚕丝冲击来自印度和巴西。

4. 油料作物

在国际油料进出口市场上，北美是净出口地，中国和日本是净进口地。实际上，中国油料总产量在逐年提高，但是为什么净进口量也在随之提高呢？除了中国油料产品需求量逐年增加外，国外同类产品竞争优势的显著性使得中国成为油料产品净进口国。

价格竞争力是农产品国际竞争力的核心因素，中国油料作物的国际竞争力与加拿大、澳大利亚等国家的相比，出口价格较高、国际竞争力较弱。以油菜为例，通过对 20世纪 90 年代初至今的油菜国际价格比较发现，中国和加拿大两国油菜价格在 1994 年以后，基本上是处于中国菜籽价格高于加拿大的状态，除去 2000～2003 年外，中国油菜国内价格始终高于加拿大菜油到岸价格，说明中国菜油的价格竞争力弱。

油菜籽含油率高低也是衡量中国油料作物国际竞争力大小的重要指标。油料加工企业作为经营单位，其加工利润的大小与含油率高低相关性较大，含油率每提高 1%，加工 1t 菜籽就要多获利 170 元（按 2013 年菜油和菜籽饼单价折算），相当于每吨菜籽

进价低 170 元。中国油菜籽平均含油率为 38%～40%，而加拿大等国油菜籽平均含油率为 40%～42%，假若国际市场油菜价格相等的情况下，每进口 1t 油菜，加工企业可节省成本 340～680 元。毫无疑问，在相同的油菜价格下，加拿大等国外菜籽具有更强的竞争力。

5．糖料作物

由于资源禀赋好、种植规模大、机械化程度高，加上产销一体化模式，以及政府所给予的优惠支持政策，巴西、泰国和澳大利亚生产成本仅为 1950～2350 元/t、2080～2310 元/t 和 1900～2100 元/t，不到我国的一半，我国食糖国际竞争力不断下降。

经济作物产品国际、国内的价差是导致近年我国大量进口经济作物产品的主要因素，也给国家宏观政策靠提高农产品价格来保证农民收益、提高农民种植经济作物的积极性提出了相当严峻的考验。

四、经济作物产品供求预测及供求缺口估算

经济作物产品的供求预测及供求缺口的准确把握是国家宏观政策制定的依据，是我国经济作物产业可持续发展研究的必备前提。

预测需求总量需要以预测中国人口为前提。作为人口最多的发展中国家，我国在过去 20 年里，人口总数从 1990 年的 11.4 亿增长到 2010 年的 13.4 亿，增幅达 17.5%。整合国内外权威机构和人口学专家对我国未来人口数量的预期可以发现：2010 年后我国人口数量还将处于增长态势，但增长率会持续放缓，在 2035～2040 年达到人口峰值，而后人口开始负增长（表 17）。综合各个权威机构的预测，2020 年中国人口将达到 14.15 亿左右，2030 年将达到 14.42 亿左右。

表 17　未来 20 年中国人口的预测　　　　　　　　（单位：亿人）

年份	世界银行	国家计生委（下限）	国家计生委（上限）	中国人口信息研究中心	联合国	权威机构预测平均值	增长率外推预测	调整后人口预测值
2020	13.82	14.34	14.54	14.72	14.46	14.38	14.25	14.15
2030	13.84	14.51	14.83	15.25	14.85	14.66	14.62	14.42

（一）纤维作物产品供求预测与缺口估算

1. 棉花供给预测

（1）根据产量模型预测

棉花产量是由当年的播种面积与单产共同决定的。播种面积的增减主要是受价格变化的影响，而单产的增长不但受到水、肥、土、种等因素的影响，还与当年的气候等自然条件有关，因此棉花生产量受政策、价格、科技进步、自然灾害及财政投入等多种因素的综合影响。1980～2012 年我们可以把棉花产量作为一种随机变量进行分析和预测（图 2）。

经检验，棉花产量数据为一阶单整变量（表 18），而时间变量 t 也为单整变量，因此其具备协整关系的必要条件。

经过试验，建立棉花产量关于时间 t 和其滞后一阶的线性回归模型如下：

$$Y_t = 316.08 + 10.69t + 0.48Y_{t-1}$$
$$z：（5.21）　　　　（3.76）　　　　（2.87）$$
$$\text{Wald chi2（2）：15.32；Prob} > \text{chi2} = 0.0003；$$

经检验，模型残差是一个平稳序列，说明 Y_t 与 t、Y_{t-1} 之间存在着协整关系，且模型不具有序列相关和异方差，因此，可用模型进行预测，预测结果见表 19。

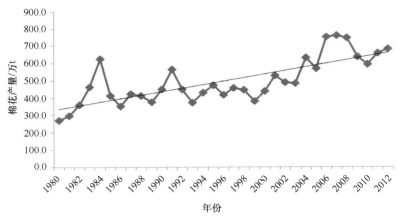

图2　1980～2012年中国棉花产量趋势图（万t）

资料来源：历年《中国农村统计年鉴》

表18　棉花产量平稳性检验

变量	检验形式（C, T, K）	ADF检验统计量	5%临界值	结论
Y_t	（C, T, 1）	−3.22	−3.58	非平稳
$\Delta(Y_t)$	（C, T, 1）	−5.48	−3.58	平稳

注：Y_t表示棉花产量；Δ表示差分 X_{2t}。检验形式（C, T, K）代表检验模型中含有漂移项、时间趋势项及差分滞后阶数

（2）根据面积和单产变动趋势预测

改革开放以来，由于耕地有限及国家对粮食生产的高度重视，我国棉田面积在波动中呈下降趋势。近年来，蔬菜、瓜果等经济作物的种植效益上升，棉农植棉积极性下降，加上棉花价格剧烈波动，植棉成本持续增长，导致了棉花种植面积的萎缩。2008～2012年，我国棉花播种面积从575.4万 hm² 下降至468.8万 hm²，5年间下降了18.53%（图3）。但我国棉花单产增长较快，近10年来（2003～2012年）年均增长2.6%，特别是2012年单产首次突破1350kg/hm²，达到1458kg/hm²，比上一年增长了11.49%，使得我国棉花产量在播种面积下降明显的情况下，总体上依然保持增长态势。

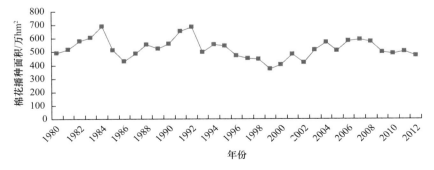

图3　1980～2012年中国棉花播种面积趋势图

资料来源：《中国农村统计年鉴》（1981～2013年）

随着我国棉花生产技术的发展，预计棉花单产将持续增长。如果以近5年（2008～2012年）平均单产1317kg/hm^{2}为基数，按2%的年递增率计算（2003～2012年年均单产增长率为2.6%），2020年和2030年我国棉花单产分别达1543.5kg/hm^{2}和1884kg/hm^2（图4）。若棉花播种面积长期稳定在2012年约466.7万hm^{2}的水平，我国在2020年和2030年棉花产量将分别达到720万t和870万t左右。

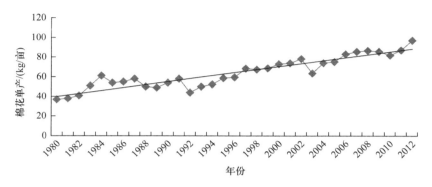

图4　1980～2012年中国棉花单产趋势图

资料来源：《中国农村统计年鉴》（1981～2013年）

2. 棉花需求预测

（1）根据纺织产能预测

我国纺织用棉最终用途分为居民纺织品消费和棉纺织品加工出口两个部分。20世纪80年代以来世界人均纤维消费量逐渐上升，1980年世界人均纤维消费量为6.8kg，1995年为7.7kg，年均增长0.8%；从2000～2007年，世界人均纤维消费量从8.3kg增长到11.1kg，年均增长5%。发达国家1980年为16.8kg，1995年达到22.6kg，年均增长1.99%，其中美国和日本1980年为20.9kg和16.8kg，1995达到30.9kg和23.4kg。2007年，发达国家人均纤维消费量为24.1kg，北美国家人均纤维消费量达到了37.9kg。

我国人均纤维消费量发展迅速，目前已超过世界平均水平。1980年为2.96kg（含出口），1995年为4.48kg（含出口），2000年人均纤维消费量达到8.7kg（含出口），2007年人均纤维消费量达到15.7kg，超过世界平均水平4.6kg。据纺织产能发展预测，随着居民生活水平提高，2020年纺织品消费为19～20kg/人，2030年为23～24kg/人。到2020年和2030年人口将达到14.15亿和14.42亿，届时我国居民纺织纤维消费水平分别为2660万～2800万t和3335万～3480万t，按30%的纺织用棉比例计算，2020年和2030年我国居民纺织品原棉消费需求量预计分别达到800万～840万t和1000万～1050万t。出口方面，在"十二五"和"十三五"期间，保持纺织品服装在国际市场的稳定是纺织业发展的重点目标之一，出口纺织品服装耗棉量约为450万t（毛树春和谭砚文，2013），那么，2020年我国内销和出口的原棉消费需求量合计约为1250万t。鉴于2030年我国纺织工业加工能力将进入缓慢增长或徘徊阶段（毛树春和谭砚文，2013），我国出口纺织品服装耗棉量可能维持在450万t左右，那么，2030年我国纺织品内销和出口的耗棉量合计为 1450 万 t 左右。

如果按中等纺织品消费水平预计，2020 年和 2030 年我国居民纺织品消费水平将分别达到 21～22kg/人和 25～27kg/人（毛树春和谭砚文，2013），按人口增长速度和 30% 纺织品含棉量计算，2020 年和 2030 年我国居民纺织品原棉消费需求量将分别达到 880 万～920 万 t 和 1090 万～1170 万 t。加上约 450 万 t 的出口纺织品服装耗棉量，我国在 2020 年和 2030 年纺织品用棉需求量将分别达到 1350 万 t 和 1600 万 t 左右。

（2）根据人均棉花消费量的需求预测

人均棉纤维消费量是衡量一个国家人民生活水平高低的基本指标之一。从人均棉花消费量来看，20 世纪 90 年代世界平均水平为 3.13kg，2000 年达到 3.35kg，2008 年达到 3.8kg。发达国家年人均棉花消费量在 2008 年达到 9.5kg，北美国家年人均棉花消费量为 17.1kg，欧洲国家达到 6.7kg。据联合国粮食及农业组织（FAO）数据显示，2008 年中国棉花消费量达到人均 2.5kg，只比 1996 年的棉花人均消费量增长了 0.2kg，远低于世界平均水平。如果我国人均年棉花消费量能够在 2020 年达到世界平均水平（预计 5.0kg/人）的话，2020 年人口将达到 14.15 亿，那么，2020 年我国居民纺织品所需的棉花国内消费需求量应达到 700 万 t 左右；2030 年我国居民纺织品原棉需求量增加 50 万 t，达到 750 万。如果我国纺织品耗棉量长期维持在 450 万 t 左右，2020 年棉花总需求量将达到 1150 万 t 左右、2030 年将达到 1200 万 t 左右。

考虑到随着人民生活水平的提高，尤其是农村人民生活水平将会得到改善，农村纺织品消费量将会出现一个质的飞跃，再加上由于经济收入的增加和富裕程度的提高，人们对天然纤维产品的偏好增加，更加趋向回归自然，特别是内衣、衬衣、被单、毛巾等制品，更是要求 100%纯棉，也就是说作为一种收入弹性较高的产品，随着社会经济的发展和人民生活水平的提高，对棉花的消费需求会进一步增加。

3. 棉花供求缺口

根据以上预测的我国棉花产量和纺纱产能及居民用棉量，即可得出未来我国棉花供需缺口情况，具体结果见表 19。

表 19　我国棉花供求缺口预测　　　　　　　　　　（单位：万 t）

年份	产量预测（1）	产量预测（2）	需求量预测（1）	需求量预测（2）	需求量预测（3）	产需缺口
2020	754.45	720.10	1250	1350	1150	430～630
2030	861.32	877.80	1450	1600	1200	320～730

注：产量预测（1）是根据模型预测的结果；产量预测（2）是以近 5 年（2008～2012 年）平均单产 87.8kg/亩为基数，按 2%的递增率，以及 466.7 万 hm² 面积水平计算而得。需求量预测（1）根据 2020 年纺织品消费 19～20kg/人，2030 年水平 23～24kg/人进行估算；需求量预测（2）根据 2020 年纺织品消费 21～22kg/人，2030 年水平 25～27kg/人进行估算；需求量预测（3）则是根据人均棉花需求量及民用、其他用棉量的估算。这里没有考虑储备棉的变化，对供需缺口的估计可能会有一定的出入

由表 19 可以看出，未来 10 年内，我国将长期处于棉花供给短缺的状态，并呈现供

需缺口逐年增大的趋势，如果我国的纺织工业保持现有的发展速度不变，到 2030 年我国棉花供需缺口将达到 700 万 t 左右。从加入世界贸易组织 12 年（2002～2013 年）来看，我国进口 3076 万 t，出口 39 万 t，净进口 3037 万 t。

综上所述，棉花作为大宗农产品，作为关系国计民生的重要物资，要立足居民所需棉花为国内生产。预测 2020 年居民纺织品所需国产棉 700 万 t，2030 年国产棉 750 万 t。根据单产提升水平，预测 2020 年全国棉花单产达到 100kg/亩，2030 年达到 110kg/亩，需安排适宜产区棉花播种面积 466.7 万 hm^2 上下，比 2000～2012 年平均面积 516.3 万 hm^2 略减，即今后我国稳定棉田面积 466.7 万 hm^2，其目标可以基本实现。

如果满足纺织工业价格所需的全部原棉，则缺口更大，预测 2020 年缺口 300 万 t，2030 年缺口 500 万 t 上下。再看全球棉花贸易量，近 60 年（1950～2009）全球棉花贸易量的年均增长率为 2.02%，年均增长 8.3 万 t；近 30 年（1980～2009）年均增长率为 0.34%，年均增长 6.4 万 t。近 10 年（2000～2009）平均贸易量 742.9 万 t，比上个 10 年（1980～1989）增长 22.4%，增长量为 135.8 万 t。预测 2020 年全球棉花贸易量 800 万 t，中国若进口 300 万 t，则占 37.5%。预测 2030 年全球棉花贸易量 900 万 t，中国若进口 500 万 t，则占 55.5%。分析认为棉纺织加工能力受国家工业化、城镇化和农业现代化进程的影响较大。

然而，当前对未来 10 年我国棉花产业发展的估计、预测有两种不同观点：一是悲观论，认为国内生产进一步萎缩，植棉面积下降，总产下降，棉纺织原棉消费大幅下降，进口大幅减少，美国预计从 2013/2014 到 2022/2023 年度中国进口棉数量大幅减少到 100 万 t。二是谨慎乐观论：第一，受高额库存消化和市场化转型的阵痛影响，近期生产将呈收缩态势，总产必将减少，但是当价格"倒挂"问题得到解决，棉纺织原棉消费将呈恢复性增长。第二，市场化资源配置和棉花生产扶持对策博弈将形成新的生产、消费的供求关系，国产棉、进口棉、纺织品居民消费和出口将会进入一个平衡状态，棉花生产恢复，棉纺织消费增长加快，也有人预计棉纺织即将迎来新的"黄金 30 年"。

4. 麻类产品供求缺口

麻类是我国重要的天然纤维资源，在人民生活中起着举足轻重的作用。随着环境保护日益受到重视，天然纤维将更广泛地用于纺织、建筑、日用和军工等领域。欧洲等地区对开发天然纤维产品非常重视，除传统的纺织用途外，还相继开发出麻纤维与水泥复合成的建筑材料，以保证生活环境的天然环保，开发出的麻塑复合材料用于汽车配件等，为遗弃后生物降解提供了可能。我国开发出的环保型麻地膜和麻装饰挂件，市场前景十分广阔。

目前，我国进口国外麻纤维原料达 70 万 t，国内生产麻纤维原料仅为 30 多万吨，国内各行业消耗麻约为 100 万 t；按照天然纤维消耗年增长 8%～15%计算，我国麻原料缺口超过 70 万 t，原料供应受制于国外进口的状况非常严峻。

5. 蚕丝产品供求缺口

预计到 2020 年，我国的桑园面积 85 万 hm² 左右，发种量 1800 万张左右，桑蚕茧产量 80 万 t 左右，柞蚕茧产量 10 万 t 左右，桑蚕丝产量 13 万 t 左右；农业产值约为 500 亿元，工业产值约为 5000 亿元，丝绸商品零售额 1 万亿元左右，真丝绸出口额约为 40 亿美元。到 2030 年，考虑我国工业化与城市化达到较高水平后，劳动力与土地成本的上升及与此相关的蚕业转移规律，我国的桑园面积 80 万 hm² 左右，发种量 1600 万张左右，桑蚕茧产量 70 万 t 左右，柞蚕茧产量 8 万 t 左右，桑蚕丝产量 11 万 t 左右；农业产值约为 700 亿元，工业产值约为 1 万亿元，丝绸商品零售额约为 2 万亿元，真丝绸出口额约为 50 亿美元。

（二）油料作物产品供求预测与缺口估算

油料作物产品的消费用途主要有种用、榨油、加工制品、直接食用、生物柴油、损耗和其他[①]。在三大油料作物中，大豆用途以压榨为主[②]，油菜籽基本全部用于压榨，花生食用压榨基本各半，因此，三大油料作物中，其产品多数用于压榨。另外，进口大豆基本上全部用于压榨，并且中国食用油的来源相当复杂（包括一部分木本油料、兼用油源和相当一部分国内没有的棕榈油），因此，分析中国食用油的供求与供求缺口相比于分析油料作物产品的供求与供求缺口更为合理一些。本研究对于油料作物产业而言，以食用油的供求分析代替经济作物产品的分析。

结合未来 15 年人口增长状况、消费结构升级，以及人均食用油消费增长率的情境估测，测算得出 2020 年和 2030 年我国食用油消费情况，在此基础上估算了几个关键时点的供需缺口和自给率水平。

1. 食用油供给预测

21 世纪以来，我国各油料作物产量及占总产量的北例均有所变化，但油料总产量相对比较稳定，徘徊于 5200 万～6000 万 t（表 20）。国产油料除大豆、花生（50%食用）、芝麻、葵花籽外，基本全部用于榨油，2013 年我国国产油料的榨油量为 1169.4 万 t。前文已有说明，我国食用油的来源相当广泛，分品种预测将会给我们带来意想不到的麻烦，也会影响预测的精度和准度。因此，本研究以 2013 年作为预测的起点年份，以整个食用油供给作为预测对象。

---

① 因本研究只分析大豆、油菜籽和花生 3 类作物，所以，生物柴油的用途不包括在内（世界各国生产生物柴油所用原料不尽相同。欧洲用菜籽油、大豆油和葵花籽油，美国用转基因大豆油，马来西亚用棕榈油，菲律宾用椰子油，日本利用餐饮废油和农林废弃物，印度用棉籽，韩国用米糠和回收食用油。我国也采用菜籽油加工生物柴油，但由于食用油大量短缺，目前用于加工生物柴油的油菜籽较少）。

② 大豆压榨一直是大豆消费的主要用途，平均维持在总消费的 75%，近年来维持在总消费的 80%～85%。

情境1：假定产量按5%速度递增

如果我国食用油生产技术不断进步，包括油料作物的生产种植技术、遗传育种、杂种优势利用、生物技术、机械化装备推广使用、食用油压榨技术升级等，面积可以稳定增长（主要是油菜冬闲田的利用），并且考虑兼用油源开发（表21），我国食用油生产量保持年均增长速度5%递增[①]，则2020年供给为1600万t左右，2030年供给为2700万t左右（表22）。

情境2：假定油料作物种植面积稳定，技术水平进步

假定技术水平进步，油料作物单产以2%的速度递增，同时油料作物种植面积稳定，2020年供给为1300万t，2030年供给为1600万t（表23）。这个预测相对容易达到，偏保守。

表20　2001～2013年我国主要油料生产情况　　　　（单位：万t）

年份	油料总产量	棉籽	大豆	油菜籽	花生	葵花籽	芝麻	亚麻籽	油茶籽
2001	5363.8	958.2	1540.7	1133.1	1441.6	147.8	80.4	24.3	82.5
2002	5378.9	830.9	1650.7	1055.2	1481.8	194.6	89.5	40.9	85.5
2003	5225.1	874.7	1539.4	1142.0	1342.0	174.3	59.3	45.0	78.0
2004	5944.5	1138.2	1740.4	1318.2	1434.2	155.2	70.4	42.6	87.5
2005	5740.7	1028.6	1635.0	1305.2	1434.2	192.8	62.5	36.2	87.5
2006	5504.4	1355.9	1508.2	1096.6	1273.8	144.0	66.2	37.4	92.0
2007	5213.5	1372.3	1272.5	1057.3	1302.7	118.7	55.7	26.8	93.9
2008	5855.9	1348.6	1554.5	1210.2	1428.6	179.2	58.6	35.0	99.0
2009	5800.3	1147.9	1498.1	1365.7	1470.8	195.6	62.2	31.8	116.9
2010	5811.4	1073.0	1508.3	1308.2	1564.4	229.8	58.7	32.4	109.2
2011	5941.3	1186.0	1448.5	1342.6	1604.6	231.3	60.6	35.9	148.0
2012	5972.3	1230.5	1305.0	1400.7	1669.2	232.3	63.9	39.1	172.8
2013	5846.8	1135.8	1180.0	1440.0	1700.0	235.0	63.5	38.5	190.0

资料来源：国家粮油信息中心

表21　中国兼用油源开发前景

油料名称	主要措施	预期增加的植物油产量
玉米油	出油率提高5%	4000万t×5%=200万t
米糠油	促进产业深加工，提高米糠的利用量	1400万t×10%=140万t
棉籽油	出油率提高10%	700万t×10%=70万t

表22　未来15年中国食用油供给预测

年份	国内供给量/万t
2020	1600
2030	2700

[①] 2000～2013年中国食用油年均增长速度6%，考虑到未来增长速度的下降、国家对于油料生产的补贴及促进政策的出台、兼用油源的大力开发，我们研究认为以年均增长速度5%比较合适，当然这个速度可能相对乐观。为了计算的方便并且不影响说明问题，本研究进行了取整处理，下同。

表 23　未来 15 年中国食用油供给预测

年份	国内供给量/万 t
2020	1300
2030	1600

2. 食用油需求预测

本研究采取消费总量预测法预测未来 2020 年与 2030 年我国食用油消费量状况。消费总量预测根据总人口数乘以人均消费量计算得出，其中，总人口预测借鉴现有研究的预测数值，人均消费量根据人均消费量增长率进行预测。

（1）2020～2030 年我国人均食用油需求量估计

随着我国居民人均可支配收入的逐渐提高，人均食用油需求量也随之提升。2013 年我国食用油的食用消费量为 2755.0 万 t，工业及其他消费量为 275.0 万 t，出口油脂油料折油总计为 10.8 万 t，合计年度需求总量为 3040.8 万 t，年度结余量为 333.5 万 t（王瑞元，2014），人均消费量 22.5kg。依据规律，食用油消费呈现先快后慢的态势，因此本研究认为未来 2015～2030 年我国人均食用油消费量保持 2%的年均增长水平，并且达到人均 26kg 的峰值相对较为合理。

根据该增长率，2020 年人均食用油需求量将达到 25.3kg，2030 年人均食用油需求量将达到 26.0kg。

（2）预测结果

基于人口和人均食用油需求量的预测，得到我国食用油消费总量的预测（表 24）。根据预测结果，我国食用油总消费量 2020 年将达到 3580 万 t 左右，2030 年将达到 3750 万 t 左右并且稳定下来。

表 24　未来 15 年中国食用油需求总量预测

年份	人口数量/亿人	人均需求量/（kg/人）	需求量/万 t
2020	14.15	25.3	3580
2030	14.42	26.0	3750

3. 食用油供求缺口

情境 1

如果我国食用油生产技术不断进步，包括油料作物的生产种植技术、遗传育种、杂种优势利用、生物技术、机械化装备推广使用、食用油压榨技术升级等，面积可以稳定增长（主要是油菜冬闲田的利用），并且考虑兼用油源开发，我国食用油生产量保持年均增长速度 5%递增，则 2020 年我国食用油供需缺口为 1980 万 t 左右，自给率为 45%；2030 年供需缺口为 1050 万 t 左右，自给率为 72%（表 25）。此种情况出现的主要原因在于，短期来看，食用油的自给率将基本稳定；远期，随着人均食用油消费的增长放缓，再加上国家对于经济作物发展的政策支持，自给率将会稳步上升，食用油市场的风险将大大降低。

表 25 　未来 15 年中国食用油供求缺口及自给率预测 （单位：万 t）

年份	情境 1				情境 2			
	供给量	需求量	供求缺口	自给率/%	供给量	需求量	供求缺口	自给率/%
2020	1600	3580	1980	45	1300	3580	2280	36
2030	2700	3750	1050	72	1600	3750	2150	42

情境 2

假定技术水平进步，油料作物单产以 2%的速度递增，同时油料作物种植面积稳定，则 2020 年供求缺口为 2280 万 t 左右，自给率为 36%；2030 年供求缺口为 2150 万 t，自给率为 42%。中国未来仅仅依靠国产油料作物的内生增长，未来的供求缺口较大，蕴含着较大的市场风险（表 25）。

（三）糖料作物产品供求预测及缺口估算

食糖生产具有一定的周期性，大致以 5～6 年作为一个大的生产周期。最近 6 个制糖期的食糖生产量平均值（1217.5 万 t，即近似为 1220 万 t）能够客观地反映食糖供给水平。结合未来 15 年人口增长状况、消费结构升级，以及人均食糖消费增长率的情境估测，测算得出 2020 年和 2030 年我国食糖消费情况，并在此基础上估算了几个关键时点的供需缺口和自给率水平。

1. 糖料供给预测

本研究糖料供给采取 HP 滤波与时间序列回归结合法，以及总量情境预测两种方法估测未来 15 年中国糖料与食糖产量状况，然后在此基础上对食糖产量结果进行修正，得出食糖供给预测的相关结论。

第一种是 HP 滤波与时间序列回归结合法，通过 1978/1979 制糖期至 2012/2013 制糖期的数据，通过 HP 滤波法寻找周期性波动和单产提升趋势等方面的运行规律，进而通过单指数平滑、双指数平滑，HW 无季节模型、HW 加法模型、HW 乘法模型预测，寻找拟合现实数据最好的时间序列方法进行预测。

第二种是总量情境假设法，即假定某些指标保持不变，根据情境预测未来食糖供给状况（刘晓雪等，2013）。

（1）HP 滤波与时间序列回归结合法

HP 滤波分析表明，我国食糖产量的周期性非常明显，一般而言 5～6 年为一个生产周期，产量呈先升后降的周期性波动规律。从图 5 来看，趋势性增长（2 号线）明显，这主要由单产提升带来；循环因素近似于正弦波（3 号线），但波动有逐渐增大态势，这主要由生产的周期性波动带来。因此，我国食糖生产总体趋势是递增的，但随着时间推进，在不同生产周期中，产量波动幅度日益增大。

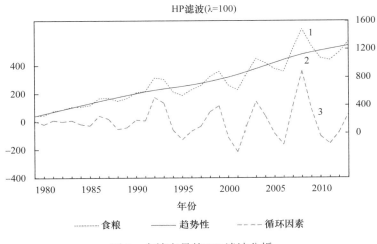

图 5　食糖产量的 HP 滤波分析

　　运用一次指数平滑、二次指数平滑，HW 无季节模型、HW 加法模型、HW 乘法模型（5 年为一个周期）、HW 乘法模型（6 年为一个周期）对时间序列进行预测，拟合后发现，HW 乘法模型预测的样本内预测结果最好，平均预测误差率小于 10%，而将 5 年作为一个生产周期的预测效果最好，因此，本研究最终选取 HW 乘法模型（5 年为一个周期）的预测结果。

　　结果表明，未来 2～3 个制糖期将处于周期性减产阶段，预计 2015 年产量在 1100 万～1200 万 t；2020 年处于周期性减产阶段，产量估测为 1200 万～1300 万 t；2030 年处于周期性减产阶段，产量估测为 1500 万～1600 万 t。

　　由于上述假定是在产糖率不变和糖料作物播种面积没有太大变化的前提下进行的（年度间播种面积的周期性变动肯定是有的），结合了单产稳步提升的趋势性因素，因此，假定产糖率不变，单产稳步提高，糖料作物播种面积无重大变化：2020 年和 2030 年中国食糖产量分别为 1200 万～1300 万 t 和 1500 万～1600 万 t。

（2）总量情境假设法

　　i. 假定中国糖料和食糖产量恢复到历史最高水平

　　如果我国糖料与食糖产量恢复到历史最高水平，则中国食糖产量达到 1484 万 t（2007/2008 制糖期为历史最高水平）。

　　ii. 假定甘蔗和甜菜种植面积得到充分利用，2020 年单产等无重大变化，2030 年单产朝国际技术水平接近

　　若 2020 年甘蔗和甜菜备用面积全部利用，糖料种植面积达到 200 万 hm²，单产等保持当前水平，在气候无重大突变的情况下，2020 年食糖产量为 1375 万 t；若 2030 年在糖料备用面积全部利用的前提下，技术水平朝着国际技术水平接近，则 2030 年食糖

产量约为 1550 万 t。

综合上述两种方法，食糖供给的预测结果大致可以估算为：2020 年食糖产量处于 1200 万～1300 万 t 的可能较大，若面积充分利用且不考虑周期性波动影响，有可能达到 1375 万 t，最优可达 1484 万 t；2030 年食糖产量处于 1500 万～1600 万 t 的可能较大。由于糖料与食糖供给受规模化经营程度、气候、周期性变动、病虫害、技术水平等因素的综合影响，其预测存在较大的不确定性。

2. 糖料需求预测

本研究采取消费总量预测和时间序列回归分析两种方法同时预测未来 15 年中国食糖消费量状况，然后在这两种方法的基础上对食糖消费量结果进行修正，得出食糖消费量预测的相关结论。

第一，消费总量预测法。消费总量预测根据总人口数乘以人均消费量计算得出，其中，总人口数预测借鉴现有研究者的预测数值，人均消费量根据人均消费量增长率进行预测。

第二，时间序列回归分析法。基于历史和现在的食糖消费量数据，运用时间趋势回归、一次指数平滑、二次指数平滑、Holter-Winter 方法、ARIMA 差分自回归移动平均法、灰色关联 GM（1，1）6 种时间序列回归模型对未来食糖消费量进行外推预测，预测结果均值具有一定的参考价值，尤其在较短时期时。

（1）消费总量预测法

情境 1（保守估计）：未来 20 年我国人均食糖消费量保持 1.5% 的年均增长水平。
根据该增长率，2020 年将达到 11.70kg，2030 年将达到 13.52kg。
情境 2（乐观估计）：未来 20 年我国人均食糖消费量保持 2.7% 的年均增长水平。
根据该增长率，2020 年将达到 13.05kg，2030 年将达到 16.81kg。
基于人口和人均食糖消费量的预测，得到两种情境下我国食糖消费总量的预测（表 26）。根据预测结果，我国食糖消费量估计如下：2020 年将达到 1800 万 t 左右，2030 年将达到 2200 万～2450 万 t。

表 26　未来 20 年中国食糖消费总量的预测——基于人口和人均消费预测

年份	人口预测/亿人	人均消费量/kg		消费总量/万 t		总消费量估计均值/万 t
		情境 1	情境 2	情境 1	情境 2	
2020	14.15	11.70	13.05	1655.55	1846.07	1771.88
2030	14.42	13.52	16.81	1949.58	2423.53	2237.35

由表 26 的预测数据可知，2020 年和 2030 年我国食糖人均消费量分别为 12.72kg（全球食糖消费平均水平的 53%）、15.5～17kg（全球食糖消费平均水平的 67% 左右，接近于亚洲国家平均水平）。与国际市场发展速度相比，上述食糖消费量预测是客观偏保守的。

（2）时间序列回归分析法

本研究采用时间趋势回归、指数平滑模型（包括一次指数平滑模型和二次指数平滑模型）、Holter-Winter 方法、ARIMA 模型和灰色关联 GM（1，1）等 6 种模型对未来 20 年我国食糖消费总量进行预测。前 4 种模型属于经典时间序列模型，注重挖掘数据的统计特征；后两种模型属于较为前沿的现代计量模型，注重挖掘数据的随机性特征和微分属性。

6 种方法的预测结果（均值）表明（表 27）：2020 年将可能达到 1800 万～1900 万 t；2030 年将可能达到 2200 万～2300 万 t。

表 27　未来 20 年我国食糖消费总量的预测——基于时间序列模型　　（单位：万 t）

年份	一次指数平滑	二次指数平滑	Holter-Winter 方法	时间趋势回归	ARIMA	灰色关联 GM（1，1）	预测均值
2020	1956	2107	1706	1529	1912	1787	1833
2030	2376	2713	1996	1819	2443	2240	2264

6 种方法的预测均值要略高于人口和人均消费预测方法的预测均值，但消费总量在各年度的误差均在 70kg 以内，这进一步增强了本研究预测结果的可靠性。因此，人口消费总量预测法和时间趋势回归法较为一致地预测了食糖消费量的发展趋势。

综合食糖需求预测的总量分析法和时间序列分析法，结果表明，保守来看，中国食糖消费量预测数值大致如下。

1）2020 年食糖消费量将可能达到 1800 万～1850 万 t，人均食糖消费量约为 12.90kg。

2）2030 年将可能达到 2230 万～2300 万 t，人均食糖消费量约为 15.71kg。

3. 糖料供求缺口

综合 2020～2030 年中国糖料供给与需求的预测状况（表 28），对中国糖料供求缺口进行估算。结果表明如下。

表 28　2020～2030 年中国糖料供给与需求预测

年份	供给/万 t	需求/万 t	供需缺口/万 t
2020	1200～1300	1800～1850	500～600
2030	1500～1600	2230～2300	650～800

资料来源：根据预测结果整理计算而出

1）2020 年中国食糖供需缺口处于 500 万～600 万 t 的可能较大，考虑到技术进步、糖料面积的充分利用、恢复到历史最好水平等情况，供需缺口会进一步缩小（300 万～400 万 t）。考虑到食糖替代品的发展等因素，供需缺口还会缩小。

2）2030 年中国食糖供需缺口处于 650 万～800 万 t 的可能较大，这一缺口估测已考虑了单产提升、糖料面积充分利用、技术水平朝国际水平靠拢等因素。如果技术水平不出现重大进步，即使糖料与食糖产量恢复到历史最好水平（1484 万 t），供需缺口也将达到 900 万 t。

本研究前面的食糖消费量估计整体仍偏保守，如果采取较乐观的国际水平估计，即假定经过 20 年的发展，2030 年中国人均食糖消费量水平达到 2013 年全球食糖人均消费量水平，那么未来 20 年的年均增速需保持在 4.4%的水平。2020 年达到 15.59kg（2013 年亚洲国家食糖人均消费水平），2030 年达到 24kg。与之对应，2020 年中国食糖消费量将达到 2206 万 t，2030 年中国食糖消费量将达到 3461 万 t。这就需要品种、单产、经营模式等食糖供给方式出现根本性革命，食糖替代品快速发展，一定的食糖进口规模，这样才能保证上述乐观估计下的食糖安全供给，否则将出现较大的供给不足。

五、经济作物产品市场调控的绩效、问题与完善对策

中国农业的发展，一靠政策，二靠投入，三靠科技。经济作物产品（如棉、油、糖等）的市场调控与政策、投入、科技三方面均有紧密的联系。因此，加快完善我国经济作物产品（如棉、油、糖等）的市场调控机制，对于保障国家粮食与食物安全具有重大现实意义。

（一）市场调控的定义与分类

市场调控是在市场经济条件下，政府为了保证国民经济持续快速健康发展，运用经济、法律手段，必要时采取的一系列行政手段的总称，从而对特定领域内经济总体运行给予的规范和调节（矫健，2012）。经济作物包括纤维作物、油料作物、糖料作物三大类十几种作物，其市场调控在社会经济实践中一直在进行着，但学者并未明确定义经济作物产业（产品）市场调控。笔者借鉴矫健（2012）对于粮食市场调控的定义，认为经济作物产业（产品）的市场调控是指政府主要运用经济、法律和行政手段，对经济作物产业（产品）生产、流通、储备、消费、贸易各个环节从宏观上进行调节和控制，从而实现经济作物产品（如棉、油、糖等）生产、流通、储备、消费、贸易体系的健康发展，达到经济作物产品（如棉、油、糖等）总量和结构平衡、市场平稳、农民收入持续稳定增长，并最终实现国家经济作物产品（如棉、油、糖等）供给安全的系统化政策体系。

根据从生产、流通和贸易到形成农户收入的过程，可将我国执行的经济作物产品（如棉、油、糖等）市场调控划分为生产性、流通性、贸易性和收入性调控政策，每种类型又包括若干种方式（图6）。

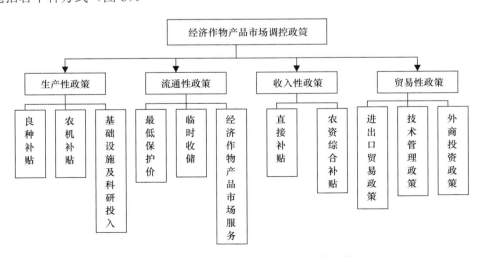

图6　我国经济作物产品市场调控政策分类

（二）棉花市场调控绩效、问题及完善对策

棉花是主要经济作物和大宗农产品，是纺织工业的主要原料，还是重要的食用植物油脂。棉花生产关系产区一亿多棉农的经济收益，2000 多万纺织工人的就业，关系着13 亿多的居民衣着丰富和巨大的出口市场。因此，棉花市场调控对棉花的可持续发展具有举足轻重的作用。

1. 棉花市场调控政策简要回顾

（1）棉花市场放开

全国棉花市场体制改革始于 1999 年，2001 年加入 WTO 之后，改革的进程加快，流通体制改革成为重点。主要内容：一是建立起在政府指导下由市场形成棉花价格的机制；二是拓宽棉花经营渠道，减少流通环节；三是培育棉花交易市场，促进棉花有序流通。2001 年国务院决定放开棉花收购，鼓励公平有序竞争，凡符合《棉花收购加工与市场管理暂行办法》规定、经省级人民政府资格认定的国内各类企业，均可从事棉花收购。主要内容：一放、二分、三加强，走产业化经营的路子。一放即放开棉花收购，打破垄断经营，是这次改革的核心，也是鼓励有序竞争、发挥市场调节作用的根本前提。二分，即实行社企分开、储备与经营分开，实质上就是深化棉花收购、加工和流通企业改革，使其真正成为自主经营、自负盈亏、自我发展、自我约束的经济实体，是这次改革的关键。三加强，即加强国家宏观调控、加强市场管理和加强质量监督。这是放开市场之后，促进供求基本平衡，维护市场秩序，确保质量的重要保障。

（2）棉花质量检验体制改革

2003 年 12 月国家出台《棉花质量检验体制改革方案》，改革主要内容：一是在加工环节实现公证检验，由纤维检验机构在加工环节依法提供逐包、包包检验；二是采用快速检验仪进行仪器化科学检验，改以感官检验为主的 HVI-大容量纤维检验仪器检验，同时，支持研制 HVI 仪器，制定新的棉花质量标准；三是采用国际通用棉包包型与包装和重量，改包重 80kg 的小包为大包，包重 227kg；四是实行成包皮棉逐包编码的信息化管理；五是发展棉花专业仓储；六是改革公证检验管理体制。改革取得的主要阶段性成果：一是试点企业改造后全部采用标准加工工艺线、配备检验仪器和设备，如籽棉"三丝"清理机、籽棉烘干机、皮棉异性纤维识别装置、配置符合新体制要求的加工工艺生产线，核心设备是 400t 的大型打包机；二是采用国际通用的棉包包型和包装方式；三是使用条码等技术，对成包皮棉逐包编码，实现信息化管理。

（3）原棉进口实行关税配额管理

2001 年 11 月我国加入 WTO，入世谈判约定我国对进口棉实行配额管理政策（表29），设置配额和配额外追加两个关口。配额进口数量 2002 年 81.85 万 t，2004 年 89.4 万 t，

关税税率为 1%，这些配额棉国营贸易公司经营比例为 33%，由国家指定 4 家国营贸易公司经营；另 67% 由私营公司经营，这一政策一直在延续。

表 29 棉花关税及其配额

年份	关税配额/万 t	国营贸易比例/%	私营贸易比例/%	配额内关税/%	配额外追加的进口棉约束关税税率/%
2002	81.850	33	67	1	54.4
2003	85.625	33	67	1	47.2
2004	89.400	33	67	1	40.0

注：本表数据据石广生（2001）整理

配额外追加约定的约束关税税率税率，2002 年为 54.4%，2004 年为 40.0%，也一直在延续。按国民待遇，需征收 13% 的增值税。所谓关税是指一国或地区对经过其关境货物征收的税，是一种保护国内产业的重要政策工具。

关于约束关税税率的实施情况较为复杂。由于设置 40% 的税率过高，不利进口，于是采用滑准税或从量税的税率予以降低和弱化。2002 年配额外追加没有发生，2003 年起每年追加，2003～2005 年 4 月约束关税主动放弃。2005 年 5 月至 2006 年设置 5%～40.0%，按照一定计算公式，征税基准价为 10 029 元/t。2007 年设置 5%～40.0%，征税基准价为 11 397 元/t。2008 年 1 月以后，完税价格高于或等于基准价为 11 397 元/t，按 0.57 元/kg 从量税计征。2008 年滑准税由 5%～40% 下调至 3%，征税基准价调高至 11 914 元/t，从量税由 0.57 元/kg 调低至 0.357 元/kg。

2. 棉花市场调控政策绩效评价

入世 13 年以来，我国棉花市场业已放开，棉花加工质量体制改革不断推进，总体看，在这 13 年里，全国棉花市场的重大调控行为发生了 3 次。

（1）第一次是应对 2008 年华尔街金融风暴出台的收储政策

2008 年，针对起源于美国华尔街的次贷危机诱发的全球金融危机，国内外消费疲软，秋收农产品价格一落千丈，普遍出现"卖难"问题，新棉上市遭遇熊市，市场深度恶化，价格一路下跌，"卖棉难"前所未有，籽棉售价 4.69 元/kg，跌幅高达 22.2%。为此，2008 年 9 月国家 3 次出台收储指标 272.0 万 t，实际收储皮棉 196.5 万 t，占总产量的 72.3%。

评价：收储起到托市效果，减缓"卖棉难"问题，切实保护农民利益，托市收储政策的出台和实施有效缓解了经济危机的冲击，减轻了农民的经济损失。尽管如此，2008 年度，棉农经济损失仍高达 431 亿元，有 70% 的棉田处于亏损状态，其中成包大户因土地租金和固定资产折旧无法支付，亏损额高达 500 元/亩。

（2）第二次是 2011～2013 年度连续 3 年出台的临时收储政策

2011 年 3 月国家出台临时收储政策，收储价 19 800 元/t，当年收购皮棉 313 万 t，占总产量 720 万 t 的 43.5%。2012 年 1 月与 2013 年 3 月出台临时收储价格提高至 20 400 元/t，两年分别收储 651 万 t 和 643.3 万 t，收储量占两年总产量的九成多，3 年合计收储 1607.3 万 t。

临时收储政策点评：一是价格提升充分考虑了粮棉生产平衡、保障棉花供给和棉花生产投入等因素，符合国家利益，符合棉花生产特点。二是临时收储与质量体制改革紧密结合，推进了仪器化检验、"包包"检验和大包的标准化，也遏制了小轧花厂和小包企业的生存，规范了市场。三是临时收储价对国际市场起到了支撑作用。收储价通过进口棉传导给国际市场，对国际棉价也形成了较强支撑，发挥了棉花生产大国和消费大国的价格主导作用，赢得了国际话语权。

（3）第三次是 2011～2014 年连续 4 年的大幅进口国际市场原棉

入世 13 年，进口棉对国产棉冲击有 2 次。第一次是 2006 年，当年进口 360 万 t，最终不得不采取国产棉搭配进口棉销售，搞得国产棉很没"面子"。2011～2014 年分别进口原棉 336 万、513 万、415 万和 244 万 t，4 年合计进口 1508 万 t。另外，2011～2013年进口 40%高关税原棉 66 万 t，进口其他棉花 83 万 t，总计进口 1657 万 t。

点评：一是原棉进口采用关税和配额双重管理，成为看好国门、国产棉免受国际市场冲击的钥匙。二是征收滑准税有利缓解国内外原棉价格的严重"倒挂"，并且国家还征收不少"增值税"，也有平抑进口量的功能。

3. 棉花市场调控政策存在的问题

棉花市场调控包括良种补贴、农机补贴、临时收储、关税配额等方面，但问题主要表现在临时收储政策。

（1）棉花临时收储未能有效实现调控市场的经济目标

临时收储政策实施之前，中国储备棉管理总公司（简称中储棉公司）关于棉花收储的决策主要依赖于市场价格，当市场价格较低时，就进行收储。然而，中国棉花收储对市场价格却没有影响作用。中国棉花抛储既不能影响市场价格，也不是根据市场价格的高低决定抛售数量的多少，这是由于以拍卖方式抛储受到拍卖的滞后性、拍卖价格的不确定性、拍卖数量主观性等因素的影响（谭砚文和关建波，2014）。

2011 年 9 月实施的临时收储政策使得经过十年市场化改革的棉花市场重新回到了计划经济，棉花收购价格由政府制定，中储棉公司敞开收购，在市场价格低于政府定价的情况下，中储棉公司实际上成了全国棉花的最大买家。目前，棉花市场价格为 19 500元/t 左右，远低于 20 400 元/t 的政府收购价格，中储棉公司无法实现"顺价销售"。

同时，棉花临时收储政策未能遏制进口棉的"三个冲击"。①进口棉数量冲击在延续。2011～2014 年棉花合计进口 1574 万 t，相当于 2 个高产年景的产量总和，2 年的纺织用棉量。到 2015 年 1 月，库存原棉至少 1200 万 t，这种"洋货入市、国货入库"的冲击在延续。②进口棉价格冲击在延续。近几年，国内外原棉价差即"倒挂"不断拉大。进口棉到港加权均价的"倒挂"，2011 年为 1857 元/t，2012 年为 5972 元/t，2013 年为6403 元/t，2014 年为 5541 元/t。这 4 年到港加权均价"倒挂"4943 元/t。因价格严重"倒挂"形成推动进口的强大动力，国棉生产多、国际进口多和国内库存多的恶性循环在延续。③进口棉质量冲击在延续。进口棉主要来源地美棉和澳棉的整体质量优良，明显优于国产棉，以致棉纺企业不愿使用国产棉。

（2）临时收储政策加重了政府财政负担

较高的棉花价格不仅提高了纺织企业的原料成本，影响了纺织工业的正常生产，而且加重了中国政府的财政压力。目前中国棉花储备已高达 700 万 t，如果加上 2013 年 600 万 t 的新棉，国家棉花储备将达 1300 万 t，倘若按照 2013 年收储预案价格每吨 20 400 元计算，中国政府将为棉花储备支付 2600 多亿元的巨额财政资金（谭砚文和关建波，2014）。从另外一个角度分析，原棉库存一年的成本至少 2000 元/t，如果 2011~2013 年度收储原棉按现行价格 13 600 元/t 销售，至少每吨亏缺 6000 元，国家需花 1000 多亿元方可消化巨大库存。

4. 棉花市场调控的完善对策

（1）总结新疆目标价格改革试点经验，完善价格形成机制

目标价格是"市场对资源配置起决定性作用"的有益尝试，而目标价格改革的本质是保障农民植棉（务农）的基本收益，2014 年在新疆试行棉花目标价格改革，设定目标价格 19 800 元/t，市场皮棉价格 13 600 元/t，与目标价格的差值即应补贴 6200 元/t，新疆棉花产量 367.7 万 t（国家统计局），补贴总资金约 240 亿元。2014 年国家还出台了其他 9 省棉花补贴（2000 元/t），这 9 省皮棉产量 233.8 万 t（国家统计局），需补贴资金 46.76 亿元。目标价格有利于保障新疆植棉者的基本收益，稳定棉花生产，引导结构调整，提高品质。其他 9 省补贴，由于存在补贴强度低和补贴时间滞后等问题对稳定 9 省棉花生产的效果尚未显见。

（2）完善棉花生产支持政策

加大农业保险，提高灾害赔付率。加大农业保险是与目标价格改革紧密配套的措施之一。做到应保尽保，这是解决农业生产因灾减收和致贫问题的有效对策措施。提高灾害赔付率：新疆植棉相对合理赔付应达到物化成本 1000 元/hm^2 的水平。借鉴美国棉花灾害赔付做法，当收益低于预期值时保险补偿及时启动，政府只对超过预期收入 10% 以上的收入损失部分进行赔付，其余收入损失部分则仍由农户承担，农业保险针对一定区域而不是单个农场（户）。

用好"绿箱"政策，加大对棉花良种培育和推广的财政投入，提高栽培技术和机械化水平，加大对棉田基础设施的投入，改善灌溉和排渍水准，增强棉花生产抵御自然灾害的能力，增加投入提高棉花综合生产能力。

▰（三）食用油料市场调控绩效、问题与完善对策

我国作为世界油料消费大国，油料供给短缺的状态一直未得到有效解决，甚至日趋

紧张。2013 年我国食用油的食用消费量为 2755.0 万 t，工业及其他消费为 275.0 万 t，出口油脂油料折油总计为 10.8 万 t，合计年度需求总量为 3040.8 万 t，年度结余量为 333.5 万 t。据此推算，2013 年我国食用油的自给率为 38.5%[①]。

由于需求剧增，国产量维持基本稳定，因此我国植物油大量进口，食用油料已成为我国对国际市场依存度最大的大宗农产品，是造成农产品国际贸易逆差的主要成因。国产植物油料的大量进口对国家粮食与食物安全、居民消费甚至国民经济均产生较为重要的影响。

1. 食用油料市场调控政策简要回顾

生产性政策中，良种补贴政策仅在油菜上应用，其他油料作物没有良种补贴，其他如农机补贴、基础设施及科研投入是针对所有作物的，未专门针对油料作物。流通性政策中最低保护价收购政策未采用，油料市场服务是相对宽泛的概念，基本是与粮食作物等一起建设与扶持的。收入性政策只针对粮食作物，没有专门针对油料作物的收入性政策。因此，本研究对于油料的市场调控包括 3 个方面：油菜良种补贴政策、油料收储政策和进出口贸易政策。

作为农产品宏观调控的重要方面，我国政府一直非常重视食用油料，出台了多份政策文件。

（1）良种补贴政策

2008 年《中共中央、国务院关于 2009 年促进农业稳定发展农民持续增收的若干意见》指出："加大良种补贴力度，提高补贴标准，实现水稻、小麦、玉米、棉花全覆盖，扩大油菜和大豆良种补贴范围。"油菜良种补贴为 10 元/亩。

（2）油料收储政策

2009 年 12 月 31 日《中共中央、国务院关于加大统筹城乡发展力度进一步夯实农业农村发展基础的若干意见》明确提出："适时采取玉米、大豆、油菜籽等临时收储政策，支持企业参与收储，健全国家收储农产品的拍卖机制"。

2011 年 12 月 31 日《中共中央、国务院关于加快推进农业科技创新持续增强农产品供给保障能力的若干意见》提出："完善农产品市场调控。准确把握国内外农产品市场变化，采取有针对性的调控措施，确保主要农产品有效供给和市场稳定，保持价格合理水平。稳步提高小麦、稻谷最低收购价，适时启动玉米、大豆、油菜籽、棉花、食糖等临时收储，健全粮棉油糖等农产品储备制度。"

2011 年 9 月 20 日《全国种植业发展第十二个五年规划（2011—2015 年）》提出："健全农产品价格保护制度。完善重点粮食品种最低收购价和大宗农产品临时收储政策，适当提高价格水平。……完善油菜籽、大豆、棉花、玉米等临时收储政策，探索建立实行

---

① 这与王汉中（2014）依据 USDA 数据计算出的 2013 年度我国食用植物油的自给率 35.3%略有差别，主要由数据来源不同所致。

目标价格政策。"

2012 年 1 月 13 日《全国现代农业发展规划（2011—2015 年）》提出："完善农产品市场调控机制。稳步提高稻谷、小麦最低收购价，完善玉米、大豆、油菜籽、棉花等农产品临时收储政策。"

（3）进出口贸易调控政策

i. 进出口税率

2000 年 12 月 28 日《国务院关税税则委员会关于调整若干商品进出口关税税率的通知》将油菜籽出口税率由 80% 调整为 40%，其中油菜籽（税则号：12050090）产品配额内优惠税率为 12%，12050010 号产品配额内免税；将菜籽油出口税率由 170% 调整为 100%，其中配额内税率为 20%。

2001 年 9 月 3 日海关总署、财政部、国家税务总局联合下发《关于对部分饲料继续免征进口环节增值税的通知》将油菜籽油渣饼（税则号：23064000）从法定 13% 增值税税率降为免税。

在未来的发展趋势方面，由于中国已经是 WTO 的正式成员国，因此预计未来总体趋势上不会再出现油菜、大豆行业的关税。但是，也存在遭遇贸易战时，临时设置大豆、油菜方面惩罚性关税的可能。

ii. 进出口技术管制

在国内油菜产业面临国外转基因品种冲击的情况下，国家对于油菜育种方面的技术优势，从严控制出口转让。在 2001 年的《中国禁止出口限制出口技术目录》中，限制了油料作物两系杂交优势利用和显性核不育油菜三系这两类制种技术出口；2008 年的《中国禁止出口限制出口技术目录》中，在维持 2001 年限制技术的基础上，增加了对于三系杂交优势利用制种技术的出口限制。

在未来，从国家愈加重视农作物现代种业发展的背景下来看，预计油菜育种技术的出口方面仍然会从严控制，以保障国家油料安全。

iii. 外商投资政策

为了配合国家的油料临时收储政策，2007 年的目录中鼓励外商投资油料作物加工及储藏的新设备开发与制造，随着国内相关技术的发展，这一优惠政策于 2011 年取消。

食用油脂的生产涉及国家的粮食安全，因此 2007 年的目录和 2011 年的目录中，均限制外商投资油菜籽加工业，要求此类企业必须由中方控股。2007 年的目录中还限制了外商投资食用植物油的批发零售业，但是这一限制于 2011 年取消。

在未来趋势上，从粮食与食物安全的角度考虑，预计国家仍会限制外商投资食用油脂加工业。

2. 食用油料市场调控绩效评价

总体而言，现阶段我国油菜良种补贴政策、油料临时收储政策和进出口贸易政策，对于保护农民利益、促进油料生产发展、保障国家油料安全、维护油料市场稳定、促进经济社会平稳发展发挥着重要作用。

（1）调动了农民油料种植积极性，促进了油料生产稳定发展

2008 年我国实行油菜良种补贴，10 元/亩，持续至今。10 元/亩的油菜良种补贴尽管对于农民的收入影响不大，但向油菜种植农户传递了国家稳定油菜生产、优质优价的信号，对于油料生产具有指导意义。据国家油菜产业技术体系对于全国 2298 户油菜种植农户的定点调查，油菜良种补贴的 5 年来，全国油菜双良种覆盖率逐年递增，2012 年全国良种覆盖率达 94.61%，上海、陕西、浙江三省（直辖市）已经达到 100%。

2009 年，我国启动和实施临时收储等油料价格支持措施，国内食用油价格在国际经济危机及国外优质廉价油源的冲击下，基本保持稳步上涨，农户出售油菜籽、花生等油料作物产品的价格持续上涨。2008～2012 年国内每 500g 油菜临时收储价格分别为 2.2 元、1.85 元、1.95 元、2.3 元、2.5 元（表 30）。收储政策实施 5 年来，在一定程度上保护了农民油菜种植的积极性，缓解了主产区小麦争地对油菜种植的不利影响，延缓了国内油菜种植的面积连年下滑的趋势。

表 30　2008～2012 年我国油料作物情况

项目	2008	2009	2010	2011	2012
油菜籽收储价格/（元/500g）	2.2	1.85	1.95	2.3	2.5
油料面积/万 hm²	2698	2668	2603	2591	2553
油料产量/万 t	5855.9	5800.3	5811.4	5941.3	5972.3

资料来源：油菜籽收储数据来自国家发改委，油料面积与产量来自国家统计局

研究表明，价格和预期价格是影响农民生产决策的关键因素，是促进作物生产稳定发展的最有效措施（程国强和朱满德，2013）。油料作物良种补贴和临时收储政策对于调动农民积极性、提高良种覆盖率和农业机械化水平、促进油料增产发挥了积极作用。在中国粮食作物特别是谷物播种面积稳定增加的背景下（谷物播种面积由 2008 年 8625 万 hm² 增加到 2012 年的 9261 万 hm²，增长 7.4%），中国油料作物生产基本保持稳定。如表 30 所示，2012 年油料 2553 万 hm² 播种面积相比于 2008 年 2698 万 hm²，降幅为 5.37%，2012 年 5972.3 万 t 的油料产量相比于 2008 年 5855.9 万 t 还略有增加，这在某种程度上得益于良种补贴后良种覆盖率的增加和临时收储政策的引导。

（2）增强国家对于食用油料的调控能力

近年来，国家连续实施临时收储等政策性收购，政府掌控了充裕的油源，对稳定市场预期、抑制市场投机、减缓国际市场波动对国内的冲击等发挥了重要作用。2009 年在国内油菜籽大量上市前，国家出台了《关于做好 2009 年油菜籽收购工作的通知》，公布油菜籽托市收购方案。2010 年国家进一步完善了油菜籽托市收购政策，参与托市收购的市场主体增加，方式更为灵活，大大调动了多元主体入市收购的积极性。2010 年 6 月初托市收购启动后，在国际市场价格三季度回落的背景下，国内油菜籽市场价格明显回升，4 月油菜籽价格为年内最低，仅 3400 元/t，5 月略涨至 3435 元/t，6 月大幅回升至 3672

元/t，7 月继续升至 3700 元/t，并一直持续到 10 月（张崛喆和王俊沣，2013）。此外，为稳定自 2010 年年底食用油价格过快上涨局面，国家相关部门于 2010 年 10 月底启动临储菜籽油竞价销售计划，并于 11 月初启动临储大豆竞价销售。据不完全统计，目前临储大豆仍有 500 多万吨库存，这对于增强国家对于食用油料的市场调控能力具有重要意义。

（3）确保市场有效供给，维护市场稳定

近年来，政策性收购形成的临时大豆和菜籽油通过定期在批发市场或交易中心公开竞拍销售，向粮油加工企业定向销售等方式，及时满足了市场需求，稳定了各主体的市场预期，维护了油料市场的基本稳定。据中华油脂网统计，2011 年国家相继定向投放临储大豆 512.5 万 t，临储食用油（含大豆油和菜籽油）111 万 t。国家定向投放政策帮助大型油脂加工企业渡过成本难关，也保证市场供应，使上半年国内食用油现货价格保持基本稳定。2012 年全球大豆供给紧张，进口大豆成本大幅攀升，国家有关部门在继续执行临储托市收购政策的同时，加大临储大豆竞价销售的力度，有效增加市场供给，抑制了大豆价格过快上涨的趋势。

3．食用油市场调控政策存在的问题

（1）调控目标互相矛盾

市场调控具有多重目标，对于我国食用油料的市场调控而言，存在保护油料种植农民利益和维护油料市场稳定两个主要目标。这两个主要目标实质上相互矛盾。一方面，保护油料种植农民利益，必然要求食用油价格合理上涨，特别是在农业生产资料、人工等成本大幅增加的形势下，只有较大幅度提高食用油价格，才能保证油料种植农民利益，提高农民油料种植积极性；另一方面，食用油与粮食一样，属于基本的生活用品，提高食用油价格会引发其他农产品价格的连锁反应，甚至增加整个物价上涨压力。维护油料市场稳定要求食用油供给稳定，价格平稳。因此，食用油价格涨则消费者利益受损，市场稳定难以持续；跌则农民利益受损，农民种植积极性下降，食用油供给难稳定。现阶段我国食用油料市场调控目标的矛盾性，使我国食用油料市场调控经常陷入两难困境，也使我国食用油料市场调控政策在不同时期的侧重点发生较大差异。

（2）效率低下

前文已有论述，我国食用油料市场调控政策主要包括油菜良种补贴政策、油料收储政策和进出口贸易政策，市场调控政策的效率低下主要体现在临时收储政策上。油料收储之后，国家必须花费大量的人力与财力对所储备的油料产品进行烘干等储存管理。如果算上储备成本和陈化所导致油料品质的下降，国家对农产品收储的价格将远高于市场采购价格。从政府的角度来看，国家储备经费主要依靠财政支出，收购成本的提高，加重了政府的财政负担，浪费了社会资源，损害了国家和人民的利益。同进，为了保护农民利益，国家选择超额收储，原本十分疲弱的消费需求会使国家储备油的销售十分困难，

进一步导致收储资金难以回笼变现。

（3）市场机制扭曲，行政干预严重

油菜籽、大豆、花生等食用油料产品市场化程度较高、竞争相对充分，其多元化经营主体本应该在同一个层面上进行充分竞争。临时收储的托市调控方式，不仅人为地扭曲了商品的市场价格，使油料加工企业无法获得真实的价格信息，难以对后续投入产出的成本与收益进行充分评估，影响油料加工企业通过价格对市场发展做出正确判断。同时，国内大部分加工、流通企业观望甚至退出对国内油菜籽和大豆的收购，形成政府托市比例过高、参与收购的国有企业一统天下的局面。相反，本土油脂企业，因为主要以国产油菜籽和大豆为加工原料，高于市场均衡价格的托高价格使其经营陷入困境，不少企业甚至停产。

国家对食用油市场价格的行政干预日益严重。2010 年 11 月以来，为稳定自食用油价格过快上涨局面，减缓通货膨胀压力，保持国内市场稳定，有关部门多次采取约谈等方式，对部分食用油销售实行行政性限价，导致 2011 年我国油脂行业出现普遍亏损，市场扭曲严重，对后期保持食用油市场稳定累积更大的风险和矛盾。

（4）调控力度不足

这表现在几个方面：①相比于粮食而言，我国食用油料的战略地位远低于粮食，因此，国家出台的大部分粮食支持政策并未将油料纳入，导致农民种植粮食和油料作物收益上存在差异，影响了油料作物种植的积极性；②临时收储不论储备量，还是调控力度都比粮食要小得多。再加上调控时机把握不准，收放储的规模过小，或对市场干预不当导致的信息紊乱，出现"乱调"现象；③食用油料对外依存度较高，国家出于战略考虑，需要进口大量的食用油料，导致食用油料的贸易政策方面的调控政策的出台具有零散性，缺乏长效调控机制。同时，植物油从 2006 年以来取消了进口配额，进口关税只有9%，国家通过贸易政策调控的难度加大（崔瑞娟，2008）。

4. 食用油料市场调控的完善对策

食用油料市场调控涉及油料产业链各个环节的多个主体，如油料生产者、消费者、加工企业、贸易企业，以及作为监管部门的各级政府机构。不同主体对油料市场调控的关注重点及利益诉求各不相同，甚至彼此冲突。对于食用油料的市场调控，前文已有说明，存在保护油料种植农民利益和维护油料市场稳定两个主要目标，而这两个主要目标实质上是相互矛盾的。因此，准确界定食用油料市场调控的目标，是加强和完善油料市场调控的基本前提，是科学设计油料市场调控框架体系的关键。

当前，中国正处于工业化、城镇化快速发展阶段，确保油料供需基本平衡、油料价格基本稳定，是保障国家粮食和食物安全、保持物价稳定的基本要求，是确保经济平稳健康发展、维护社会和谐稳定的基础支撑。因此，从中国国情，现阶段及今后相当长的时期，中国油料市场调控的基本目标是：保证食用油料供给和价格基本稳定，维护经济

社会持续健康发展大局[①]。

加强和完善我国食用油料市场调控，必须着力改善政策环境，为政策的实施提供有效的保障。

（1）健全农业生产补贴政策体系

完善生产型补贴办法，将油菜、花生等油料作物纳入农资综合补贴范畴，提高油料良种补贴规模和标准。强化政策性农业保险支持，建议考虑将中央财政新增农业补贴资金部分用于代缴农民承担的农业保费。完善规模化经营补贴办法，加大对油料规模种植户进行补助，可考虑对油料规模种植户实行价外补贴方式。

（2）加强食用油料需求管理

加快探索食用油料需求管理机制，严格控制食用油料用于生物柴油等非食物生产，适度控制高能耗、高污染的油料深加工业发展，如取消财政补贴及税收优惠、实施定期限产、征收环境税和出口税等。宣传引导科学的消费习惯，促使消费者合理消费食用油，减少浪费（王璐，2014）。一是制定"健康食用油"标准，加强质量监督，国家标准中应将食用植物油的饱和脂肪酸含量作为重要指标；二是严格执行转基因食品的标识制度，确保广大消费的知情权和选择权；三是对"健康食用油"实行消费补贴。

（3）加强食用油料进出口管理

食用油料进出口是中国油料市场调控的重要手段，是调节食用油料品种余缺、保障国内油料供给的重要补充，是统筹利用国际国内两个市场两种资源，发挥中国农业比较优势的关键举措。要根据国际国内油料供求和价格变化趋势，建立健全科学、安全、灵活的油料进出口调节机制，探索将进出口贸易、储备运作与油料市场调控有机结合，实行有度有序的进出口战略。要加快实施农业"走出去"战略，构建持续、稳定、安全的农产品进口渠道，建立全球农产品进口供应链，统筹全球农业资源服务于中国食用油料市场调控。通过提高检疫检验标准、建立非关税壁垒等措施，加强国内产业损害调查，及时实施贸易救济。强化外资进入管理，抓紧修订《外商投资产业指导目录》。针对涉嫌垄断行业的跨国粮商巨头，适时启动反垄断调查（崔瑞娟，2008）。

（4）夯实食用油料市场调控的物质基础

以提升国内食用油料综合生产能力为重点，强化政策、科技、装备、基础设施、社会化服务等支撑，全面增强食用油安全保障能力，大力夯实食用油市场调控的物质基础。

1）做好种苗、化肥、农药等农用物资的协调供应，构建油料作物农业生产资料综合补贴制度和退还农资税赋，强化降低流通成本。保证要素的稳定供给，从而保证油料作物的综合生产能力的发挥。

2）大力推进油料作物农业机械化和信息化，提高食用油料产业现代物质装备水平。

---

① 其实，本课题界定我国食用油料市场调控的基本目标为"保证食用油料供给和价格基本稳定，维护经济社会持续健康发展大局"，并不是否定"稳定提高油料种植农民的收入"这个目标，只是说就我国的实际国情而言，前一个目标更为重要。何况，"稳定提高油料种植农民的收入"，可以通过其他途径很好地解决。

加快开发多功能、智能化、经济型的农业机械装备，优化农机结构，推进大豆、花生、油菜等主要油料作物生产的全程机械化。积极发展信息化，加强油料产业信息服务平台和涉农信息设施配套建设，推动粮食产前、产中、产后的信息化。

3）增加农业投入，建设旱涝保收的现代农田。包括深耕和秸秆还田，特别是要清理农田残膜，减轻环境污染；大力支持农业和工业结合，开发全生物降解地膜代替普通地膜，并积极开发农艺农机结合技术，减少地膜使用。

（5）探索食用油料目标价格政策

积极创造条件实施油料作物目标价格政策，直接补贴农民。可考虑选择东北地区实行大豆目标价格、长江流域实行油菜目标价格、黄淮海平原实行花生目标价格政策试点，并逐步向全国推广。

（四）食糖市场调控绩效、问题与完善对策

1. 食糖市场调控政策简要回顾

自 1991 年年底国家启动食糖流通体制改革、放开食糖市场以来，政府针对食糖产业与市场面临的新形势、新问题，不断探索和完善宏观调控政策。根据主要调控政策手段性质的不同，食糖宏观调控政策的建立与完善大致可以分为以下 3 个时期。

（1）以行政命令为主要调控手段的时期（1992～2000 年）

该时期食糖市场虽然放开，但政府仍以行政命令为主要手段实施对食糖市场供需平衡的调控，实施对食糖产业规模的调控（表 31）。

表 31　1992～2000 年国家食糖宏观调控的主要政策措施

政策名称	主要实施部门	主要内容	政策性质
调整糖料与食糖指导价格	国家计委	1994 年、1995 年连续两次调高糖料与食糖价格，1999 年调低糖料与食糖价格	行政命令式
限制食糖进口	国家计委	不安排一般贸易进口计划，对食糖进口严格实行配额和许可证管理	行政命令式
打击食糖走私	海关总署	依法没收走私食糖，追究走私罪刑事责任	行政命令式
监管加工贸易	对外经贸部	严格核定从事食糖加工贸易的经营单位与贸易合同	行政命令式
压缩产能，关停制糖企业	国家经贸委	直接关停、破产亏损严重的制糖企业 150 多家	行政命令式
严格控制糖精生产	国家经贸委	关停一批糖精企业，限制糖精内销数量	行政命令式
实施工业企业食糖临时储备	国家计委	安排食糖主产区制糖工业企业临时储备食糖，财政给予贴息贷款	市场调控手段
收购或抛售国家储备糖	国家计委等	一次收储食糖 120 万 t，两次抛储共 48 万 t	市场调控手段
对糖料收购给予政策性贷款支持	中国人民银行	将糖料收购资金纳入主要农副产品收购资金政策性贷款渠道	市场调控手段

资料来源：根据公开资料经笔者整理

（2）由以行政命令为主向以市场调控为主的转变时期（2001～2004 年）

在中国食糖产业大规模结构调整后，2001～2004 年是由以行政命令为主向以市场调控为主的转变时期，市场化、制度化调控手段逐步形成，国家继续实施工业企业短期临时储存食糖制度，完善国家储备糖制度，取消食糖出口关税配额制度，建立食糖进口关税配额制度，出台糖料管理办法，食糖宏观调控手段逐步从以行政命令为主向以市场调控为主转变，逐渐朝法制化、规范化轨道转变（表 32）。

表 32　2001～2005 年国家食糖宏观调控的主要政策措施

政策名称	主要实施部门	主要内容	政策性质
控制糖料和食糖产量	国家计委、农业部	控制和调整种植面积，继续关停小糖厂	行政命令式
收购或抛售国家储备糖	国家发改委、商务部	根据市场供需形势变化，收购或抛售国家储备糖	市场调控手段
实施工业企业食糖临时储备	国家计委	安排食糖主产区制糖工业企业临时储备食糖，财政给予贴息贷款	市场调控手段
食糖进口关税配额管理制度	国家计委	规定每年的关税配额量、配额内外关税税率，以及国营、非国营贸易比例	市场调控手段
发布《糖料管理暂行办法》	国家计委	规定糖料生产、收购相关行为规范	市场调控手段

资料来源：根据公开资料整理

（3）以市场化调控为主要手段的时期（2005 年至今）

该阶段中央和地方储备糖制度日益完善，国储糖的收储和抛储成为政府调节市场供需与产业发展的核心手段。随着工业临时储备政策常规化，加之农业部门针对糖料生产的扶持政策逐步增多，这些政策也成了政府进行宏观调控的辅助手段（表 33）。

表 33　2005～2010 年国家食糖宏观调控的主要政策措施

政策名称	主要实施部门	主要内容	政策性质
收购或抛售国家储备糖	商务部、发改委	根据市场供需形势变化，收购或抛售国家储备糖	市场调控手段
实施工业企业食糖临时储备	国家发改委	安排食糖主产区制糖工业企业临时储备食糖，财政给予贴息贷款	市场调控手段
食糖进口关税制度	国家发改委	规定每年的关税配额量、配额内外关税税率，以及国营、非国营贸易比例	市场调控手段
糖料生产技术促进政策	农业部	实施优势区域布局规划；构建国家甘蔗、甜菜产业技术体系	市场调控手段

资料来源：根据公开资料整理

从中国食糖宏观调控政策体系演变历程来看，由于宏观调控部门实施相关政策的目的就是促进食糖市场总量平衡，熨平食糖价格波动与食糖产业大起大落，因此，食糖调控政策变化与食糖价格周期性波动有着密不可分的关系。1991 年以来，食糖价格出现了 5 轮周期性波动，而食糖调控政策方向也正是在价格周期性变化中进行调整。

自 2011 年上半年国际糖价出现连续 3 年半的下滑，2011 年 8 月后国内糖价出现连续 3 年的持续下滑，国内糖价受生产成本制约，下降幅度低于国际，导致国际食糖进口到国内加工完毕后的价格低于国内食糖市场价格，即国内外价差存在且成为常态，在此背景下，出现了几个新变化：一是原来的调剂余缺为主的食糖进口转变为价差利润驱动型的进口，2011～2014 年食糖进口连年攀升，分别为 291.94 万 t、374.72 万 t、454.60 万 t 和 348.58 万 t；二是配额外进口成为常态，不仅关税配额内进口有利可图，关税配额外进口也有利可图；三是在价差利润驱动进口的背景下，每次收储在花费大量资金成本的同时，短时间增加了国内糖价高出国际糖价的程度，进一步加剧了食糖进口。

深入分析该情形发生的本质原因，需要考虑收放储政策发挥作用的机制与作用条件。收储政策发挥作用是在国内食糖市场过剩（可供量确定）时，将超出消费需求的食糖储备起来、限制流通中的食糖数量从而达到平衡供给和需求之间关系的目的，进而稳定价格。其前提在于食糖市场的供给量是有限的、确定的。当国内食糖供给量动态变化时，收储无法将市场流通中的数量调节好，进而无法发挥稳定价格的作用。2011～2015 年食糖市场最本质的变化是由国内供求为主转变为国内供求、国际供求共同决定的市场，由于我国较低的关税水平进口成为连接两个市场的重要纽带。正是由于食糖市场的国内外连接，才会出现收储越多、价差越大、进口越多、国内市场可供量越多、供给大于需求的程度增加的效果，食糖收储政策收效甚微，甚至在某种程度上可能因为加大了价差进而增加了食糖进口，导致国内出现了糖价下滑背景下的"成本增、产量增、进口增、库存高"并存的局面。在供给远远超出需求的背景下，国内南宁糖价自 7800 元/t 的高位快速下滑跌破 4000 元/t，之后受国际市场供给过剩预期降至 60 万 t 的情况下，价格略有反弹。正是在这种背景下，国家开始对储备糖政策反思，尝试改革当前的食糖市场宏观调控政策。

综合来看，食糖宏观调控政策变化对食糖价格波动的影响表现在以下 3 个方面。

第一，在以行政命令为主要调节手段的历史时期，政府调控政策对食糖价格波动的平抑作用较为有限，甚至在大多数年份扮演了推波助澜、扩大波动幅度、提高波动频率的角色，呈现出"一管就死，一放就乱"的特征。

第二，在行政命令式调控手段逐步退出、市场调控逐步占主导（国内供求为主的背景下）的时期，尽管政府宏观调控部门已独立于市场利益，但也仅仅在部分年份起到了较好的调控效果，在部分年份并没有发挥调节供需失衡、平抑价格波动的作用。

第三，在国内外市场通过进口联动、市场调控为主的时期，由于不具有收储发挥作用的前提条件，市场供应量动态变化，收储无法发挥稳定价格的效果，短期甚至加剧价格下滑。

2. 食糖市场调控政策绩效评价

2005 年后，食糖市场最主要的调控政策是临储政策，本研究主要通过统计、计量等实证分析手段对国家储备糖的作用及其对食糖价格波动的影响进行分析，并对收放储的效果进行简单的评价。政策效果评价包括两部分：第一是根据统计数据分析，收储（或放储）当天、一周后市场价格、月后市场价格的变化，比较收储（放储）初衷与市场实际变化是否一致，但这种做法的不足是市场价格是供求、宏观经济、货币因素、政策等综合作用的结果，无法剔除其他因素的影响；第二是设定一系列假设，通过计量方法考察收储（放储）政策与价格波动间的关系，也无法完全剔除其他因素的影响。鉴于关税配额外进口量较大时期收储政策基本失效，因此，本研究实证分析将之剔除，重点反映之前发挥作用的时期。

（1）收储政策对食糖价格波动的影响

收储统计结果表明：2006 年以后，国家针对调节食糖供求关系共进行了 22 次收储行为，其中 2012 年 12 月 27 日收储数量达到最高，为 80 万 t，2007 年 9 月 14 日收储数量为 1200t，是这一阶段最少的。从食糖价格波动情况来看：在 22 次的收储中，有 5 次糖价出现上涨，3 次短期和长期都出现平稳的，13 次糖价出现下跌（5 次 2012 年前，8 次 2012 年后），还有 1 次短期下跌长期平稳。收储过程中，有 36% 的情况下糖价出现上涨（反向波动），且主要集中在 2012 年前。如果剔除 2012 年后的收储政策，那么 2012 年前，共收储 10 次，其中，4 次上涨，5 次下跌，1 次短期下跌长期上涨，价格上涨（反向波动）的情形有 50%（表 34）。

表 34 收储效果评价

次数	日期	收储量/万 t	收储成交价格/（元/t）	当日南宁现货价格/（元/t）	一周后南宁价格/（元/t）	一月后南宁价格/（元/t）	评价
1	2007/9/14	0.12	3710	3775	3790	4010	涨
2	2008/1/15	18.35	3712.52	3475	3390	3620	短跌长涨
3	2008/1/29	7.5	3719.04	3450	3460	3670	涨
4	2008/3/11	0.18	3710	3620	35.5	3425	跌
5	2008/3/25	9.01	3732	3500	3425	3305	跌
6	2008/4/8	12.85	3693	3290	3270	3200	跌
7	2008/4/22	1	3566	3300	3300	3250	短稳长跌
8	2008/7/8	30	3419	3200	3075	2910	跌
9	2009/1/9	50	3300	2850	2885	3020	涨
10	2009/2/18	30	3398.42	3225	3310	3615	涨
11	2012/2/10	16.32	6785.19	6600	6585	6585	跌
12	2012/2/23	5.5	6777	6570	6600	6585	稳
13	2012/3/8	4.96	6753	6585	6585	6600	稳
14	2012/3/22	2.31	6785	6585	6585	6650	稳
15	2012/4/11	0.78	6820	6700	6660	6550	跌
16	2012/4/26	0.6	6785	6660	6610	6500	跌
17	2012/5/10	7.51	6774.9	6600	5510	6450	跌
18	2012/5/24	12.11	6741.87	6500	6460	6200	跌
19	2012/9/18	50	6218.61	5900	5760	6000	短期跌长期稳
20	2012/12/27	80	6100	5655	5660	5500	短期稳长期跌
21	2013/1/22	70	6100	5605	5500	5490	跌
22	2013/5/20	30	6100	5460	5400	5420	跌

（2）放储政策对食糖价格波动的影响

2006 年以后，国家针对调节食糖供求关系共进行了 28 次放储行为，其中 2010 年 1 月 21 日放储数量达到最高，为 35.65 万 t，2006 年 10 月 13 日放储数量为 5 万 t，是这一阶段最少的。从食糖短期价格波动情况来看，在 28 次放储中，有 10 次糖价出现下跌，有 12 次糖价出现上涨，其他是短期和长期涨跌不一致的情形，3 次出现远期下跌，3 次出现远期上涨。放储过程中，46%的情况下糖价出现反向波动（表 35）。

表 35　放储效果评价

次数	日期	放储量/万 t	放储成交价格 /（元/t）	当日南宁现货价格 /（元/t）	一周后南宁价格 /（元/t）	一月后南宁价格 /（元/t）	评价
1	2006/1/16	9.2	4558.68	4500	5025	5160	涨
2	2006/4/18	9.2	4871.98	4650	4675	4735	涨
3	2006/4/25	9.2	4742.07	4675	4700	4745	涨
4	2006/5/23	9.2	4856	4735	4755	4540	近涨远跌
5	2006/5/30	9.2	4876.28	4755	4685	4540	跌
6	2006/6/27	9.2	4567.55	4550	4530	4170	跌
7	2006/7/19	9.2	4392.97	4400	4190	3900	跌
8	2006/7/26	7.13	4121.91	4190	4100	3910	跌
9	2006/9/12	14.66	3965.47	4330	4280	4440	近跌远涨
10	2006/9/18	13.9	4218.77	4280	—	4440	涨
11	2006/10/13	5	3414	—	4440	4520	涨
12	2009/12/10	20.75	4915	4950	4925	5150	近跌远涨
13	2009/12/21	28.82	4672	4915	5055	5020	涨
14	2010/1/21	35.65	4798	5020	5000	5515	跌
15	2010/3/5	25.8	5437	5475	5225	5175	跌
16	2010/4/28	10.05	4946	5150	5100	5065	跌
17	2010/7/6	10	5247.9	5255	5240	5400	近跌远涨
18	2010/8/12	15	5417	5445	5475	5790	涨
19	2010/9/9	24.321	5659.35	5730	5825	6030	涨
20	2010/10/22	21.68	6679.83	6650	7275	6900	涨
21	2010/11/22	20	6288.43	6900	6980	6865	近涨远跌
22	2010/12/22	20	6866.56	6865	7045	7015	涨
23	2011/2/28	15	7423.56	7285	7275	7265	跌
24	2011/5/31	25.742	6844	7100	7100	7150	稳中有涨
25	2011/7/6	25.019	7357	7195	7340	7655	涨
26	2011/8/5	19.994	7730	7655	7790	7600	近涨远跌
27	2011/8/22	20	7672.03	7775	7640	7345	跌
28	2011/9/16	20	7021.83	7415	7340	7340	跌

"—" 表示此处无数据

从收放储政策对价格波动的影响来看，收储过程中，50%左右出现反向波动，放储过程中，46%左右糖价反向波动，这表明政策的价格调节尽管有效果，但效果并不显著。

（3）临储政策对食糖短期价格波动影响效果的计量分析

由于食糖期货市场对政策信息的敏感度更高，本研究所选取的食糖价格数据为郑州商品交易所白糖期货价格，数据来自郑州商品交易所。由于郑州商品交易所白糖期货于2006年1月6日正式上市交易，因此本节同样选取2006年1月6日以后收放储政策进行研究，收放储相关数据由网络资料整理，共选取10次收储信息和22次放储信息。在短期价格波动的研究上，主要是考察收放储发布日价格波动数量和方向，以及绝对收益率的大小，在中长期价格波动的研究上，主要是考察收放储发布当周和当月期货平均价格的波动方向和幅度（限于篇幅，本研究仅将主要结论附上，过程省略），通过描述性统计和回归分析，得出如下主要结论。

第一，储备政策会对食糖短期价格波动产生显著的影响，发布日绝对收益率要显著高于非发布日。

第二，收储和放储政策对短期和中长期价格波动的影响本身具有差异性。

第三，储备政策并不会对食糖中长期价格变动产生显著影响，其中收储政策并未引起食糖价格上涨，而放储政策并未引起食糖价格下跌。但相比较而言，放储政策的效果显著强于收储政策；此外，收放储数量对食糖价格的短期，以及中长期价格波动均未产生出放大的效果。在储备政策中长期效果并不显著时，很难想象数量效应的存在。上述结论表明，中国食糖储备政策并未体现出较好的政策效果，价格反转出现频率较低，且反转幅度相对较小，相对而言只有放储政策的中长期效果较好。

总体来看，食糖宏观调控政策对价格波动的影响具有阶段性特征，某些阶段达到一定的反周期调节和稳定农业收入的效果，近年来国家运用储备糖调控市场供需格局有一些阶段有成效，总体来看成效不够显著，部分时段可能加剧了波动。

3. 食糖市场调控政策存在的问题

本研究食糖市场调控政策存在的问题主要是指临储政策执行过程中存在的问题。主要体现为如下几方面。

（1）市场调控政策出台时机滞后，目标价格不合理

政府储备糖制度是食糖市场价格宏观调控的主要手段，但是，从近几年国家收储政策来看，国家储备政策存在着政策出台时机滞后、收（放）储价格与数量随意性大等问题，在一些情况下尚不能给予市场主体稳定预期，影响了宏观调控效果。

（2）市场形势更加错综复杂，调控难度明显加大

近年，食糖市场形势日益错综复杂，其价格波动往往受到国内供求因素、国际供求因素、国际糖价传导、国际能源-食糖价格之间传导、投机资金炒作、调控政策等综合因素的影响，既有传统因素，又有非传统因素，政府通过储备糖调控食糖市场的难度越来越大。举例来看，2010年是国内食糖价格创历史新高的年份，糖价快速大幅上涨，既

受减产、需求刚性增长等传统因素影响，又受国际糖价传导、投机资金炒作等非传统因素影响，政府通过储备糖调控食糖市场的难度越来越大。2012 年出现产不足需、糖价下跌、库存高企、大量进口并存的形势。在国内产不足需的情况下无法通过食糖高价获得收益补偿，国内外食糖市场联动的紧密度日益增强，我国食糖调控政策需综合考虑国际与国内供求、现实与预期、市场需要与产业发展等多重因素，食糖价格既受供求变动等传统因素影响，又受国际糖价、经济金融等宏观政策这些非传统因素影响，政府通过储备糖调控食糖市场的难度越来越大。

（3）在国际糖价持续低于国内糖价两年以上时，收储政策失效

当国际市场供给过剩引发国际糖价、国内糖价下滑时，由于国内外食糖市场缺乏有效的"闸门"，国内食糖可供量的动态变动，收储政策作用的前提（可供量不变，通过减少市场上的供给量、平衡供求进而稳定价格）无法满足，收储政策失效。出于稳定国内糖价而出台的收储政策，由于至少超出同期市场价格 300 元/t（最高时高出 640 元/t）（表 36），加剧了国内外糖价价差，增加了进口糖的利润和数量，加剧了国内食糖市场供求的失衡程度。收储的结果是短期价格高位，长期导致进口量大幅增加，改变了国内供需的格局，价格下滑幅度更为严重，冲击了国内市场，相当于以高价补贴了国际市场。

表 36   收储价格与市场价格的关系状况　　　　　　　（单位：元/t）

收储时间	收储价格	南宁价格	收储价格与南宁价格差	收储数量/万 t
2012/9/18	6200	5900	300	50
2012/12/27	6100	5655	445	80
2013/1/22	6100	5600	500	70
2013/5/20	6100	5460	640	30

4. 食糖市场调控的完善对策

（1）构建保障产业稳定发展的糖料生产扶持政策体系

以糖厂入榨甘蔗量为标准，在广西等主产区试行甘蔗种植直补；积极探索多层次糖料生产风险管理体系，完善甘蔗农业保险措施中的定损复杂而不及时等问题，探讨目标收入保险等政策；实行以含糖量为基础的"以质论价"，改进我国"糖蔗联动、二次结算机制"的产业化经营模式，明晰糖蔗联动经验公式，确保工农利益比例控制在 4∶6 左右；建立甘蔗与食糖发展风险基金；继续加大优势区域糖料基地的建设范围和支持力度，解决以增强水利设施为主要内容的农田基础设施建设。

（2）尽快推出食糖目标价格政策，稳定种植预期

我国食糖进口规模持续较大，且配额外进口成为常态，在国内外食糖价格"倒挂"常态化的条件下，继续推行现行价格调控政策已经难以破解当前糖业困局。如果不及时调整，我们糖业可能遭受惨痛打击，再现 2002/2003 制糖期的状况，因此，亟须创新价格调控方式，探索目标价格、营销贷款差额补贴制度、目标收入保险政策。当前首要的

是实行食糖目标价格管理，减少价差驱动进口的情况。

（3）完善临储政策

通过设立科学合理的临储价格边界，考虑更多的市场参与主体，仅在价格过高或过低时启动临储政策，并配套采用融资、货币、金融市场、生产支持政策等配套措施，优化临时储备调控效果。

（4）运用好 WTO 规则，加强进口管理

一是加强配额内食糖进口管理，实行进口报告制度，强化食糖进口监测；控制国营配额数量，协调非国营贸易配额；加强对食糖进口配额的管理，优化食糖进口配额的分配办法和使用机制，合理配额分配比例。二是加强配额外食糖进口管理，做好食糖自动进口许可工作，发挥行业自律作用，适时启动技术壁垒。尽可能将配额外食糖控制在190万 t 范围内的行业自律条款落到实处。三是持续严厉打击食糖走私行为。海关总署等国家相关职能部门保持高压态势，把好国门，并做好协调，地方政府加强管理，持续严厉打击食糖走私行为；制糖企业加强自律，为全社会营造严厉打击食糖走私氛围。四是在多边及中澳区域全面经济伙伴关系（RCEP）等双边贸易谈判中，不作减让承诺，维护好有限的关税和国内支持政策空间。

六、经济作物产业可持续发展的国际经验与借鉴

（一）欧盟经济作物可持续发展的经验与借鉴

欧盟棉花补贴政策。欧盟只有希腊和西班牙生产棉花，且产量较低，2011 年欧盟棉花产量仅占全球棉花产量的 1.3%，但欧盟给予了其棉花种植者较高的补贴。2004 年，欧盟对棉花种植者的收入补贴达到 11 亿美元。2006/2007 年度以前，欧盟对棉花的补贴是一种价格补贴和产量补贴的混合政策。欧盟既规定了高于全球价格的棉花指导价格，同时也规定了享受价格支持的具体生产数量，希腊有 78.2 万 t 籽棉、西班牙有 29.4 万 t 籽棉享受补贴，而对于超过的数量，不但享受不到补贴，还会缩小原补贴额度。除了价格支持政策外，欧盟还给予棉花种植者其他形式的补贴。

2006/2007 年度起，欧盟实施新的棉花补贴政策，主要的修订内容是，享受补贴支持的指标从产量变为生产面积。2006/2007 年度，欧盟规定享受补贴的具体面积，希腊为 37 万 hm^2，西班牙为 7 万 hm^2，如果超过规定的生产面积，会减少原补贴额度。2011/2012 年度，欧盟降低享受补贴的最大生产面积，希腊降低至 25 万 hm^2，西班牙降低至 4.8 万 hm^2。欧盟新的棉花补贴政策不再限制产量，而是鼓励农民在生产面积限定的情况下，对棉花生产技术进行改造，从而刺激棉花单产和产量的提高。

除此之外，在希腊，欧盟和希腊政府还为棉花种植者提供棉花机械投资补助，以提高棉花生产的机械化水平。欧盟各成员国国内采取了有助于轧棉产业结构调整和棉花生产市场化的改革计划，意在发展欧盟棉花产业的发展。

（二）美国经济作物可持续发展的经验与借鉴

1. 补贴

自 1933 年以来，美国一直实行高强度的农业补贴政策，纳入补贴的农产品包括油料在内的 20 多种农作物。美国对农产品的补贴是全过程全环节补贴，涉及农产品生产、储存、销售、贸易和生产条件等多个方面。20 世纪 90 年代以后，补贴方式逐渐由主要依靠价格支持转向收入支持。美国 1996 年《农业法》对农业支持政策做出了重大调整，取消了目标价格支持，引入了直接补贴政策。2002 年的《新农业法案》进一步加大了补贴力度，设置了"直接补贴""营销贷款补贴"和"反周期补贴"三重防线，对种植油料作物的农场主提供了严密的收入安全保护。直接补贴和反周期补贴都是以历史产量为依据的补贴，其中直接补贴与当期的产量和价格都不挂钩，反周期支付仅与当期价格挂钩；营销贷款补贴是以当期产量和价格为依据的补贴。另外还有用于减少气候和灾害造成的风险和损失的特殊灾害补贴、农作物收入保险、目标价格及差价补贴、减耕计划等。

价格支持在美国农业政策中的重要性已经下降，但仍然保留，目前仅对食糖、烟草和奶制品适用。

2. 增加农业综合开发支持力度

通过有效的立法和行政措施，制止对水、土等自然资源的破坏性利用，保护自然资源，维护农业生产和人类及其生物的生存环境。同时通过推进农业科研、教育和推广及三者的有机结合，用先进科技武装农业，以提高农业生产效率，包括油料产业。

3. 实行对油料制品的出口促进政策

以项目方式为油料制品出口提供支持（2002年的《新农业法案》和2004年的"市场推进计划""海外市场开发计划"和"质量样品计划"三项出口促进计划）；增加了油料制品出口的投资，该投资主要是用于加强国内市场的流通和海外市场的开拓；及时调整出口策略，将出口地区转向发展中国家和中等收入国家；努力迫使别国降低进口关税，减少农业补贴等。

4. 扶持龙头企业

政府不仅在税收和信贷上给予企业大量支持，还通过政治、外交等各种手段，为企业开拓全球市场提供帮助。

长期高强度的支持，使美国农民和油料产业大受其益，一是提高了油料产品的市场价格优势，促进了国际市场的拓展；二是让农业结构更趋合理，稳定了油料生产。

（三）印度经济作物可持续发展的经验与借鉴

印度是全球棉花和糖料的生产大国，它主要通过实施最低支持价格政策来提供补贴，该政策与我国实行的保护价收购政策非常类似。印度政府还通过生产性投入补贴、国家纤维政策、市场投放配额制度等措施保护国内棉花和食糖产业的发展。除此之外，印度政府还通过资助棉花发展项目、提供良种和统一防治病虫害等服务来对棉花种植者提供帮助，为糖料生产和食糖产业提供了信贷优惠、资金支持，以及较为灵活的进出口关税管理。

1. 生产支持政策

最低支持价格。印度政府根据经济作物生产成本和价格委员会的建议来决定各州的最低支持价格，各邦政府可在联邦政府定价的基础上对作物收购价作适度调整，当市场价格低于最低支持价格时，无论作物质量水平高低，工厂必须按照公布的最低支持价格来进行保护性收购，以保障农户的基本收益和种植积极性。

生产投入补贴。印度政府对棉花和糖料等经济作物生产投入提供补贴，主要包括化肥、电力和灌溉，在一些弱势地区的农业信贷补贴还提供利息补贴。作为国内主要的农业补贴政策，化肥补贴是印度政府每年昂贵的项目，如2011年棉花化肥补贴高达12亿美元。农户从零售商手中以固定的价格购买化肥，化肥零售价格根据每年的生产成本和国际价格的变化进行调整。此外邦政府还会对农用柴油和农用机械进行相应补贴。

信贷优惠及资金支持。印度农业信贷有3种形式：一是短期信贷，用于购买肥料、种子等生产资料，贷款期限15个月，无须担保抵押，利率优惠10%；二是中期信贷，用于改善生产条件的投资，贷款期限5年以内，利率更低；三是长期信贷，主要用于农田保护和农村电气化，期限5年以上。在具体执行过程中，通过改善信贷管理，简化批准和支付手续，消除商业银行对农业和农民的信贷歧视，注重增加农村的小规模信贷。印度政府为提高甘蔗产量，通常于11月向糖厂拨款，再由糖厂在第二年4月前发放到蔗农手中，为蔗农提供用来购买种苗、化肥和杀虫剂的低息贷款，贷款利息不高于4%。另外，印度政府对国内糖厂产糖征收140卢比/t的税收用于糖业发展基金（SDF），该项基金主要用于有关印度甘蔗和食糖生产的各种研究、扩产及技术革新。近年来，该项基金被用来收储、给食糖出口商提供国内运输补贴和海洋运输补贴、为购买电力设备和乙醇生产设备提供低息贷款等。

2. 市场价格调控政策

市场投放配额制度。印度食糖的生产和分配体系非常复杂，政府控制面较广。根据《食糖控制法》，印度糖厂将其生产的10%左右的食糖出售给政府，即所谓的"征税糖"，该部分食糖价格低于市场价，是其生产成本的25%～30%。政府通过其公共销售系统将这部分食糖以更低的价格出售给生活水平低于贫困线的消费者。糖厂按市场价来销售其余糖，但为了稳定食糖的市场价，政府要求自由食糖销售和征税糖销售都不能脱离定期配额。当食糖市场供应偏紧、价格上扬时，政府以低于糖厂生产成本的价格收购糖厂60%～70%的糖，剩下的免税糖由糖厂在市场上自由销售。当市场上食糖供过于求、价格下降时，政府不强制收购糖厂的糖，取消管制、允许其自由买卖。2000年以前，政府征收食糖比例为40%，2002年4月1日起为10%。

3. 贸易政策

进出口关税管理。进口方面，依照WTO规则，1995年起取消进口配额，将非关税壁垒关税化。为避免由于大幅削减关税导致糖料等经济作物的生产受到严重影响，2004年开始对食糖进口征收60%的从价税，再加征950卢比/t的反倾销税。征收反倾销税后就不再征收710卢比/t（16美元/t）的地方税和对国内产糖征收的其他费用，也不再征收当地税费240卢比/t（6美元/t）的市场准入税。出口方面，享受关税上的优惠政策：①免交地方税和对国产糖征收的其他费用，合计约950卢比/t（约22美元/t）；②进口食糖复出口可退税。

4. 国家纤维政策

2010 年，印度政府颁布国家纤维政策来提高印度棉花在国际市场上的竞争力。为刺激国内纺织企业消费国内棉花，政府在 2011~2020 年的 10 年要花费 40 亿美元为纺织企业提供现金和利息补贴，以实现纺织企业的现代化。这样，将大大提升印度棉纺织产品的国际竞争力，扩大印度纺织产品的对外出口，在促进印度纺织业长远发展的同时，也保护了印度棉农的植棉利益。

（四）巴西经济作物可持续发展的经验与借鉴

巴西是全球食糖产业的第一大主产国和出口国，其食糖产业的优势地位在优越的自然条件中确立，在集中的产业扶持政策中突显，在规模、机械和技术的推动下提升，并随着资源环境的开发、技术设备的推广、产业政策的灵活调控而更加稳固。

1. 生产支持政策

糖料收购政策。原料蔗收购实行按质论价和糖蔗紧密挂钩的机制，调动了蔗农提高含糖量的积极性。1997 年以前，原料蔗收购价是由巴西政府评估和制定的，在政府干预淡出市场后，以圣保罗州为代表的主产州市在市场运作的基础上逐渐形成了"CONSECANA-SP"①定价体系。与我国按品种论价不同，巴西糖厂对原料蔗的收购主要是按质论价，核心是含糖率 TRS，即吨蔗含糖量，还会综合考虑圣保罗州的甘蔗和乙醇平均价格；食糖、含水乙醇及无水乙醇的混产比例；巴西国内精炼糖和乙醇（包括含水及无水）的价格，以及世界原糖的价格等因素。这能最大限度地调动蔗农主动提高甘蔗含糖率的积极性，厂方也能减少甘蔗在砍、运过程中的糖量损失，提高出糖率，降低食糖生产成本。

产业链支持政策。巴西将甘蔗制糖和甘蔗制乙醇结合在一起，1975 年巴西政府启动"巴西国家乙醇计划""生物能源计划"和"全国实施发展燃料乙醇生产计划"，政府投入了几十亿美元的资金推动上述计划的实施，实现了工农业结合，优化了产业结构。在巴西甘蔗行业协会的推动下，该国推进甘蔗产品多样化，使甘蔗产业链的各环节运作价值得到充分体现。除了用于生产世界 20% 的食糖和 20% 的乙醇外，甘蔗还被广泛用作重要的再生能源，目前巴西能源中再生能源占比达 60%，甘蔗作为重要原料进行生化发电，甘蔗发电已占巴西全国发电量的 3%。由于糖厂废水不能直接排入江河，巴西的糖厂废水 100% 作为肥水用于灌溉甘蔗地。此外，甘蔗将在生物塑料、化妆品、食品、第二代乙醇等领域有所发展。

农业保险政策。2004 年 6 月 29 日政府颁布政令，巴西开始实施农业保险保费补贴

---

① CONSECANA-SP 定价方法计算甘蔗最终价格方程，甘蔗最终价格（雷亚尔/t）=TRS 最终价格（雷亚尔/kg）*甘蔗糖分（kg TRS/t 甘蔗）

计划。2008 年 5 月，巴西政府当局向国会提交了一项"农业保险保费补贴计划"的补充法案，拟建立"巨灾保障基金"支持保险公司或再保险公司应对巨灾风险，推动对气候多变地区农业保险的供给。

融资支持政策。2007 年年底开始的金融危机导致巴西农业融资短缺，巴西国家货币委员会变更农业贷款规定，为 2008/2009 制糖期增加了 55 亿雷亚尔的农业贷款。新增贷款额相当于原有全年农业贷款额的 6.75%，新增农业贷款来自于银行上交央行的保证金。除新的农业贷款规定外，巴西一直推行农业专项低息或无息贷款。

产业科技创新政策。巴西高度重视甘蔗生产、制糖和综合利用等一揽子的研发服务，将效率提升作为第一生产力。巴西对甘蔗生产技术的投入非常大，包括甘蔗种植、制糖工艺、甘蔗农机、制糖设备、综合利用和新产品开发等各专业领域的研究所，并且由所属行业管理部门直接领导，为解决生产中的实际问题提供有偿服务。此外，甘蔗农场也建立自己的实验室进行甘蔗育种及病虫害防治研究，既减少农药使用量，又降低生产成本。

2. 市场价格调控政策

巴西政府对甘蔗和食糖价格不做任何市场干预，原料蔗的买卖完全实行市场化运作，蔗农可以把甘蔗卖给任何一家糖厂。糖厂根据当天的食糖市场价格及时报价和收购甘蔗。巴西甘蔗主要通过汽车和货船运输，运输及费用由蔗农自己负责，糖厂不设甘蔗储藏场，做到即到即卸即榨，砍、运、榨高速高效运行。但巴西乙醇的收购与销售价格均由国家控制。

控制汽油价格。巴西石油工业始于 19 世纪末期，政府于 1953 年颁布法令宣布巴西石油国家垄断，成立巴西国家石油公司（Petrobras），不仅参与石油政策的制定、执行，还统管巴西石油的勘探、开发、生产、运输及企业的经营管理。汽油作为石油主要加工品，处于政府管制之下。一直以来，政府强制规定巴西乙醇价格为国内汽油价格的 60%，1997 年石油管理政企分开，政策制定和行业监管由矿业能源部增设的巴西国家石油管理局（A Agencia Nacional do Petroleo-ANP）负责，而政府则通过巴西国家石油公司控制国内汽油市场。近年政府燃料定价政策有较大争议，为控制通货膨胀，巴西政府不同意国家石油公司提高国内汽柴油价格与国际价格接轨，人为压低汽油价格导致生物乙醇竞争力下降、甘蔗产量减少，生物乙醇价格因此飙升，混合汽油价格随之提高，巴西政府被迫在 2011 年年底决定将汽油中的乙醇含量降至 20%，以防止其助长通胀率，这严重挫伤了巴西汽油及乙醇产业。

控制乙醇与汽油掺混比例。巴西糖厂基本均能生产乙醇，生产比例由企业根据巴西政府规定的乙醇与汽油的掺混比例，以及糖和乙醇市场的实际价格进行判断，自行决定。糖价下跌，政府将提高汽油中的乙醇掺混比例，乙醇需求增加，利润空间大，便降低糖市供给以促进糖价恢复，反之亦然。

政府收购。由于乙醇生产成本比汽油成本高 2/3 左右，为保障生产厂和消费者的利益，先由国家按市场价格（工业平均生产成本加合理利润）向工厂收购，再由国家补贴后按低于石油的价格销售给用户，这相当于变相对甘蔗和食糖产业进行补贴。当糖价下跌时，政府通过收购可降低乙醇的市场供给，提高乙醇的利润空间，引导糖厂转产乙醇，稳定糖价。

3. 贸易政策

出口免税政策。巴西糖市内贸市场放开，外贸则采用出口支持政策，形成了国内售价和出口价不一致的情形。对于国内市场，各州政府对本州内的甘蔗不收税，但对跨州收甘蔗征 9%～12%的税；同时对国内销售的食糖征收 12%的营业税（销售额的 12%），但对于国际市场，政府则免征一切出口税赋。同时结合国内汽车市场的实际情况，巴西政府保留对无水乙醇进行税收减免而对含水乙醇进行征税，以保证国内乙醇需求和稳定糖价。

进口许可。巴西对食糖和乙醇进口实行进口许可制度，没有进口配额管理。对南方共同市场 MERCOSUL（巴西、阿根廷、乌拉圭、巴拉圭是其成员国，智利、玻利维亚是该集团的联系国）以外的国家，食糖和乙醇进口关税率分别为 17.5%和 21.5%。巴西进口关税以 CIF（到岸价）计价，以巴西货币雷亚尔支付。同时，乙醇和食糖的进口都取决于巴西政府发放的进口许可，不实行进口配额。

出口鼓励措施。为鼓励出口，自 2008 年 3 月 17 日起，取消出口结汇限制，出口企业需将出口外汇留在国内比例由 70%降至 0，取消 0.38%的出口金融操作税（IOF）；对进入固定收益如基金和国债的外资征收 1.5%的金融操作税。

贸易救济措施。根据巴西国内法律，美国每年分配给巴西的食糖优惠出口配额自动发放给东北部的贫困地区。

（五）日本经济作物可持续发展的经验与借鉴

1. 国内支持政策

（1）大豆差价补贴项目

该计划首先制定一个大豆目标价格，如果市场价格低于目标价格，那么政府将支付市场价格和目标价格之间的差额。到 2000 年大豆差价补贴被大豆直接补贴取代。

（2）大豆直接补贴

首先估计大豆的生产成本，并且确定一个固定补贴额，然后对照大豆的市场价格：如果市场价格高于生产成本和固定补贴额，就没有任何补贴；假如市场价格低于生产成本，政府将支付固定补贴；假如市场价格高于生产成本，但低于生产成本加固定补贴额，种植者将得到部分补贴。

（3）豆农收入稳定性项目

用大豆前 3 年平均市场价格作为标准价格，豆农和政府分别按照标准价格的 3%和

9%为当年收获的大豆拿出保证资金，如果当年大豆平均市场价格低于前 3 年大豆的平均价格，参与大豆稳定性项目的农民能够获得差价80%的补偿。这样大大降低了农民种植大豆的风险。类似这样的项目也出现在日本油菜上，不过数量较少。

（4）食品安全储备和农作物保险

受日本政府的委托，大豆安全供应协会负责为国内食品需求保持5万 t 的紧急储备，相当于日本大豆年食品需求量的 5%。另外，大豆纳入了日本政府农作物灾害保险计划中，一旦受到灾害影响，大豆产量减少了 20%以上，政府则负担保险额的 55%。

2. 边境政策

一是利用关税保护国内油脂加工业，二是对花生实行关税配额管理。不过，除花生外，日本对大豆及其他油料等原材料并没有采取边境保护措施。长期以来，油料的进口关税一直为零，但对大豆制品采取一定的关税措施。日本的关税措施主要是为了保护国内的油料加工企业，对植物油进口采取了较为严格的关税措施。日本对植物油进口采取的高额关税，有效地控制了植物油的进口，保护国内油脂加工业的发展。花生在日本油料贸易政策中较为特殊，一直实行配额制管理。

对油料不征收关税，刺激了日本企业大量进口大豆、油菜籽用于压榨，大量进口油料并没有对日本国内生产造成严重冲击。由于政府对食用油料生产给予了有力的国内支持，油料种植者的收入得到了保障，近年来日本油料（尤其是大豆）种植面积不断增长。

（六）经济作物产业可持续发展的国际经验与借鉴

从以上各国促进经济作物产业发展的政策来看，各国已经针对经济作物种植、流通制度、销售价格、信贷、税收、保险、贸易及长期规划各个产业环节采取了有效的政策措施，基本建立了成熟的经济作物产业政策体系，能够为我国提供借鉴与启示。

1. 支持政策制度化

我国经济作物产业支持政策长期存在着政策目标短期性、政策手段模糊性、政策对象随意性等问题，使政策效果难以集中体现和发挥出来。而美国对农业的支持都制定了周密和详尽的法规，形成了每 5 年修订一次立法的制度，使美国的农作物补贴有了根本保证，对我国从法律法规上明确支持经济作物产业有借鉴意义。我国应建立健全农业支持的政策法规，使经济作物支持政策成为一项长期和稳定的制度。

2. 价格支持和直接补贴兼用

从国际上来看，以直接收入补贴取代或部分取代价格支持成为各国农业支持政策调整的主要取向，但价格支持仍然得以保留，尤其是发展中国家。目前，我国经济作物产品供求矛盾突出，增加供给的任务艰巨，应在实施直接补贴政策的同时，适度实施价格支持政策。另外，扩大绿箱补贴（即对农产品价格不直接提供支持的、不必承担削减义务的补贴，以一般政府服务、粮食安全、农业环保等为主要内容）的范围，通过政府的财政支出和税收减免，逐步构建我国对农业的绿箱政策支持体系。

3. 政策的制定统筹兼顾各方利益

印度鼓励食用油进口、抑制油料进口的贸易政策对压榨企业造成了不利影响，近年来印度植物油工业协会已多次向政府呼吁，要求降低油料进口关税。日本鼓励油料进口、抑制植物油进口的贸易政策使压榨获益，但使消费者付出了一定的代价（许良，2006）。贸易对各方福利产生了不同影响，使各国政府在制定政策时常常陷入矛盾的境地。建议我国政府在对经济作物产业发展方向做出综合评价的基础上，统筹兼顾各方利益，制定出平衡发展的长远规划。经济作物产业的产业链条较长，涉及各方面从业人员较多，政府既不能致生产者利益于不顾，也不能为了增加种植者的收入，而使加工部门及消费者付出巨大的代价。

4. 适当进口的贸易政策

相当长时期内我国经济作物生产满足不了需求的增长，棉花、油料、植物油及糖的进口将保持较大的数量，如果限制进口，大部分加工企业将面临停产、关闭的危险，并且将因为供不应求而提高价格，损害消费者的福利，某种程度上还会损害我国的粮食与食物安全。因此建议政府继续实行适当进口经济作物产品的贸易政策，通过加工、转化增值进而再出口的能力，提高我国经济作物产业竞争力。

七、经济作物产业可持续发展战略定位、战略目标与战略重点

（一）战略定位

经济作物产品是居民消费不可缺少的重要商品，是充分发挥我国传统优势的战略商品。经济作物是农民收入的重要来源，是仅次于粮食作物的第二大战略性产业。

经济作物产业的战略定位：加大经济作物产业的政策支持与资金投入力度，以技术进步为突破口，以提高农民经济作物种植的经济效益为中心，以保障基本供给能力为核心，努力构建经济作物现代产业技术体系，提高经济作物综合生产能力，合理利用 WTO 规则调节进出口，保持经济作物产品供求总量的基本平衡。

（二）战略目标

1. 面积目标

（1）棉花

今后 10～20 年需安排棉田面积 466.7 万 hm^2。要合理利用自然生态资源，坚持棉区"三足鼎立"的布局原则，长江流域棉区占 18%～20%，黄河流域棉区占 30%～32%，西北内陆棉区占 50%上下，应适当控制西北特别是新疆所占比例过大。

（2）油菜

2012 年中国油菜种植面积为 735 万 hm^2，若能采取保障农户正当经济利益、土地规模化流转、轻简化技术等多项积极措施开发的冬闲田，中国油菜种植面积 2020 年有望达到 1066.7 万 hm^2（现有 733.3 万 hm^2＋南方冬闲田 333.3 万 hm^2）、2030 年有望达到 1200 万 hm^2（现有 733.3 万 hm^2＋南方冬闲田 333.3 万 hm^2＋北扩 133.3 万 hm^2）。

（3）花生

2012 年我国花生种植面积为 460 万 hm^2，通过稳定和恢复花生种植规模，未来 2020 年、2030 年总体将保持在 500 万 hm^2 左右。

（4）糖料

糖料播种面积保持稳定。到 2030 年，全国糖料种植面积稳定在 188.7 万 hm^2。其中，甘蔗面积为 166.7 万 hm^2，甜菜面积为 22 万 hm^2。

2．生产能力目标

（1）棉花

依据科技进步提供的支撑能力和农业装备改善提供的保障能力，预测 2020 年全国棉花单产水平达到 100kg/亩，2030 年提高到 110kg/亩。

（2）油菜

2012 年全国油菜平均单产为 121.8kg/亩，比上年增 2.96%；1978～2012 年中国油菜单产年均增长率为 2.78%，通过遗传育种、病虫害防控、田间生产管理等多种措施提高油菜综合生产能力，力争到 2020 年单产继续保持年均 2% 的增长率。

（3）花生

2012 年全国花生平均单产为 230kg/亩。全国范围内花生中低产田占的比例很高，一些地方花生基本种植在不能种植其他作物的边际性土壤上。总体上看，提高花生单产具有较大潜力，例如，利用优良新品种、开展平衡施肥等一般都可增产 10% 以上，采用地膜覆盖栽培可增产 30% 以上。只要加强花生生产新技术的研发和推广应用，我国花生单产水平在未来 5～10 年可望提高 20% 以上，在不增加播种面积的情况下，全国花生总产可达到 1700 万 t 以上。

（4）糖料

通过蔗区生产条件改善和科学技术的大规模应用，便全国甘蔗平均单产从目前的 4.35t/亩提高到至 2020 年的 5.5t/亩，2030 年进一步提高至 6t/亩。单产水平的提高实际是土壤改良、灌溉改善、良种良法、综合配套措施等所有技术设备配套合力发挥作用的结果。

食糖产量在 2020 年有望达到 1650 万 t，2030 年进一步提升至 1820 万 t。

3．技术目标

（1）棉花

开展棉花生物技术，占领棉花科技制高点；加强育种理论、方法和材料的创新，保持转基因棉的研发优势；加强传统育种与现代高新技术的结合，提高棉花育种整体水平；加强农机与农艺的融合，推进棉花轻简化、规模化、机械化种植；加强生态保护植棉技术研究，减轻病虫草危害；提升种业创新能力。

（2）油菜

技术手段是保障油菜产业可持续发展的有力支撑，可有效推动优质油菜新品种繁育及其产业化示范工程建设。加快"双低三高"（高产、高抗、高效）的新品种培育，加强相关配套技术集成创新，加快新品种新技术推广。

（3）花生

积极开展花生高产、优质、高效、安全、生态友好的生产技术体系研究。重点培育高产高油的油用型品种，含油量达到 55%以上，增产 10%以上，使榨油花生原料的含油量增加 5 个百分点以上，花生单位面积产油量比现有良种提高 25%以上。

4. 经济目标

保证整个产业链不同环节的参与者有合理的利润，保持整个产业的经济活力。在种植环节，在按市场用工价格核算的情况下，经济作物每单位面积净利润不低于家庭用工折价；在加工环节，确保棉、麻、油、糖等加工企业的利润率不低于其他工业企业。

（三）战略重点

1."提高一个能力"

经济作物产业可持续发展可以理解为持续、稳定提供给人类安全、健康、优质的经济作物产品的能力，包括资源上的可持续性、技术上的可持续性、经济上的可持续性、宏观政策上的可持续性，概括为经济作物综合生产能力上的可持续性。

经济作物综合生产能力的高低，直接关系到经济作物的有效供给，也关系到国家的粮食安全，稳定和提高经济作物综合生产能力对于确保全国粮食安全、促进我国种植业结构优化调整、扩大出口、增加社会就业等都有着重要的战略意义和实践意义。"提高一个能力"，即提高经济作物综合生产能力。

2."利用两种资源"

"利用两种资源"，一是充分利用空闲土地和非耕地资源，大力促进经济作物产业的发展。充分利用沙壤地，发展花生产业；充分利用冬闲田，发展油料产业；合理利用山坡地，发展木本粮油产业。这是扩大食物供给、保障我国粮食安全乃至食物安全的重要补充。二是合理利用国际市场资源。巴西、阿根廷、东南亚等地的土地开发费用和种植成本都较低，进行经济作物的种植、加工投资或直接贸易的潜力非常大。因此，我国应加强国际合作，制定发展规划，利用国际市场，支持企业建立稳定可靠的进口经济作物产品保障体系，加强进出口调节。

3."完善四大体系"

一是完善经济作物产品流通体系。重点是健全市场体系，完善物流设施建设，培育和提高市场主体的竞争力。

二是完善经济作物产品储备体系。这是国家调控棉、油、糖等经济作物产品市场，稳定棉、油、糖价格和应对突发事件的主要手段，重点是完善储备调控体系，优化储备布局和结构，健全储备管理体制。

三是完善经济作物产品加工体系。这是满足日益多样化的消费需求、推进经济作物产业结构升级、提高经济作物产业效益、促进农民增收的必要途径，重点是大力发展棉、油、糖等经济作物产品食品加工业，积极发展饲料加工业，适当发展深加工业。

四是完善进出口贸易调控体系。这是国家调节农产品品种余缺、保障国内供给的重要补充。重点是根据国际国内经济作物产品供求和价格变化趋势，建立健全科学、安全、灵活的经济作物产品进出口调节机制，探索将进出口贸易、储备运作与棉、油、糖市场调控有机结合，实施有度有序的进出口战略。

八、经济作物产业可持续发展的战略措施

纤维作物、油料作物、糖料作物三大类作物产品的性质、种类、用途、地位差别较大，但通过对三大类作物的现状、存在问题、生产潜力、资源约束、供需预测等的深入研究，结合国外发达国家经济作物产业发展的经验与借鉴，提出经济作物产业可持续发展的政策建议。

（一）坚持内涵式增长的产业发展战略

根据 2013 年中央经济会议精神，我国实施"以我为主，立足国内，确保产能，适度进口，科技支撑"的国家粮食安全新战略和"谷物基本自给，口粮绝对安全"的粮食安全战略目标。2015 年中央一号文件进一步提出，"促进粮食、经济作物与饲草料三元结构的协调发展"。因此，经济作物的发展应当"不与粮争地"，可以直接用于扩大的油料作物种植的耕地面积相当有限。

从产业发展战略上，经济作物产业必须回归内涵式增长，坚持依靠科技进步、提高单产与品质的发展战略。

1）落实严格的土地保护制度。落实最严格的耕地保护制度和节约用地制度，坚持耕地保护优先、数量质量并重，全面强化规划统筹、用途管制、用地节约和执法监管，加快建立共同责任、经济激励和社会监督机制，严守耕地红线，确保耕地面积基本稳定、地力基本稳定。

2）推进经济作物技术进步和现代装备水平提高。加大经济作物遗传育种、病虫害防控、田间生产管理等多种措施研发力度，加强相关配套技术集成创新，提高经济作物综合生产能力，力争到 2030 年继续保持单产年均 1~2 个百分点增长率。增加工厂化育苗、机械化移栽、机械化管理、机械化采收、病虫害测报和喷防等现代农业装备。

3）创新经济作物产业经营模式。推行适度规模经营，通过土地流转、种植托管等方式，大力培育和发展规模在 50~100 亩的专业种植大户、家庭农场等新型生产主体，通过大力推进机械化、专业化和集约化，降低成本，提高单位面积的产出率和产值率。通过财政补贴、税收优惠等方式，鼓励工商资本对荒地、盐碱地、贫瘠地及南方冬闲田进行改良、开发与季节性租地经营。

4）大力发展经济作物社会化服务与产业化经营。积极发展各类专业合作社，实行利益共享、风险共担、自主经营、自负盈亏的管理机制，通过农资集中采购、科学种植、运输销售及种植技术培训交流和信息咨询服务等方面，降低生产成本。鼓励和引导龙头企业通过"公司＋农户""公司＋基地＋农户""公司＋合作社＋农户"等产业经营化形式与种植户建立稳定的产销协作和多种形式的利益联结，大力发展订单农业，将部分加工、销售环节的利润返还给农户，带动农户增收。

5）积极开展阳光培训，提高农村劳动力教育水平。结合教育体制改革的大趋势，鼓励大学生投考农业院校（可降分录取，甚至可免试录取），经过 4 年的大学学习，发放农学本科毕业证和农业经营资格证，作为未来从事新型农业生产、经营、开发的必备条件，以吸引优秀人才进入农业领域。

（二）实施"经济作物基本保障区"的发展战略

我国经济作物产业相对集中，2014 年，新疆棉区占全国棉花产量的 59.7%，四川、湖北、湖南、江苏、安徽、内蒙古六省（自治区）占全国油菜籽产量的 65.4%，山东、河南、河北、辽宁四省的花生产量占全国的 62.4%，广西和云南的糖产量占全国的 81.6%。为了以最小的经济社会成本维持国内经济作物产品的稳定供给和增加经济作物产品对外贸易的谈判能力，我们必须保持一定的国内自给率以作为整个经济作物产品供给的"基础稳定器"。因此，建议在上述省份分品种建立经济作物"基本保障区"，并给予政策扶持，重点发展。

1）依据棉花保证国内消费（不包括纺织品出口用棉）、食用油料 40%自给率、糖 70%自给率的标准，考虑建设新疆 200 万 hm² 棉花、长江流域 533.3 万 hm² 油菜、北方四省（山东、河南、河北、辽宁）200 万 hm² 花生、广西和云南 166.6 万 hm² 甘蔗作为"基本保障区"。在基本保障区内，结合粮食安全，保护耕地，培肥地力，稳定经济作物播种面积。

2）整合现有经济作物产业支持资金或拨备专项资金，对于基本保障区的棉花、油菜、花生、甘蔗等作物，在科学技术研究、技术示范与推广、生产者技术培训、政府生产补贴、自然灾害监测与预警、保险与灾后救助、贸易救济措施等方面进行全方位支持。

（三）构建精简、高效的经济作物管理体系

我国经济作物产业的"多头管理"现象非常突出。棉、麻、油、糖等经济作物生产种植环节由农业部门主管，中长期发展规划、市场总量平衡和宏观调控由国家发改委主管，化肥、农药、农膜等投入品、机械等相关设备由工商局、质监局主管，产品国内流通和进出口由商务部主管，具体又涉及海关、出入境检验检疫局、外汇管理局、中国银行、国家税务总局等机构。这种管理体制与政策体系"环节"管理特点显著，"责权利"不够清晰，运行成本较高，政府有关部门在生产支持、市场流通、贸易政策、价格宏观调控政策和货币政策之间未能建立统一的战略框架和通盘考虑，越来越难以适应日益国际化的纷繁复杂的农产品市场形势。同时，农产品市场国内外价格联动、期现货价格联动、农产品-石油-美元价格联动等特征日益显著，农产品（尤其是粮、棉、油等大宗农产品）"泛金融化"趋势明显。因此，为了降低流通成本、提高经济作物产业竞争力，必须构建精简、高效的经济作物管理体系。

1）加快出台稳定经济作物产业发展的中国农业法案。如何构建生产支持政策、市

场流通政策、贸易政策、宏观政策与货币政策等统筹协调的产业政策体系成为我国经济作物可持续发展战略的"顶层设计"。因此，参照美国、欧盟、澳大利亚等发达国家和地区的做法，选择合适时机出台中国农业法案及不同层面的经济作物产业管理的相关法律，成为理顺管理体制和机制的重要保障。

2）积极推行大部制改革。改原来的环节管理为行业管理或产品管理，整合现有的农业部、国家发改委、工商局、质监局、商务部等相关部门的管理职能，从产前、产中、产后全产业链的角度对经济作物产业进行统筹管理，降低决策成本，提升管理效率。

3）构建经济作物基本生产者/经营者行为监测系统。为了贯彻2015年中央一号文件"运用现代信息技术，完善种植面积和产量统计调查，改进成本和价格监测方法"，借鉴美国、欧盟等国家和地区的经验，建立较为完备的经济作物基本生产者/经营者行为监测系统，获取政策制定所需要的真实、准确、完整、及时的信息。同时，以法律形式确立数据信息真实性核查和惩罚措施，真实性与各地的支持政策、资助力度挂钩。

（四）重塑以生产支持政策为核心、市场调控和关税配额政策为支撑的市场调控体系

根据从生产、流通和贸易到形成农户收入的过程，可将我国执行的经济作物产品市场调控政策划分为生产性、流通性、贸易性和收入性调控政策，具体包括诸如良种补贴、农机补贴、生产资料综合补贴、临时收储、目标价格及进出口贸易政策等。现有经济作物产品市场调控政策对于调动农民种植积极性，增强国家对于经济作物产品如棉、油、糖等产品的宏观调控能力，确保市场有效供给上起到了重要作用。但是，补贴效率低、扭曲市场、调控效果差。因此，为了保证经济作物产品供给，应当重塑以生产支持政策为核心、市场调控和关税配额政策为支撑的宏观调控体系。

（1）健全农业生产补贴政策体系

完善生产型补贴办法，将棉花、油菜、花生、甘蔗等经济作物纳入农资综合补贴范畴，提高良种补贴规模和标准。强化政策性农业保险支持，建议将中央财政新增农业补贴资金部分用于代缴农民承担的农业保费。完善规模化经营补贴办法，加大对棉花、油料、糖料规模种植大户补助力度，可考虑对规模种植农户实行价外补贴。

（2）加强需求管理

加快探索食用油料、糖料需求管理机制，严格控制食用油料、糖料用于生物柴油等非食物生产，适度控制高能耗、高污染的油料、糖料加工业发展，如取消财政补贴及税收优惠、实施定期限产、征收环境税与出口税等。宣传引导科学的消费习惯，促使消费者合理消费食用油、糖，减少浪费。

（3）探索经济作物产业目标价格政策

积极创造条件，逐步实施经济作物产业目标价格政策，直接补贴农民。可选择新疆

地区实施棉花目标价格、东北地区实行大豆目标价格、长江流域实行油菜目标价格、黄淮平原实行花生目标价格、广西云南实施蔗糖目标价格政策试点，稳步推进，并逐步向全国推广。

（4）完善经济作物产业贸易救济措施

低关税、成本差异导致的巨大价差，导致经济作物产品如棉花、大豆、食用油、糖的大量进口。巨大的进口量，对国内经济作物产业发展空间造成巨大挤压。应该持续保持针对美国、巴西、阿根廷的大豆，美国和印度的棉花，加拿大的油菜籽，巴西的糖等产品的反倾销和反补贴调查，通过征收反倾销税和反补贴税等方式，减少进口棉花、大豆、食用油、糖对国内相关产业的冲击。必要时，及时启动针对进口棉花、大豆、油菜籽、糖等产品紧急保障措施，通过提高关税、实行关税配额及数量限制等方式，防止国内相关经济作物产业进一步受损。

（五）积极推进经济作物产业"走出去"战略

对于我国经济作物产品而言，未来缺口成为常态。即使考察到技术进步所带来的棉、麻、油、糖等经济作物产量的提高及化学纤维的替代、兼用油源的开发、淀粉糖的补充，经济作物产品仍旧有相当大的缺口。因此，为了保证国家经济作物产品供给稳定，除去正常的经济作物产品贸易之外，未来应积极推进经济作物产业"走出去"战略。

巴西、阿根廷、俄罗斯和亚洲的印度尼西亚、泰国、柬埔寨、蒙古等国，以及部分非洲国家土地资源丰富，土地开发费用和种植成本都较低，进行经济作物种植、加工投资或直接贸易的潜力非常大。因此，未来应将南美的大豆、东南亚的棕榈油、巴西的棉花和糖、俄罗斯及蒙古的菜籽油作为开拓海外经济作物产品来源的重点，制定发展规划，支持企业建立稳定可靠的进口保障体系。

1）鼓励国内大型企业在资源优势优越、技术较强的国家（如巴西）通过参股与控股当地工厂，然后将产品卖回本国的方式，提供稳定的经济作物产品供给，增强对抗国际市场风险和影响国际市场价格的能力。

2）加强与农业资源富裕的发达国家（如俄罗斯等）的贸易与投资合作，积极参与其农业综合开发及全球供应链建设等，多渠道增加全球农产品有效供给。

3）对于土地资源丰富，购地成本较低的非洲国家和东南亚、中亚国家，鼓励大型企业直接到东道国租地、买地、种地，建基地、搞实业，并逐步建立相对独立的收购、仓储、加工、运输体系，控制进出口渠道和定价权。

主要参考文献

包晓斌. 2002. 农业技术进步与农业可持续发展. 可持续发展研究, (3)

陈道. 1983. 经济大辞典·农业经济卷. 上海: 上海辞书出版社

陈前恒, 张黎华, 王金晶. 2009. 农业走出去: 现状、问题与对策. 国际经济合作, (2): 9-12

程国强, 朱满德. 2013. 中国粮食宏观调控的现实状态与政策框架. 改革, (1): 18-34

崔金杰, 陈海燕, 赵新华, 等. 2007. 棉花害虫综合防治研究历程与展望. 棉花学报, (9): 385-390

崔瑞娟. 2008-01-02. 植物油市场宏观调控政策解析. 期货日报第 6 版

干安生, 王怡, 高凤玲. 2002. 关于"粮经比"概念的探讨——兼论粮食、经济作物和饲料三元种植结构. 学术探索, (2): 39-41

国家发改委宏观经济研究院公众营养与发展中心. 2005-3-8. 应重新认识花生花生产业. 农民日报, 第 4 版

韩俊. 2012. 14 亿人的粮食安全. 海南: 学习出版社、海南出版社

矫健. 2012. 中国粮食市场调控政策研究. 北京: 中国农业科学院博士学位论文

李强. 2011. 可持续发展概念的演变及其内涵. 生态经济, (7): 87-90

刘晓雪, 王沈南, 郑传芳. 2013. 2015～2030 年中国食糖消费量预测和供需缺口分析. 农业展望, (2): 71-75

毛树春, 冯璐. 2012. 中国农业科学院 2011 年全国棉花种植品种监测报告——播种品种(系)567 个, 数量基本持平. 中国流通经济, (1): 13-15

毛树春. 2013. 中国棉花景气报告 2012. 北京: 中国农业出版社

石广生. 2001. 中国加入世界贸易组织知识读本(三). 北京: 人民出版社

世界环境与发展委员会(WCED). 1989. 我们共同的未来(中译本). 北京: 世界知识出版社

"新生代农民工基本情况研究"课题组. 2011. 直面新生代农民工. 调研世界, (3): 17-22

谭砚文, 关建波. 2014. 我国棉花储备调控政策的实施绩效与评价. 华南农业大学学报(社会科学版), (2): 69-77

王汉中. 2014. 我国油料产业形势分析与发展对策建议. 中国油料作物学报, (3): 414-421

王璐. 2014. 中国油菜产业安全研究. 武汉: 华中农业大学博士学位论文

王瑞元. 2014. 2013 年我国食用油市场供需分析和国家加快木本油料产业发展的意见. 中国油脂, (6): 1-5

王晓辉. 2011. 中国植物油产业发展研究. 北京: 中国农业科学院博士学位论文

许良. 2006. 印度、日本和韩国植物油产业政策及其对我国的启示. 重庆工商大学学报(社会科学版), 23(3): 36-38

殷艳, 廖星, 余波, 等. 2010. 我国油菜生产区域布局演变及成因分析. 中国油料作物学报, (1): 147-151

云南农业地理编写组. 1981. 云南农业地理. 昆明: 云南人民出版社

张文飞. 2009. 石油价格波动对油菜籽供求影响的均衡分析. 武汉: 华中农业大学硕士学位论文

张崛喆, 王俊沣. 2013. 我国重要农产品价格调控机制研究述评. 区域经济评价, (5): 40-46

赵丽佳. 2012. 当前我国油料产业安全形势分析与政策建议. 农业现代化研究, (2): 135-139

中国农业年鉴编辑委员会. 2001. 中国农业年鉴 2000. 北京: 中国农业出版社

周振亚, 李建平, 张晴, 等. 2011. 中国植物油产业发展现状、问题与对策研究. 中国农学通报, 27(32): 92-97

专题研究

专题一　我国纤维作物产业可持续发展战略研究报告

（一）我国纤维作物产业概况

衣食住行衣为首，丰衣足食衣为先，可见穿衣在人民日常生活的重要地位。

棉、麻、丝是我国大宗农产品和天然纤维，是产区农民的主要经济收入来源，覆盖产区4亿多人口。棉麻丝是纺织工业的主要原料，棉花是纺织品的优质原料；蚕丝是高档服装原料，丝绸是高级服装；麻类品种多，用途更加广泛。棉麻丝产业是一个关系国计民生的大产业，更是一个深度融入国际化并具有比较优势和竞争力的大产业，在国民经济和在全球的地位都举足轻重。

经过60多年特别是近10多年快速发展，如今，我国也已成为全球棉、麻、丝的生产大国，纺织品制造、消费和出口大国；我国居民衣着丰富多彩，靓丽俊俏；衣被天下，温暖全世界。

（二）棉麻丝需求基本判断

棉、麻、丝未来发展，植棉业以保障供给为导向，以满足居民纺织品服装所需原棉为可持续发展目标，确保产需基本平衡。麻类产业以市场为导向，以经济效益和生态环境效益为可持续发展目标，力争麻类面积有所恢复。蚕丝业以市场为导向，以经济效益、生态效益和发展山区经济为可持续发展目标，大力发扬和传承蚕丝业的传统优势。

测算我国2020年和2030年需皮棉700万t和750万t，这时人均皮棉占有量为4.86kg/年和5.12kg/年，为了达到预期目标，棉花播种面积需满足纺织工业所需棉花预测，2020年缺口300万t，2030年缺口500万t左右。主要对策措施：一是棉区布局以均衡配置为原则，坚持"三足鼎立"的优化结构，长江流域面积占18%~20%，黄河流域面积占30%~32%，西北面积占50%左右，支持新疆和内地旱地盐碱地植棉开发。二是现代植棉业以"快乐植棉"为目标，科技进步要努力实现轻简化、机械化和信息化栽培，全力突破"栽"和"摘"两个主要环节，减少用工，大幅降低成本。三是棉区生态以环境友好为目标，实行节水灌溉和地膜无污染覆盖。四是原棉配置以两个资源和两个市场相协调和"外棉反哺内棉"为目标，构建两个资源相得益彰制度。五是构建现代植棉业的支持保障体系，促进经济作物生产的可持续发展。

预测2020年和2030年麻产量为75万t和120万t，农业产值为76亿元和180亿元，工业产值为242亿元和632亿元，预期麻类面积为21.33万hm²和36.67万hm²。分析指出，当前和今后植棉业面临的主要问题为：麻类种质资源匮乏，新品种选育难度加大；收获技术滞后，劳动投入成本居高不下；脱胶污染严重，生物脱胶技术亟须改进；

品质改善不够，产品市场准入难。主要对策措施：一是麻类布局不与粮争地，扩大冬闲田、进军盐碱地和山区；二是树立大纤维观念，扩大纺织原料种类；三是加快科技进步，破解品种少、品质差、费工、污染和用途窄的难点问题。

测算 2020 年和 2030 年桑蚕茧产量为 80 万 t 和 75 万 t，柞蚕茧产量为 10 万 t 和 8 万 t，农业产值为 400 亿元和 650 亿元，工业产值为 2000 亿元和 4000 亿元，出口为 40 亿美元和 45 亿美元，预期桑园面积为 85 万 hm^2 和 80 万 hm^2。主要对策措施：一是巩固提高蚕桑生产，强化蚕丝业发展的基础；通过跨区域的产业链整合，推进蚕丝业的可持续发展。二是增强自主创新能力，提升蚕丝业的国际分工地位。三是提升产业化经营效益，做大做强丝绸企业。四是发挥传统民族特色，打造有竞争力的丝绸自主品牌；开拓国内外市场，扩大消费领域和群体。五是培养科技和管理人才，增强发展后劲。

1. 棉花

（1）棉花发展规模

我国是棉花生产大国。棉花总产位居全球第一，2011 年全国棉花总产 658.9 万 t，占全球比例高达 25.2%。植棉面积仅次于印度，位居全球第二，2011 年植棉面积 503.8 万 hm^2，占全球比例的 14.1%。单产位居全球产棉大国（印度、美国、巴基斯坦、巴西、乌兹别克斯坦）的首位，2011 年单产 1308kg/hm^2，高于全球水平的 71.9%。

我国是棉花初级加工大国。2011 年全国棉花轧花加工企业 5000 家，一批收购加工籽棉 5000t 以上的大中型企业应运而生；2400 家完成了仪器化检验的技术改造，89 家承担公证检验机构开展了逐包检验，2011 年仪器化检验占产量的八成。

我国是棉纺织加工大国。2011 年棉纺纱锭达到 12 000 万锭，棉纺产量 2900 万 t，纺织用棉量达到 1000 万 t，约占全球棉花总产的一半。

我国居民纺织品纤维消费量达到中等发达国家水平。2011 年居民纺织品消费为 17kg/年，跨入中等发达国家消费水平的行列。全国居民衣着类消费支出为 853.59 元/人（2010）。如今居民衣着丰富多彩，靓丽俊俏。

我国是纺织品服装出口大国。2011 年纺织品服装出口额为 2479.5 亿美元，占全球市场份额的为的 35.2%；其中棉制品及棉制服装出口为 875.6 亿美元，占全国纺织品服装份额的 35.3%。如今我国业已成为全球第一大纺织国，衣被天下，温暖全世界。

综上所述，我国棉花产业是结构完整和产业链条很长的大产业，是劳动密集型、技术密集型和资金密集型的大产业，是关系国计民生，是一个深度融入国际化并具有比较优势和竞争力的大产业。

（2）棉花区域布局

根据生产生态条件，全国棉花种植区域划分为 5 个生态区，分别是华南、长江流域、黄河流域、辽河流域和西北内陆棉。按照商品棉生产的多少，全国棉花主要产区为长江流域、黄河流域和西北内陆三大产区。经过 60 多年的发展，迄今全国形成了长江流域、黄河流域和西北内陆"三足鼎立"的优化布局。

长江流域棉区，棉田面积和总产占全国的 25%左右，产棉省（直辖市）有江苏、上海、湖北、安徽、湖南、江西和四川等。黄河流域棉区棉田面积占全国 33%左右，总产占 30%，主要产棉省（直辖市）有山东、河南、河北及天津、山西、陕西、北京等。西北内陆是以新疆为主的棉区，面积占全国地方的 40%，总产占全国的 50%以上。

迄今，全国棉花呈现 4 个集中种植带：一是长江中游集中带，包括洞庭湖、江汉平原、安徽沿江和江西沿江两岸及南阳盆地，棉田面积为（120～133）万 hm^2，且该集中带棉田继续"下湖上山"——向洞庭湖和鄱阳湖、长江北岸的大别山及南岸九华山和皖南等丘陵坡地转移。二是沿海集中带，包括苏北、黄河三角洲、环渤海和河北的黑龙港，棉田面积为（167～180）万 hm^2，且该集中带棉田继续向渤海、黄海和东海的盐碱地集中，大致分布在沿海岸线向内陆 200～300km。三是南疆环塔里木盆地集中带，棉田面积为（107～120）万 hm^2。四是北疆沿天山北坡和准噶尔盆地南缘的集中带，棉田面积为（80～87）万 hm^2。然而，黄淮平原集中带包括皖北、豫东和豫东南已成为分散产区，而鲁南和江苏徐淮地区因大蒜棉花两熟高效种植保持了面积的相对集中。

据国家统计局数据，2010～2011 年全国产棉省（自治区、直辖市）有 24 个——新疆、山东、河北、湖北、河南、安徽、江苏、湖南、江西、浙江、四川、天津、山西、陕西、甘肃、内蒙古、辽宁、吉林、北京、重庆、上海、贵州、云南和海南，仅黑龙江和西藏自治区未见种植面积。

主要产地有新疆、山东、河北、湖北、安徽、江苏和湖南，该 7 省（自治区）占全国棉田面积的 93.1%，占全国总产的 89.1%。其中新疆无论面积、总产和单产都位居全国首位。在新疆，地方的面积和总产位居全国第一，生产建设兵团的单产位居全国第一。

2011 年全国植棉面积为 504 万 hm^2，各省（自治区、直辖市）面积占全国的比例排序（图 1.1）：新疆排第一，占全国的 32.5%；山东排第二，占全国的 14.9%；河北排第三，占全国的 12.6%；湖北排第四，占全国的 9.7%；河南排第五，占全国的 7.9%，安徽排第六，占全国的 6.9%；江苏排第七，占全国的 4.7%；湖南排第八，占全国 3.8%；江西排第九，占全国的 1.6%，天津排第十，占全国 1.2%。2011 年全国总产 659 万 t，各省（自治区、直辖市）总产占全国比例的排序（图 1.2）：新疆排第一，占全国的 44.0%；山东排第二，占全国的 11.9%；河北排第三，占全国的 9.9%；湖北排第四，占全国的 8.0%；河南排第五，占全国的 5.8%；安徽排第六，占全国的 5.7%；江苏排第七，占全国的 3.7%；湖南排第八，占全国 3.4%；江西排第九，占全国的 2.2%，甘肃排第十，占全国 1.2%。

2011 年全国皮棉单产 1308kg/hm^2，各省棉花单产在全国的地位：新疆排第一，为全国水平的 128%；江西排第二，为全国水平的 127%；甘肃排第三，为全国水平的 115%；浙江排第四，为全国水平的 108%；陕西排第五，为全国水平的 97%；天津排第六，为全国水平的 87%；山西和湖南并列第七，为全国水平的 86%；安徽和湖北并列第九，为全国水平的 78%；山东排第十一，为全国水平的 76%；河北和江苏并排第十二，为全国水平的 75%；河南排第十三，为全国水平的 70%；四川排第十四位，为全国水平的 66%。

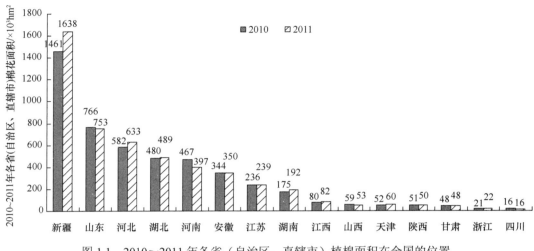

图 1.1　2010～2011 年各省（自治区、直辖市）植棉面积在全国的位置

图 1.2　2010～2011 年各省（自治区、直辖市）棉花总产在全国的位置

（3）中国棉花品种结构

我国棉花主要种植陆地棉（*Gossypium hirsutum* L.），也种植少量海岛棉（*Gossypium barbadense* L.）。海岛棉的绒长更长、纤维更细、强度更大，适纺高支纱。

陆地棉品种大致分为杂交种和常规种，还有转 Bt 抗虫棉（简称 Bt 棉）与非转基因的常规棉之分，迄今除新疆为转基因非环境释放区以外，长江和黄河流域均为转基因环境释放区。

据中国棉花生产监测预警数据，2011 年全国品种（系）567 个，与 2010 年数量基本持平。其中，常规棉 134 个，占品种数的 23.6%，占播种面积的 45.7%。杂交种（组合）258 个，占品种数的 45.5%，占播种面积的 17.6%，预计面积 95.67 万 hm^2。Bt 棉 191 个（指通过安全性评价、允许环境释放的、以 Bt 棉名义审定的，即合法），几乎占环境释放区播种面积的 100%。长绒棉（即优质棉）13 个，占品种数的 2.3%，占播种面积的 1.3%，预计面积 6.67 万 hm^2。可见我国棉花品种多乱杂现象非常严重。

2011 年全国优势品种（组合、系）44 个，占全国播种面积的 73.0%。其中，占全国播种面积 0.5%以上（面积 2.67 万 hm² 以上）的品种（组合、系）依次是：中棉所 41 占 6.4%，中棉所 45 占 3.8%，新陆早 36 号占 3.4%，新陆中 35 号占 3.2%，新陆中 36 号占 3.1%，中棉所 60 占 3.1%，博州 07-12 占 2.8%，中棉所 42 占 2.8%，冀棉 958 占 2.6%，博陆早 1 号占 2.6%，新陆早 26 号占 2.5%，新陆早 48 号占 2.4%，新陆早 33 占 2.3%，锦抗 09-1 占 2.3%，中棉所 79 占 2.3%、新陆早 42 号占 2.2%、新陆中 32 号占 1.7%，新陆中 26 号和鲁棉研 24 号各占 1.4%，鲁棉研 28 号和兆丰棉 1 号各占 1.3%，中棉所 56、中棉所 49、鄂杂棉 10 号、DK414 和 SGK958 各占 1.2%，瑞杂 816 和冀丰 908 各占 1.1%，鄂杂棉 11 号占 0.95%，冀棉 959 占 0.9%，冀杂 6268 占 0.8%，923、新陆中 44 号、鲁棉研 21、豫杂 35 和新海 24 各占 0.7%，杂交棉、新陆早 21 号和新陆早 28 号各占 0.6%，中棉所 43、岱杂 1 号、科欣 1 号、中棉所 35 和中棉所 57 都占 0.5%。

（4）棉花进出口贸易

我国是棉花净进口大国。2012 年进口量 513 万 t，比 2011 年增 52.7%，占 2012 年全球进口比例的 60%；进口额 118.1 亿美元，比 2011 年增 24.6%。按进口额计，在国内大宗农产品的排序中，棉花位列第二，食用植物油位列第三，大豆位列第一。

2012 年，我国进口棉花来自的国家或地区有 30 多个，按进口数量和金额排序，其中，从美国进口排第一，数量为 146.0 万 t，占总量的 28.5%；金额为 36.9 亿美元，占总额的 31.2%。从印度进口排第二，数量为 143.9 万 t，占总量的 28.0%；金额为 30.3 亿美元，占总额的 25.7%。从澳大利亚进口排第三，数量为 81.9 万 t，占总量的 5.7%；金额为 19.1 亿美元，占总额的 16.4%。以上 3 个国家数量与全国进口的 72.2%，其他还有乌兹别克斯坦、布基纳法索、贝宁、喀麦隆、巴基斯坦和墨西哥等。

2012 年，全国进口棉的省（自治区、直辖市）有 20 多个，主要在沿海纺织大省（自治区、直辖市）。其中，山东第一，进口数量为 166.5 万 t，金额为 37.5 亿美元，数量占进口的 32.4%，金额占 31.8%。江苏第二，进口数量为 135.8 万 t，金额为 31.9 亿美元，数量占进口的 26.6%，金额占 27.0%。上海第三，进口数量为 42.3 万 t，金额为 9.4 亿美元，数量占进口的 8.2%，金额占 8.0%。天津排第四，进口数量为 25.9 万 t，金额为 6.4 亿美元，数量占进口的 5.1%，金额占 5.4%。以上 4 省（直辖市）数量占进口总量的 72.3%，金额占总量的 72.2%。

2012 年我国出口棉花 1.8 万 t，同比减 31.7%；金额 0.37 亿美元，同比减 53.3%。棉花贸易数量逆差 500 万 t，金额逆差 117.7 亿美元。主要出口地区为周边国家和地区。

2. 麻

（1）麻类发展规模

我国是麻类主要生产国。我国是世界上麻类资源最为丰富的国家之一，也是世界上主要的产麻国之一。麻也是我国重要的战略储备物资，20 世纪 50～80 年代为我国麻类种植高峰时期，科技的支撑为我国摆脱依赖国外进口原麻做出了重要贡献。我国在 20 世纪 80 年代，麻类种植面积近 300 万 hm²。然而，随着化纤工业的竞争，军事装备的进步和集装箱运输的发展，麻类纤维受到了严峻的挑战，许多传统工业退出市场，种植面积和产量急剧下降。

2011 年，世界麻类种植面积为 251.1 万 hm²，其中苎麻 8.8 万 hm²、亚麻 22.0 万 hm²、黄麻 173.0 万 hm²、大麻 2.7 万 hm²、剑麻 45.0 万 hm²；我国麻类种植面积为 12.2 万 hm²，约占世界种植面积的 5%，其中苎麻 8.4 万 hm²、亚麻 0.7 万 hm²、黄麻 1.4 万 hm²、大麻 1.4 万 hm²、剑麻 0.3 万 hm²。2011 年，世界麻类总产量为 447.1 万 t，其中苎麻 16.3 万 t、亚麻 22.8 万 t、黄麻 358.3 万 t、大麻 8.5 万 t、剑麻 41.2 万 t。2011 年，我国麻类总产量为 29.1 万 t，约占世界总产量的 6.5%，其中苎麻 15.8 万 t、亚麻 4.0 万 t、黄麻 4.4 万 t、大麻 3.4 万 t、剑麻 1.5 万 t。

我国是麻纺织大国。我国已经成为世界麻纺织大国，苎麻纺织、亚麻纺织的生产和出口居世界首位，黄红麻是继印度和孟加拉国的第三大生产国。麻纺织工业已经成为我国具有资源、生产和国际贸易比较优势的天然纤维特色产业，具有完整的生产体系和相当的规模。目前，我国已经形成了"原料种植—纤维生产—纺纱—织造—印染"比较完整的产业链。

据国家统计局统计，2010 年前 11 个月麻纺织及麻制品制造业（规模以上）销售产值为 355.4 亿元，与 2000 年相比增长 342.3%；利润总额为 16.8 亿元，与 2000 年相比增长 1015.2%；人均产值从 5.8 万元/人增长到 35.7 万元/人，是原来的 6.2 倍。同时，人均利润从 1040 元/人增长到 16 250 元/人，是原来的 15.6 倍。

近 10 年来，在市场需求的拉动下，麻纺行业产业规模快速发展。根据国家统计局统计显示，2000～2010 年 1～11 月，工业总产值从 83.7 亿元增长到 369.8 亿元，同比增长 341.8%；企业数从 225 户增加到 428 户，比 2000 年增长 90.2%；而从业人数从 14.5 万人减少到 10.4 万人，比 2000 年减少 28.3%，劳动生产率同比则增长了 4.7 倍。

主要麻纺织品产销量持续增长。2009 年我国麻纺织纤维使用量达 75 万 t，与 2000 年相比增幅 50%，其中苎麻纤维使用量达 11.7 万 t；亚麻纤维使用量达 12.7 万 t，其中进口 10.6 万 t；黄麻纤维使用量达 15 万 t，其中进口 9.6 万 t。

2009 年苎麻纺纱能力达 65 万锭，与 2000 年相比增幅 79%，其中苎麻长纺 26.9 万锭；苎麻气流纺 42 435 头；苎麻织机 5363 台，其中无梭织机 3559 台。

2009 年亚麻纺纱能力达 51.8 万锭，与 2000 年相比增幅 178.3%，其中亚麻长纺 35.1 万锭；亚麻气流纺 7005 头；亚麻织机 5215 台，其中无梭织机 2677 台。

2009 年黄麻纺纱能力达 5.6 万锭，与 2000 年相比增幅–44%；黄麻织机 2386 台，其中麻袋织机 842 台。

2009 年麻纱线产量 27 万 t，与 2000 年相比增幅 238%，其中苎麻纱 4.6 万 t，亚麻纱 8.9 万 t，黄麻纱线 11.5 万 t；麻织物产量 5.9 亿 m，比 2000 年增幅 192%，其中苎麻织物 2.4 亿 m，亚麻织物 2.5 亿 m，黄麻织物 0.9 亿 m。2009 年生产麻制服装及服饰（含麻 30%以上）约 18 亿件，与 2005 年相比增幅 26.9%。

（2）麻类区域布局

麻类种植区域分布。我国麻类作物分布较广，南起海南的三亚，北至黑龙江的大兴安岭，西到新疆伊犁，东到浙江一带均有种植。我国麻类种植有较强的地域性，长江流域的苎麻、东北地区的亚麻、黄淮流域的红麻、雷州半岛和海南省的剑麻，已初步形成规模。

苎麻主要分布在长江流域（表1.1），包括湖南、四川、江西、重庆、湖北等地区，2012年这5个省（直辖市）的种植面积、产量占全国苎麻95%以上。

表1.1 我国主要麻类作物分布区域

类别	主要种植地区	其他分布地区
苎麻	湖南、四川、湖北、重庆、江西	安徽、贵州、广西、云南、河南、浙江、江苏、福建、广东
亚麻	新疆、黑龙江、云南	贵州、湖南、内蒙古、辽宁、吉林
黄麻/红麻	河南、广西、安徽	江西、海南、广东、河北、浙江、湖北、湖南、四川
工业大麻	安徽、云南	河北、陕西、山西、内蒙古、吉林、黑龙江、山东、河南、甘肃

亚麻主要产区位于新疆、云南、东北三省、内蒙古、甘肃、宁夏等地。2012年，新疆、黑龙江、云南种植面积和产量占全国亚麻总种植面积和产量的98%左右。

黄麻、红麻主要分布在黄河流域、淮河流域、长江中下游和华南地区，主要种植地区分布在河南、安徽、江西、福建、广西、广东等省（自治区）。其中河南、安徽、广西是我国最大的红麻生产省份，2012年其种植面积和产量占全国黄麻、红麻总种植面积和产量的85%以上，广西、广东等省（自治区）是我国红麻种子产区，每年向红麻原料生产基地提供优质良种，同时兼收红麻纤维。

工业大麻主要分布在安徽、山东、河南、山西、山东、云南等地，人工种植的工业大麻主要集中在安徽六安，2012年其面积和产量占全国45%以上。此外，黑龙江、甘肃等地还有大量的野生大麻。

我国麻纺工业区域布局。"十五"以来，随着纺织工业市场化进程的不断加快，市场在资源配置中的基础性作用越来越明显，对改善企业组织结构和产业布局产生了积极的效果，日益形成向大企业集中、向沿海地区集中和向产业集群集中的格局。麻纺织工业由资源产区向纺织集聚的地区发展，并形成相当规模，产业集中度进一步提高，产业活力不断增强，形成了湖南、四川、江西及重庆等苎麻资源产区及苎麻纺织聚集地；东北、新疆及云南等亚麻资源产区及江苏、浙江、黑龙江、内蒙古、山东、安徽等亚麻纺织聚集地；同时形成了黑龙江省兰西县"中国亚麻纺编织名城"、江苏省宜兴市西渚镇"中国亚麻纺织名镇"、江苏省吴江市震泽镇"中国亚麻蚕丝被家纺名镇"、湖南省益阳市"中国麻业名城"四大具有专业特色的麻纺产业集群，显示出旺盛的活力和竞争力。据统计，2010年四大麻纺产业集群实现工业总产值135.7亿元，集群从业人员达14.0万人。产业集群不仅成为麻纺行业活跃的经济载体，也加速了这些地区的农村城镇化发展。

（3）麻类品种结构

随着我国麻类育种工作的不断深入，麻类品种结构得到了不断完善。我国先后选育出麻类作物新品种80余个，在生产上发挥了重要作用。

苎麻。苎麻推广种植的优良新品种主要有：湘苎2号（圆叶青）、中苎1号、赣苎3号、华苎4号和川苎6号等。随着优良品种的不断更新和种植水平的提高，我国苎麻的单产水平也不断提高。近10年来，高产苎麻种植其产量由2250kg/hm^{2}提升到

4500kg/hm²，平均纤维细度（fiber fineness）由 1600 支提升到目前的 1900 支，优异品种达 2500 支。如新品种'中苎 1 号'在洞庭湖区的沅江和南县的一些生产点，年产量已经超过 4500kg/hm²，头麻纤维细度达到 2500 支。

亚麻。共有 20 多个优良品种在生产上得到推广应用。其中品种黑亚 10 号、黑亚 11 号、双亚 5 号和双亚 7 号播种面积较大，占东北地区播种面积的 40% 以上。在新疆栽培的亚麻品种有伊亚 2 号、宁亚 11 号和新亚 1 号等。另外，还有部分引进品种，如法国品种阿里安、戴安娜、范妮和高斯以及荷兰品种依诺那等。引进品种占总播种面积的 20% 左右，其中阿里安栽培面积最大，占引进品种的 80% 以上。纤用品种长麻率达到 18%～20%，纤用亚麻的原茎产量由 20 世纪 50 年代的 1200kg/hm² 提高到目前的 4500kg/hm²。

全国油用亚麻的病害如锈病、立枯病等基本得到了控制；品质也得到提高，50% 以上的新育成的油用品种含油率达 40% 以上。纤用品种长麻率达到 18%～20%，原茎产量 5000～7000kg/hm²，纤维产量 600～900kg/hm²。

南方种植的阿里安品种成为南方亚麻种植的适宜品种，在引进资源的基础上积极开展新品种选育，育成了早熟、高产纤维亚麻新品种中亚麻 1 号，其原茎产量为 7961kg/hm²，比对照增产 0.5%；纤维产量为 1250kg/hm²，比对照增产 14.9%；种子产量为 739kg/hm²，比对照增产 18.2%。

黄麻。首先选育了圆果种，主要品种有粤圆 2 号、粤圆 3 号、选 46 和混选 19 等；长果品种有湘黄 2 号和广丰长果。后来通过杂交与诱变方法，育出了粤圆 4 号、粤圆 5 号、681、713、梅峰 4 号、闽麻 5 号、179、831、71-10（圆果品种）和湘黄麻 1 号等。这些品种的增产幅度显著，其中粤圆 5 号、梅峰 4 号和宽叶长果等相继成为各麻区的主栽品种。福建农业大学的 971 品种、广东农业科学院的 77-22 品种、浙江农业科学院的 1038 品种、中国农业科学院麻类研究所的圆果种品种中黄麻 1 号（圆果类型）和湘黄麻 3 号（长果类型），这些品种无论是经济性状、纤维品质和产量性状比原来的主栽品种都有很大提高。

红麻。红麻的新品种选育卓有成效。共有数十个优育品种在生产上得到推广应用。其中有塔什干广西红皮青皮 3 号湘红麻 1 号（7804）722 粤 743 红优 5 号中红麻 11 号中红麻 11 号福红 2 号闽红 298 等。近年来，由于新品种的不断推广，我国红麻单位面积产量有较大提高，为麻农增收与出口创汇做出了较大贡献。

剑麻。栽培品种比较单一，目前生产上主栽的品种是从坦桑尼亚引进的剑麻杂种 H·11648。我国南方两广地区剑麻的单产水平达到了 3875kg/hm²。

大麻。生产上的大麻栽培品种多为地方品种，有河南的固始魁麻清水大麻六安寒麻等。近几年来，云南省加大了工业大麻的应用研究力度，已育成云麻 1 号和云麻 2 号。大麻的单产水平达到了 7500kg/hm²。

（4）麻类进出口贸易

2004～2012 年（表 1.2），我国麻类进出口总值为 128.50 亿美元，年均 14.28 亿美元，近几年维持在 20 亿美元左右。在 2004～2007 年，年进出口都有不同程度的上升，但在 2008 年，由于受金融危机的影响，我国麻类进口和出口都有不同程度的下降，表明我国麻类产业抵御风险能力还有待加强。

表 1.2　2004～2008 年我国麻类进出口状况　　　　（单位：亿美元）

年份	进口	出口	进出口总值
2004	4.54	6.54	11.08
2005	4.63	7.38	12.01
2006	4.63	8.12	12.75
2007	5.04	8.19	13.23
2008	4.18	7.87	12.05
2009	4.03	7.78	11.81
2010	5.68	10.18	15.86
2011	7.72	13.22	20.94
2012	6.15	12.62	18.77
总计	46.60	81.90	128.50
年均	5.18	9.10	14.28

3. 丝

（1）丝发展规模

新中国成立时，我国蚕桑生产规模很小，1949 年全国蚕茧产量仅 3.1 万 t。之后经过战后恢复期（1949～1958）、低迷期（1959～1963）、稳定增长期（1964～1974），到 1970 年生产蚕茧 12.2 万 t，超过日本的 11.2 万 t，成为世界第一大蚕桑生产国。

改革开放后，农村家庭承包责任制的推行，使农民生产积极性得到了极大的提高。随着市场化改革和国内外茧丝绸消费需求的释放，全国蚕桑生产获得持续快速发展，桑蚕茧产量由 1980 年的 25.0 万 t 增加到 1994 年的 67.4 万 t，增加 169.6%，但是，之后受世界经济低迷和中国宏观经济波动的影响，1996 年蚕茧产量下跌到 40.3 万 t，两年内下降了 40.2%。

从 1997 年开始蚕桑生产规模逐渐恢复，桑蚕茧产量呈现波浪式增长。2006 年在世界经济和国内经济的繁荣及国家"东桑西移"战略的实施下，我国桑蚕茧产量再次大幅度增加，2007 年蚕茧产量达到历史最高水平，为 78.2 万 t。然而，2008 年受国际金融危机和茧丝市场供过于求的影响，茧丝价格下降，蚕茧产量下降到 67.8 万 t，2009 年继续下降到 57.4 万 t，两年内减产 26.6%。2010～2012 年蚕茧产量持续恢复，2012 年回升至 64.8 万 t。

蚕桑生产规模呈现不断扩大并逐渐稳定的趋势（图 1.3），其中，1991～2000 年，蚕茧产量在 40 万～80 万 t，年均蚕茧产量 51.8 万 t，2001～2012 年，蚕茧产量在 50 万～80 万 t，年均蚕茧产量 61.2 万 t，即比前 10 年的平均产量增加了约 10 万 t，增长 18.1%。

（2）丝区域布局

蚕桑生产区域"东桑西移"。在我国蚕桑生产规模持续扩大的同时，蚕桑生产区域不断由东部向西部转移（图 1.4）。以江苏、浙江、山东和广东 4 省构成蚕桑生产的东部蚕区；以山西、河南、湖北、江西、安徽和湖南 6 省构成蚕桑生产的中部蚕区，以广西、四川、重庆、云南、陕西、甘肃、新疆、贵州 5 省 1 直辖市 2 自治区构成蚕桑生产的西

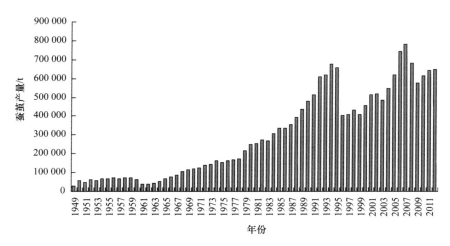

图 1.3　中国历年蚕茧产量（1949～2012 年）

数据来源：1949～2009 年数据来源于《中国丝绸年鉴》（2000～2010 年），2010～2012 年数据来源于农业部种植业管理司

部蚕区。以蚕茧产量、桑园面积和发种量为指标，基于 1991～2012 年的相关数据，通过对东、中、西部蚕桑生产区域的对比分析发现，从 2003 年起，我国中、西部蚕区的蚕茧产量超过东部，蚕桑产业转移的进程开始加快。由于中部蚕区蚕茧产量及其占全国的比例相对稳定，我国蚕桑生产的区域转移主要表现为东部地区向西部地区的转移，即"东桑西移"。1991～2012 年我国东部蚕区蚕茧产量、桑园面积和发种量占全国的比例分别由 58.4%、26.0% 和 51.2% 下降至 28.5%、23.8% 和 26.9%，而西部蚕区蚕茧产量、桑园面积和发种量占全国的比例分别由 34.3%、64.1% 和 40.5% 变化至 62.9%、63.0% 和 65.5%。

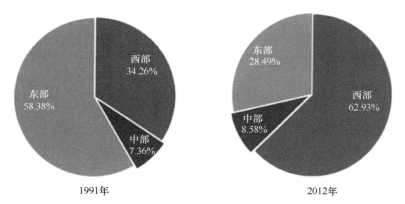

图 1.4　1991 年和 2012 年我国东、中、西部蚕区桑蚕茧产量占全国的比例对比

数据来源：1991 年数据来源于《中国丝绸年鉴》（2000），2012 年数据来源于农业部种植业管理司

蚕桑生产集中度越来越高。虽然我国有 28 个省（自治区、直辖市）有蚕桑生产，但是，长期以来，蚕业生产区域相对集中，近 3 年集中度有所上升。如图 1.5 所示，1991～2012 年，广西、四川、江苏、浙江、广东、云南、山东、重庆、陕西、安徽等 10 个蚕桑主产省（自治区、直辖市）的蚕茧产量占全国的比例一直保持在 88.0% 左右，桑园面

积占全国的比例维持在 80%左右，发种量占全国的比例保持在 88.0%左右。2012 年，10 省（自治区、直辖市）的蚕茧产量、桑园面积和发种量分别占全国的 91.1%、84.9%和 92.1%。保持在 90%以上，桑园面积占全国的比例维持在 87%左右，发种量占全国的比例保持在 92.0%左右。2012 年，10 省（自治区、直辖市）的蚕茧产量、桑园面积和发种量分别占全国的 94.7%、90.2%和 95.0%。

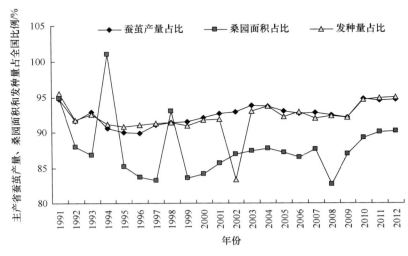

图 1.5 全国十大蚕桑主产省蚕茧产量、桑园面积和发种量占全国比例

在 20 世纪 90 年代，广西还只是个蚕桑小省（自治区），1991 年广西蚕茧产量 8381t，仅占全国蚕茧总产量的 1.6%，到 1999 年，蚕茧产量缓慢增加至 15 360t，占全国比例上升至 3.8%。然而，2000 年以来，广西蚕桑产业突飞猛进，蚕茧产量从 2000 年的 26 000t 持续快速增加到 2012 年的 256 000t，蚕茧产量占全国总产量的比例也从 2000 年 5.7%迅速上升到 39.5%。广西自 2004 年、2005 年、2006 年起发种量、蚕茧产量和桑园面积分别上升至全国第一位之后，一直是全国最大的蚕桑生产省（自治区）。2012 年广西桑园面积 16.8 万 hm^2，占全国总面积的 20.4%；蚕种饲养量 565 万张，占全国总饲养量的 40.4%；蚕茧产量 25.6 万 t，占全国总产量的 39.5%。广西或为中国名副其实的蚕桑生产第一大省（自治区）和世界最大的蚕桑生产基地，形成了"世界蚕业看中国、中国蚕业看广西"的发展新格局，被誉为中国蚕业发展史上的"广西现象"或"广西奇迹"。

据国家蚕桑产业技术体系蚕桑产业经济岗位于 2011 年 12 月通过该体系的 25 个综合试验站，对广西、浙江、江苏、四川、重庆、广东、山东、云南、安徽、陕西、湖北、江西、山西、河南、贵州等 15 个蚕桑生产省（自治区、直辖市）的 107 个蚕桑基地县的调查数据统计分析，2005～2011 年，107 个蚕桑基地县的桑园面积占全国桑园面积的比例由 52.0%下降至 2011 年的 50.5%；但发种量占全国发种量的比例由 54.5%上升至 74.7%，蚕茧产量占全国蚕茧产量的比例由 57.6%增加到 74.7%，蚕茧收入占全国蚕茧收入的比例也由 61.2%上升至 75.0%（表 1.3），说明我国蚕桑生产的县域集中度也越来越高。

表 1.3　107 个基地县蚕桑生产占全国的比例　　　　　　　　　　（%）

年份	基地县桑园面积占全国的比例	基地县发种量占全国的比例	基地县蚕茧产量占全国的比例	基地县蚕茧收入占全国的比例
2005	52.0	54.5	57.6	61.2
2009	49.5	74.0	72.3	76.4
2010	49.2	74.6	74.1	75.7
2011	50.5	74.7	74.7	75.0

资料来源：2005 年和 2009 年的全国蚕桑生产数据来源于《中国丝绸年鉴 2006》和《中国丝绸年鉴 2010》，2010～2011 年的全国蚕桑生产数据来源于农业部种植业管理司

茧丝绸加工工业包括烘茧、缫丝、织绸、印染、丝绸产品制造等，加工的产品主要有三类：丝类、绸类和制成品类。

第一，茧丝绸加工产业结构。据国家统计局对 950 家丝绢纺织及精加工（即茧丝绸加工）规模以上工业企业统计，2012 年实现工业总产值 1149.4 亿元，同比增长 16.2%，较全国纺织工业高出 3.9 个百分点；资产合计 644.3 亿元，增长 13.0%；实现主营收入 1111.2 亿元，增长 14.6%；完成利润总额 59.4 亿元，增长 29.9%；完成出口交货值 118.9 亿元，增长 5.2%；行业整体从业人数 20.3 万人，增长 0.9%（表 1.4～表 1.6）。

表 1.4　2012 年我国茧丝绸加工工业基本情况

行业	企业户数/个	亏损户数/个	亏损面/%	全部从业人员数/万人		
				2012 年	2011 年	同比±%
丝绢纺织及精加工	950	122	12.84	20.3	20.1	0.9
缫丝加工	495	58	11.72	12.8	12.6	1.3
绢纺和丝织加工	393	50	12.72	6.5	6.5	0.4
丝印染精加工	62	14	22.58	1.0	1.02	−0.7
全国纺织工业	37 406	4 685	12.52	1 000.70	101.9	−1.0

资料来源：由中国丝绸协会根据国家统计局数据汇总整理。表 1.4～表 1.6 同

表 1.5　2011～2012 年我国茧丝绸加工工业经济指标（一）

行业	资产合计/亿元			主营业务收入/亿元			出口交货值/亿元		
	2012 年	2011 年	同比±%	2012 年	2011 年	同比±%	2012 年	2011 年	同比±%
丝绢纺织及精加工	644.3	570.3	13.0	1 111.2	969.7	14.6	118.9	113.0	5.2
缫丝加工	338.1	301.1	12.3	643.9	545.8	18.0	43.8	40.1	9.2
绢纺和丝织加工	265.2	230.2	15.2	416.1	376.2	10.6	69.8	67.7	3.1
丝印染精加工	41.0	39.1	5.0	51.2	47.7	7.3	5.2	5.2	1.4
全国纺织工业	36 385.9	32 809.4	10.9	56 852.3	51 401.1	10.6	8 898.1	8 686.9	2.4

表 1.6 2011～2012 年我国茧丝绸加工业经济指标（二）

行业	工业总产值（现行价）/亿元			利润总额/亿元			亏损企业亏损总额/万元		
	2012 年	2011 年	同比±%	2012 年	2011 年	同比±%	2012 年	2011 年	同比±%
丝绢纺织及精加工	1 149.4	989.5	16.2	59.4	45.7	23.0	2.6	3.0	−13.6
缫丝加工	669.5	565.1	18.5	37.4	26.9	28.2	1.2	1.9	−37.2
绢纺和丝织加工	426.5	376.7	13.2	20.5	17.0	16.6	0.9	0.8	13.9
丝印染精加工	53.3	47.7	11.8	1.6	1.9	−13.8	0.5	0.3	55.9
全国纺织工业	57 810.0	51 485.0	12.3	3 015.1	2800.0	7.7	211.8	143.8	47.3

2012 年，全国规模以上纺织工业 37 406 家（表 1.4～表 1.6），从业人员 1000.7 万人，其中茧丝绸加工业企业数占纺织工业总数的 2.5%，从业人员占纺织工业总人数的 2.03%。2012 年全国规模以上纺织企业总资产 36 385.9 亿元，主营收入 56 852.3 亿元，出口交货值 8898.1 亿元，其中茧丝绸加工企业总资产、主营收入和出口交货值分别占纺织工业的 1.8%、2.0% 和 1.3%。2012 年全国规模以上纺织工业总产值 57 810.0 亿元，利润总额 3015.1 亿元，其中茧丝绸加工业产值占纺织工业总产值的 2.0%，利润占纺织工业总利润的 2.0%，说明丝绸加工业在整个纺织工业中的规模很小。虽然 2012 年整个茧丝绸加工亏损企业的亏损面与全国纺织工业亏损企业的亏损面基本持平，但是，2012 年全国纺织工业亏损企业的亏损总额比 2011 年增加 47.3%，而 2012 年茧丝绸加工亏损企业的亏损总额比 2011 年下降了 13.6%。这说明在整个纺织工业中，茧丝绸加工业的整体状况较好。

2012 年，950 家丝绢纺织及精加工企业中（表 1.4），缫丝加工企业 495 家，占比 52.1%；绢纺和丝织加工企业 393 家，占比 41.4%；丝印染精加工企业 62 家，占比 6.5%。950 家丝绢纺织及精加工企业的从业人员中，缫丝加工从业人员 12.8 万人，占比 63.1%；绢纺和丝织加工从业人员 6.5 万人，占比 32.0%；丝印染精加工从业人员 1.0 万人，占比 4.9%。从缫丝到绢纺和丝织，再到丝印染精加工，企业数目依次减少，相应地从业人员数也依次减少。

2012 年，950 家丝绢纺织及精加工企业中（表 1.5），缫丝加工企业资产总额 338.1 亿元，占比 52.5%；绢纺和丝织加工企业资产总额 265.2 亿元，占比 41.2%；丝印染精加工企业资产总额，占比 6.4%。950 家丝绢纺织及精加工企业中，缫丝加工主营收入 643.9 亿元，占比 58.0%；绢纺和丝织加工主营收入 416.1 亿元，占比 37.4%；丝印染精加工主营收入 51.2 亿元，占比 4.6%。950 家丝绢纺织及精加工企业中，缫丝加工业出口交货值 43.8 亿元，占比 36.8%；绢纺和丝织加工业出口交货值 69.8 亿元，占比 58.7%；丝印染精加工业出口交货值 5.2 亿元，占比 4.4%。

2012 年，950 家丝绢纺织及精加工企业中（表 1.6），缫丝加工环节实现工业总产值 669.5 亿元，占比 58.2%；绢纺和丝织加工企业 426.5 家，占比 44.9%；丝印染精加工企业 53.3 家，占比 5.6%。950 家丝绢纺织及精加工企业的从业人员中，缫丝加工从业人员 12.8 万人，占比 62.9%；绢纺和丝织加工从业人员 6.5 万人，占比 32.0%；丝印染精加工从业人员 1 万人，占比 5.1%。从缫丝到绢纺和丝织，再到丝印染精加工，企业数目依次减少，相应地从业人员数也依次减少。

第二，茧丝绸加工产品结构。据国家统计局对 357 家规模以上缫丝绢纺企业统计，2012 年生丝产量约 12.6 万 t，同比增长 10.3%；绢纺丝产量约 1.2 万 t，同比下降 27.5%；绸缎产量 69 696 万 m，同比增长 10.4%；蚕丝被产量 6215 万条，同比增长 125.2%，见表 1.7。

表 1.7　2012 年全国及各省（自治区、直辖市）茧丝绸加工产品产量

地区	生丝/t		绢纺丝/t		绸缎（含蚕丝≥50%）/万 m		蚕丝被/万条	
	产量	同比±%	产量	同比±%	产量	同比±%	产量	同比±%
全国	125 973.0	10.3	12 495.0	−27.5	69 696.0	10.4	6 215.0	125.2
北京		0.0		0.0		0.0		0.0
天津		0.0		0.0		0.0		0.0
河北		0.0		0.0		0.0		0.0
山西	55.0	−13.7		0.0		0.0	1.0	167.7
内蒙古		0.0		0.0		0.0		0.0
辽宁	2 463.0	28.6		0.0	158.0	−36.0	450.0	41.7
吉林		0.0		0.0		0.0		0.0
黑龙江		0.0		0.0		0.0		0.0
上海		0.0		0.0	220.0	−18.4	76.0	22.2
江苏	22 727.0	−6.9	3 234.0	−51.8	8 353.0	−17.2	92.0	60.1
浙江	14 467.0	−0.8	7 779.0	−6.4	20 750.0	5.5	266.0	24.6
安徽	8 139.0	−1.3		0.0	7 673.0	62.6	226.0	25.6
福建		0.0		0.0		0.0	2.0	1 150.0
江西	3 021.0	56.0		0.0	91.0	−29.7		0.0
山东	5 567.0	31.3	115.0	4.3	1 772.0	6.3	4 468.0	207.2
河南		0.0		0.0			98.0	51.8
湖北	572.0	12.8		0.0			281.0	33.7
湖南		0.0		0.0			17.0	−9.6
广东	48.0	15.4		0.0			69.0	7.5
广西	28 770.0	44.5	936.0	3.1	2 342.0	14.6	17.0	12.9
海南		0.0		0.0		0.0		0.0
重庆	3 545.0	5.9	143.0	191.8	1 803.0	14.5	37.0	13.3
四川	27 555.0	1.5	287.0	−74.8	26 534.0	16.8	78.0	47.7
贵州	128.0	−30.0		0.0		0.0		0.0
云南	2 777.0	37.5		0.0		0.0		0.0
西藏		0.0		0.0		0.0		0.0
陕西	4 642.0	5.7		0.0		0.0	37.0	139.2
甘肃		0.0		0.0		0.0		0.0
青海		0.0		0.0		0.0		0.0
宁夏		0.0		0.0		0.0		0.0
新疆		0.0		0.0		0.0		0.0

数据来源：国家统计局

从分省看，2012 年生丝加工主要集中在广西、四川、江苏和浙江省，4 省生丝产量合计 93 519t，占全国生丝总产量的 74.2%；其中，广西生丝产量全国第一，为 28 770t，

同比增长 44.5%，占全国生丝总产量的 22.8%；其次是四川、江苏和浙江，分别为 27 555t、22 727t 和 14 467t，分别占全国生丝产量的 21.8%、18.0% 和 11.5%。四川省同比略增加 1.5%，而江苏和浙江分别同比减产 6.9% 和 0.8%。说明我国生丝加工继续从东部向西部转移。

从分省情况看，2012 年绢纺丝加工主要集中在浙江和江苏两省，两省合计产量 11 013t，占全国绢丝总产量的 88.1%；其中，浙江省绢纺丝产量为 7779t，占全国绢丝总产量的 62.3%，但同比减少 6.4%；江苏省绢纺丝产量为 3234t，占全国绢纺丝总产量的 25.9%，但同比大幅度减少 51.8%。

从分省情况看，2012 年绸缎生产主要集中四川、浙江、江苏和安徽 4 省，4 省合计总产量 63 310 万 m，占全国绸缎总产量的 90.8%；其中四川省绸缎产量排名第一，达 26 534 万 m，占全国绸缎总产量的 38.1%，同比增加 16.8%；浙江省绸缎产量排名第二，为 20 750 万 m，占全国绸缎总产量的 29.7%，同比增加 5.5%；江苏省绸缎产量 8353 万 m，占全国总产量的 12.0%，同比减少 17.2%；安徽省绸缎产量 7673 万 m，占全国总产量的 11.0%，同比增加 62.6%。广西绸缎产量 2342 万 m，仅占全国绸缎总产量的 3.4%，同比增加 14.6%。

从分省情况看，2012 年蚕丝被加工主要集中在山东省，高达 4468 万条，占全国蚕丝被总产量的 71.9%，同比增加 207.2%。蚕丝被产量在 200 万条以上的省份有辽宁、湖北、浙江和安徽 4 省，分别为 450 万条、281 万条、266 万条和 226 万条，同比分别增加 41.7%、33.7%、24.6%、25.6%。

（3）丝进出口贸易

中国不仅是世界最大的茧丝生产国，也是世界最大的茧丝绸商品出口国。丝绸作为我国的特色出口商品，改革开放前曾是继石油之后出口额处于第二位的商品，丝绸出口创汇曾对我国国民经济发展做出过重要贡献。改革开放后，随着我国茧丝绸产业的发展，丝绸出口大幅增加（图 1.6），丝绸商品出口额由 1979 年的 7.7 亿美元增加到 1988 年的 16.5 亿美元，增长了 114%。

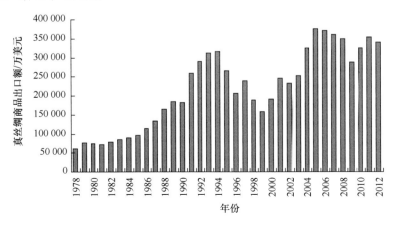

图 1.6　我国真丝绸商品出口额的变化（1978～2012 年）

数据来源：1978～1999 年数据根据王庄穆（2004）数据剔除化纤绸后调整得到；2000～2009 年数据来源于《中国丝绸年鉴》（2002～2010 年），2010～2012 年数据来自中国海关

20 世纪 80 年代后期，一方面国际市场丝绸需求旺盛，另一方面我国丝绸加工技术进步推动丝绸出口商品结构调整，使我国真丝绸出口迅猛增长，真丝绸出口总额从 1989 年的 18.4 亿美元增加到 1994 年的历史最高纪录 31.7 亿美元。然而，进入 90 年代中期后，受世界经济持续不景气，以及接踵而至的亚洲金融危机的影响，世界丝绸消费量出现了萎缩，从而使我国真丝绸出口遭受了重大挫折而陷入了长期低迷，1995～1996 年、1998～1999 年我国丝绸出口量和出口额连续下降，1999 年真丝绸商品出口额下降至 15.75 亿美元。

从 2000 年开始我国丝绸出口恢复增长，之后一直呈稳定上升趋势，2005 年我国真丝绸商品出口额达到 37.5 亿美元的历史最高水平，之后，真丝绸出口额再次下降，特别是 2008 年金融危机后，2009 年我国真丝绸出口额下降 28.9 亿美元，比 2008 年下降了 17.5%。2010～2011 年在出口量跌的前提下，由于价格上升，出口额仍然保持增长，2010 年真丝绸商品出口额为 32.6 亿美元，比 2009 年增长 12.8%；2011 年真丝绸商品出口额为 35.4 亿美元，比 2010 年增长 8.6%。2012 年在国际市场需求持续低迷、国内成本优势逐步弱化的背景下，真丝绸商品出口额再次下跌至 34.1 亿美元，同比下降 3.7%。

从丝绸出口的市场结构看，我国丝绸产品的传统出口市场为美国、日本、欧洲五国和中国香港地区，但是，由于世界各国丝绸生产和消费的变化，我国丝绸出口市场结构也有所变化。

美国一直是我国最大的丝绸商品出口市场，对美国丝绸出口额约占我国丝绸出口总额的 20%，美国从中国进口的丝绸商品主要为丝绸制成品。2010 年对美国出口额为 6.6 亿美元，占我国真丝绸商品出口总额的 20.2%。排在美国之后是印度、意大利、日本、中国香港和巴基斯坦，2010 年我国真丝绸商品对这些国家的出口额分别占出口总额的 15.2%、10.2%、8.0%、7.0% 和 5.2%。

根据海关统计数据，2009 年和 2010 年我国真丝绸出口前十大市场占比分别为 79.2% 和 79.0%，但是，在前十大市场中，只有对印度、意大利和巴基斯坦的出口市场占比是上升的，其他的对美国、日本、德国、韩国、英国、法国等 6 个国家和我国香港地区的出口市场占比下降，这一方面说明 2008 年以来的金融危机还没有使主要发达国家的经济真正意义上复苏；另一方面说明我国丝绸出口市场集中度下降，新兴市场不断拓展。2012 年我国真丝绸商品出口目的地排名前五位的依次为：美国、印度、意大利、日本和巴基斯坦，5 个国家占我国真丝绸商品出口总额的 53.3%。

二、我国纤维作物产业近 30 年的发展历程

（一）棉花

1. 棉花生产发展概况

自 1949 年 10 月新中国成立以来，我国棉花产业取得了长足进步，为国民经济的发展和人民生活水平的提高做出了巨大贡献。近 30 多年的时间里，全国植棉面积、

皮棉总产和单产都呈上升趋势。棉花流通从高度计划转向市场配置，籽棉加工工艺不断改进提升实现了机械化和自动化，企业规模不断扩大。棉纺织业从小到大、从弱到强，棉纺织品服装在不同的发展时期承担着温暖和美丽、出口换汇和出口创汇的重要使命。

在30多年的时间里，有几个划时代事件，一是1983年全国棉花丰收，皮棉单产达到762kg/hm²，成为我国跻入世界先进植棉大国行列的标志，从此结束了棉花的短缺史；也是这一年全国取消了布票，从此结束了长达29年的棉纺织品管制史。二是自2002年我国加入世界贸易组织以后，依靠科学兴棉，加大投入，棉花生产快速发展，皮棉单产大幅提高，总产不断创立新高；棉花流通市场化改革加快和加工工艺向自动化和信息化迈进；棉纺织业规模高速扩大，棉纺织装备向智能化和信息化迈进，纤维加工总量快速增长，从此我国跨入了衣着丰富靓丽和"衣被天下"的新时代。

棉花总产增加，近10多年快速增长。1980年以来全国棉花平均总产499万t（表1.8，图1.7）。近32年（1980～2012年）总产年均增长率达到3.04%。进入21世纪（2000～2012年），棉花总产快速增长，达到616万t，年均增长率3.72%。在32年中，1984年创历史首个高产纪录，达到626万t，占当年世界总量的1/3；1991年创历史第二个高产纪录，达到568万t，2006年、2007年和2008年不断刷新历史新高，分别达到754万t、762万t和750万t。而1999年最低总产仅383万t，总产最高与最低相差面积85.5%，差值379万t，年际间波动100万t。

表1.8　全国每10年棉花面积、总产和单产变化

年份	播种面积/×10³hm²	面积稳定性/%	总产/×10⁴t	总产稳定性/%	单产/（kg/hm²）
21世纪头10年（2000～2009）平均	52135	13.0	6060	19.6	1174
21世纪（2010～2012）平均	5163		6581		1303
2000	4041		4417		1093
2001	4809		5324		1107
2002	4184		4916		1175
2003	5111		4860		951
2004	5693		6324		1111
2005	5060		5700		1126
2006	5816		7535		1295
2007	5926		7624		1286
2008	5760		7500		1302
2009	4950	-13.9	6400		1293
2010	4850	-2.1	5961		1229
2011	5038	3.9	6589		1308
2012	4700	-6.7	6850		1447

注：依据国家统计局21世纪头10年棉花平均播种面积513.5万hm²。实际上这10年平均播种面积在533.33万hm²以上，和20世纪90年代相比是增加的。这样，在6个10年面积的比较之中，1个10年最大、2个10年减少和3个10年增加。因此，评价60年棉田面积的结论应是"在波动中有所扩大""而不是在波动中有所减少"

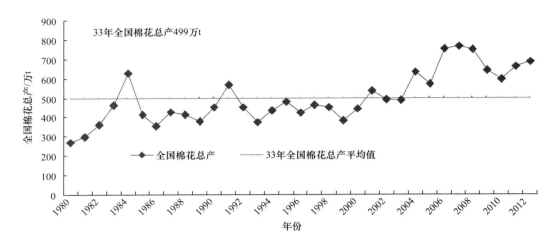

图 1.7　1980 年以来全国棉花总产变化

（毛树春，1991，2010，2013）

（注：2006 年以来，全国棉花实际总产比统计总产约高 8%）

　　在 6 个完整的 5 年计划之中全国棉花增产不断增长，其中前 4 个 5 年计划在缓慢增长，后 3 个五年计划增长加快，以"十一五"（2006～2010 年）计划最高，达到 700 万 t（图 1.8），现"十二五"（2011～2012）计划为第二，672 万 t。

　　植棉面积大且波动幅度大。1980 年以来全国平均棉田 522 万 hm²，总体看植棉面积呈减少趋势。在 32 年中，以 1984 年植棉面积最大，达到 692 万 hm²（表 1.8，图 1.9），1990 年、1991 年和 1992 年持续攀高，分别达到 560 万 hm²、654 万 hm² 和 683 万 hm²，2006～2007 年面积增幅较大，分别达到 582 万 hm² 和 593 万 hm²。而 1999 年最少面积仅 373 万 hm²（不足 373 万 hm²），面积最大与最少相差 85.5%，差值 319 万 hm²，年际间波动 67 万 hm²。

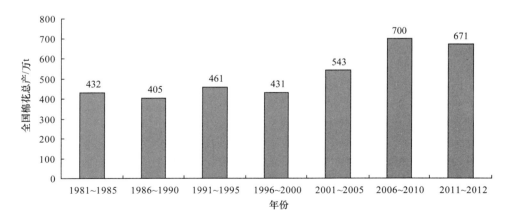

图 1.8　1981 年以来每个 5 年计划时期全国棉花总产变化

（毛树春，1991，2010，2013）

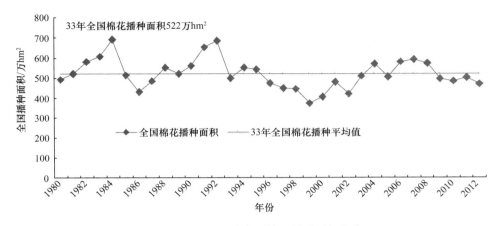

图 1.9　1980 年以来全国棉花播种面积变化

（毛树春，1991，2010，2013）

（注：2006 年以来，全国棉花实际播种面积比统计面积约高 10%）

在 6 个完整的 5 年计划之中有 3 个面积超过 533 万 hm²，其中以"六五"（1981～1985 年）计划最高，达到 538 万 hm²（图 1.10），其次为"八五"（1991～1995 年）计划，第三为"十一五"（2006～2010 年）计划，以"九五"（1996～2000 年）计划最少，仅 428 万 hm²，现"十二五"（2011～2012）计划面积减缩在加快。

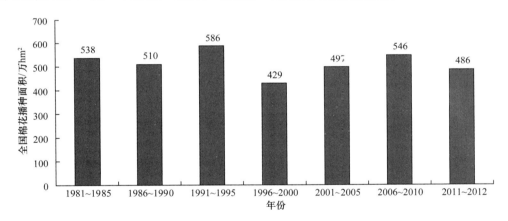

图 1.10　1981 年以来每个 5 年计划时期全国棉花播种面积变化

（毛树春，1999，2010，2013）

棉花单产水平大幅提高，近 10 多年呈高速增长态势。1980 年以来全国棉花平均单产 964kg/hm²（图 1.11），近 33 年（1980～2012 年）的单产年均增长率达到 3.44%。进入 21 世纪棉花单产快速增长，从 1999 年的 1028kg/hm² 增长到 2012 年的 1458kg/hm²，这 13 年单产增长了 41.8%，平均增长率达到 2.72%。

在 6 个完整的 5 年计划之中，前 3 个增长较慢或处于徘徊状态（图 1.12），后 3 个增长加速，这与增加投入和科技兴棉的关系密切，也与棉区转移、西北内陆比例不断提高的关系密切。由于全国植棉面积总体减少，单产的提高对总产增长的贡献率为 100%。

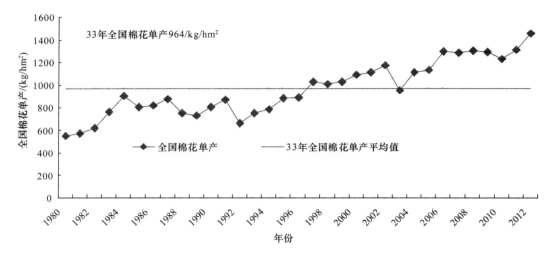

图1.11 1980年以来全国棉花单产变化
（毛树春，1999，2010，2013）

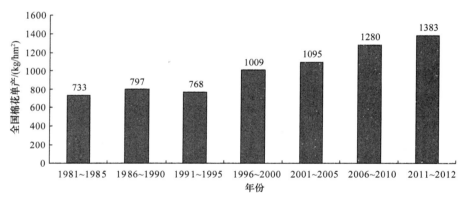

图1.12 1981年以来每个5年计划时期全国棉花单产变化
（毛树春1999，2010，2013）

2. 棉花生产发展的主要特点

特点之一，增加总产依靠扩大面积和提高单产水平，但各个阶段的依赖程度不同。1980~1995年主要以扩大面积来增加总产，1996~2012年以提高单产与扩大面积并重以增加总产。

特点之二，棉花生产年际间的波动幅度大，面积增减幅度高达63万hm²，总产增减幅度高达50万t，虽然单产整体呈增长态势，但由于棉花播种面积年际间的增减幅度较大，因此导致总产波动。所以，稳定播种面积是减小总产量剧烈波动的主要途径之一。

特点之三，棉花生产波动呈现高峰和低谷特征。在这30多年的时间里，植棉面积高峰出现4次，1980~1984年、1991~1992年，2003~2004年、2006~2008年。植棉面积低谷出现了7次，依次是1986~1989年、1992~1994年、1998~2000年、2002年、2005年、2009年和2012年。

3. 棉花产区布局不断优化

经过 30 多年的发展,迄今全国形成长江、黄河和西北"三足鼎立"的优化结构。

长江流域棉区,棉田面积和总产均占全国较高的比例(表 1.9),20 世纪 80 年代为 32.8% 和 32.7%,90 年代前为 31.1% 和 35.9%,棉花单产水平曾高于全国平均水平,20 世纪 90 年代平均高 15%。进入 21 世纪,长江流域棉区植棉面积处于徘徊状态。从入世前 10 年(1992~2001 年)的 174 万 hm² 下降到入世后 10 年(2002~2011 年)的 140 万 hm²(表 1.9),比前 10 年间净减 34 万 hm²,年均约减少 1.7 万 hm²,面积减少了 19.7%。棉田面积占全国的比例从入世前 10 年的 35.5% 缩减到入世后 10 年的 26.6%(表 1.9),总产占全国的比例从入世前 10 年的 36.7% 缩减到入世后 10 年的 23.4%。

表 1.9 全国棉花三大生态区入世前后 10 年棉花生产能力变化

棉区	面积/×10³hm²				单产/(kg/hm²)		总产/×10³t			
	前 10 年	占全国/%	后 10 年	占全国/%	前 10 年	后 10 年	前 10 年	占全国/%	后 10 年	占全国/%
全国	4902	100	5239	100	923	1207	4423	100	6339	100
长江流域	1739	35.5	1396	26.6	948	1135	1625	36.7	1485	23.4
黄河流域	2243	45.8	2370	45.2	762	1085	1635	37.0	2367	37.3
西北内陆	882	18.0	1418	27.1	1270	1493	1137	25.7	2387	37.7

注:数据据国家统计局整理。前 10 年为 1992~2001 年平均值,后 10 年为 2002~2011 年平均值

黄河流域棉区是全国最大的产棉区。棉田面积和总产均占全国的最高比例,20 世纪 80 年代为 62.9% 和 62.1%,是当时全国棉花生产的重心;90 年代为 56.6% 和 46.6%。其中棉田面积 80 年代比 70 年代增加 92.1 万 hm²,是这个区域的面积扩大才促进了全国棉花生产大发展,总产 80 年代比 70 年代翻了近 3 番,为国家做出了巨大贡献。黄河流域主要产棉省(直辖市)有山东、河南、河北及天津、山西、陕西、北京等。然而,近 10 多年,黄河流域棉花生产处于徘徊状态。植棉面积从入世前 10 年(1992~2001 年)的 224 万 hm² 微长到入世后 10 年(2002~2011 年)的 237 万 hm²,20 年变化不大,但入世后 10 年实际在波动中下降。而棉区内部也在不断调整,从黄淮平原向华北平原、从华北平原进一步向沿海转移。

西北内陆是以新疆为主的棉区,也是近 20 年快速发展起来的新棉,20 世纪 90 年代植棉面积占全国的比例提高到 11.6%,总产占全国的比例提高到 17.0%。自 20 世纪 90 年代中期以来,西北内陆棉区进入了大开发的新时代,棉花生产规模快速扩大,产能大幅增长。植棉面积从入世前 10 年(1992~2001 年)的 88 万 hm² 扩大到入世后 10 年(2002~2011 年)的 142 万 hm²,与入世前 10 年相比净增 54 万 hm²,年均扩大约 2.7 万 hm²,面积扩大了 1.65 倍,在全国的地位大幅提升。棉田面积占全国的比例从入世前 10 年的 18.0% 扩大到入世后 10 年的 27.1%(表 1.9),总产占全国的比例从入世前 10 年的 25.7% 提高到入世后 10 年的 37.7%。进入 21 世纪,西北内陆棉区的快速发展使之成为全国棉区重要的"一足",促使全国形成"三足鼎立"的优化布局。

通过 30 多年的基地建设、结构调整和市场推进,棉区布局形成"三足鼎立"结构,

具有均衡和优化特点，这对防范异常气候风险、保持较高的生产能力和规避市场波动极为重要，是保障大国所需棉花原料必须坚持的布局原则，是我国取得的宝贵经验。

4. 棉花进出口贸易

从 1980 年起，中国棉花贸易规模增大（图 1.13）。1980～1999 年中国棉花年均贸易量为 53.5 万 t，其中年均进口 34.6 万 t，年均出口 18.9 万 t，年均净进口 15.8 万 t。然而，自改革开放后，中国"买棉难"和"卖棉难"的情况交替出现，中央政府为平衡供给，在棉花供大于求时增加国内棉花出口，在棉花供不应求时提高国际棉花进口，使得中国棉花贸易在净出口国和净进口国地位之间频繁易位，进一步扩大了棉花贸易的波动。

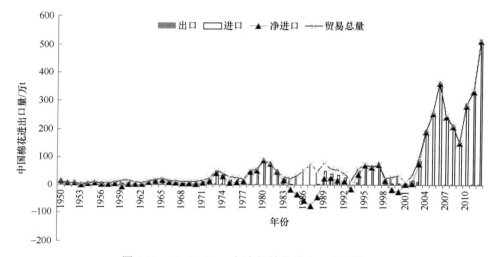

图 1.13　1950～2012 年中国棉花进出口变化情况

资料来源：1950～1985 年数据来源于《中国对外经济贸易年鉴》（1984～1986 年）；1986～2011 年数据来源于《中国统计年鉴》（1987～2012 年）；2012 年数据来源于中国棉花信息网，http://www.cottonchina.org

加入 WTO 以后，受纺织品出口增长的拉动，中国棉花贸易规模迅速增大并成为世界最大进口国，贸易总量从 2002 年的 33.0 万 t 增长至 2012 年的 515.5 万 t，10 年间增长了 14.6 倍。国内纺织企业用棉需求加大，使得棉花一直处于净进口状态，且净进口量快速提升，从 2002 年的 3.1 万 t 增长至 2012 年的 512 万 t，其中，进口量从 18 万 t 大幅增长至 513.7 万 t，增长了 27.5 倍；而棉花出口较少，累计出口量仅为 38.4 万 t。

总的来看，新中国成立以来，中国棉花贸易规模持续增长，加入 WTO 后中国已成为世界最大的棉花进口国家。棉花贸易大多数年份保持净进口状态，但波动幅度不断扩大，特别是改革开放后，"卖棉难"和"买棉难"的现象反复出现，导致中国棉花贸易在净出口国和净进口国地位不断变换；2008 年国际金融危机的暴发，更使得中国加入WTO 后棉花净进口波动幅度进一步扩大。

1980～2012 年，中国棉花贸易呈现出剧烈波动的增长态势（图 1.14）。改革开放以后的一段时间内，"买棉难"和"卖棉难"的局面在中国交替出现，导致了中国棉花的大量出口发生在 20 世纪 80 年代中后期，以及 90 年代末期，棉花大量进口发生在 80 年代初期，以及 90 年代初、中期，并使得中国棉花贸易地位在净出口国和净进口国之间交替变化。但在加入 WTO 以后，由于纺织业用棉需求激增，这种情况彻底改变，中国一跃成为全球最大棉花进口国，进口量从 2002 年的 18 万 t 增长至 2012 年的 513.7 万 t，11 年间增长了 27.5 倍，年均增长率为 66.18%；棉花出口则很少。

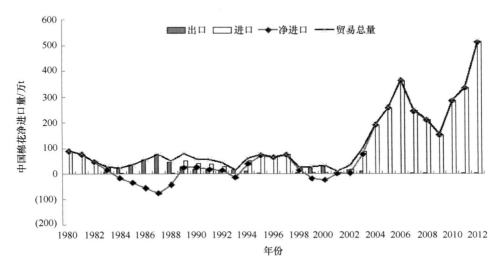

图 1.14 1980～2012 年中国棉花净进口量的发展趋势图

资料来源：1980～2011 年数据来源于历年《中国统计年鉴》；2012 年数据来源于中国棉花信息网，http://www.cottonchina.org

从 1980～2012 年的 33 年间，以每 10 年作为一个阶段，每个阶段的变化特征都有所不同（表 1.10）。1980～1989 年，中国棉花进出口呈现出波动态势，出口量首先从 1980 年的 0.99 万 t，增长到 1987 年的 75.46 万 t，随后下降至 1990 年的 16.73 万 t；而进口量从 1980 年的 89.76 万 t，下降至 1986 年的 0.02 万 t，然后再增长至 1989 年的 51.90 万 t。中国棉花贸易的波动，主要是因为当时棉花市场供不应求和供过于求的情况交替出现，政府通过棉花进出口来调节国内棉花供需不平衡的状况。受此影响，这一阶段中国从棉花净进口国向棉花净出口国转变。

表 1.10 中国棉花贸易发展阶段特征 （单位：万 t）

年份	出口（平均）	平均增长幅度/%	进口（平均）	平均增长幅度/%	净进口（平均）	平均增长幅度/%	贸易总量（平均）	平均增长幅度/%
1980～2012	14.06	196.78	105.13	307.79	91.07	—	119.20	23.97
1980～1989	26.92	176.56	29.56	513.80	2.64	—	56.47	6.24
1990～1999	10.79	454.37	39.70	465.12	28.91	—	50.49	13.74
2000～2009	6.79	11.64	153.80	72.49	147.0.	—	160.59	44.11
2010～2012	1.66	81.53	377.91	52.28	376.25	52.47	379.56	52.08

注：1980～1989 年至 2000～2009 年出现棉花净出口和净进口交替的现象，因此无法计算净进口的平均增长幅度

资料来源：1986～2011 年数据来源于历年《中国统计年鉴》；2012 年数据来源于中国棉花信息网，http://www.cottonchina.org

1990～1999 年，中国棉花出口量大幅波动，从 1990 年的 16.7 万 t，下降至 1997 年的 0.1 万 t，随后跃升至 1999 年的 23.6 万 t。受到后 3 年棉花出口量迅猛增长的影响，20 世纪 90 年代中国棉花出口平均增长率达到 4.54 倍。而棉花进口基本处于相对较高的水平，这主要是因为当时国内纺织业对棉花进口需求相对较高。但受 1997 年亚洲金融危机影响，进口量从当年 75 万 t 下降至 1999 年的 5 万 t。中国棉花需求的扩大，也导致了中国在这一阶段基本处于棉花净进口国的状态。

2000～2009 年，由于中国加入 WTO，纺织业对棉花的进口需求大幅增长，棉花进口量从 2000 年的 5 万 t 增长至 2009 年的 153 万 t，增长了 29.6 倍，年均增长幅度为 72.49%。而棉花出口下降较快，年均出口量为 6.79 万 t，比前 10 年的年均 10.79 万 t 下降了 37.07%。受此影响，除了 2000 年为净出口国外，2001 年起中国棉花已处于净进口状态，从 2001 年的 0.76 万 t 增长至 2009 年的 152.18 万 t。其中，受到 2008 年年末国际金融危机的影响，2009 年中国棉花进口大幅下降至 153 万 t，比上一年下降了 27.32%。

2010～2012 年，中国棉花出口进一步萎缩，年均出口量为 1.7 万 t，比前 10 年的 6.8 万 t 下降了 75%。而中国棉花进口量和净进口量大幅增长，分别从 2010 年的 284 万 t 和 283.35 万 t，增长至 2012 年历史最高的 513.7 万 t 和 512.0 万 t，年均增长率分别为 52.28% 和 52.47%。其中，2012 年中国棉花进口量已占到当年中国棉花产量的 75.2%，纺织企业对外棉的依赖程度达到历史最高。棉花进口需求的大幅增长，除了受到全球经济复苏，刺激了纺织品需求回升的影响之外，主要是因为国内外棉花价差较大，即便存在配额外滑准税政策，棉花进口价格依然低于国内棉花价格，为了保持产品竞争力，中国纺织企业偏向于进口和使用价格更低的外棉。

（二）麻类

1. 生产发展历程

我国麻类种植经历了发展和萎缩阶段。产业的各环节条块分割，原料生产、纺织加工、销售机构之间各自为政，缺乏联系和协调控制，常常导致麻农盲目生产、工厂盲目开工，容易出现大起大落的现象。20 世纪 80、90 年代的"麻风病"现象就是一个很好的例证。1986 年"麻风病"流行，苎麻价格涨到 20 000 元/t，全国苎麻长纺锭发展到 70 万锭。到了 1987 年，出口市场无序竞争，麻价暴跌至 4000 元/t，全国苎麻纺织行业产品大量积压，造成了全行业亏损，各地麻农叫苦不迭。之后 90 年代初期、中期和末期，又刮过 3 次"麻风病"，我国苎麻种植业和苎麻纺织业都付出了沉重的代价。麻类生产总体呈萎缩态势。1978～2011 年，我国麻类作物种植总面积在 1985 年达到最高值，为 123 万 hm²，随后经历了一个衰落期，1999～2004 年，种植面积有所恢复，从 20.5 万 hm² 增长到 33.5 万 hm²，但是昙花一现，2005 年之后，种植面积急剧下降，2011 年降到历史最低点，为 11.8 万 hm²。

1978～2011 年我国麻类作物总产量基本和种植面积变化趋势一致，尽管期间各种麻类作物的单产都有不同程度的提高，但麻类产量总体呈下降趋势。总产量在 1985 年达到最高值 444.8 万 t，2011 年降到最低点 29.6 万 t。

2. 产业政策发展历程

国家和地方政府重视麻产业的发展，把麻类物种视为国家主要农作物，并作为重点扶持对象。2001年2月26日，农业部明确规定了国家主要农作物的范畴，其中麻类就是16种主要作物之一。2004年3月，云南省确定17类农产品作为优势农产品，优先规划、重点培育，其中包含麻类作物；2008年8月14日，《中华人民共和国植物新品种保护条例实施细则（农业部分）》指出农业植物新品种中包含麻类。

2005年8月19日，《中华人民共和国农业税条例》规定棉花、麻类、烟叶、油料、糖料和其他经济作物的收入征收农业税。2012年12月31日，国务院办公厅印发了《全国现代农作物种业发展规划（2012-2020年）》，把麻类视为重要经济作物。

2009年5月25日，农业部办公厅关于印发《国家补贴机具编号规则》的通知中指出麻类作物收获机享受国家补贴。

1993年8月20日，国家技术监督局、农业部、国内贸易部、中国纺织总会、国家工商行政管理局《关于加强麻类纤维质量管理与质量监督的通知》中明确规定，在麻类市场经济活动中，交易双方均应执行《苎麻》、《熟黄/红麻》、《纤维用亚麻原茎》、《纤维用亚麻雨露干茎》等国家标准。该通知还对麻类收购站、麻纺企业、专业纤维检验部门关于麻类收购、加工、检验的相关标准规则进行了详细规定，为麻纤维交易活动的规范化和交易质量的提高提供了政策支持。

2005年7月1日，《麻类纤维质量监督管理办法》正式实施。2002年11月6日，国务院办公厅印发了《关于促进农产品加工业发展的意见》，将麻列为农产品加工的重点区域；2009年12月7日发布的财政部、国家税务总局联合发布《关于以农林剩余物为原料的综合利用产品增值税政策的通知》中规定，对销售以利用包括麻类秸在内的农作物秸秆等为原料自产的综合利用产品由税务机关实行增值税即征即退办法，具体退税比例：2009年为100%，2010年为80%。2011年，中国麻纺织行业协会发布"十二五"规划，明确指出要将行业自主创新、技术改造与淘汰落后产能相结合。2015年预期技术开发投入占销售收入的比例达到1.5%，2020年预期为1.8%～2%。劳动生产率预期：2015年达到15万元/人，2020年达到22万元/人。

2011年中国麻纺织行业协会发布"十二五"规划，明确指出要统筹兼顾国际、国内两个市场，努力消除金融危机带来的不利影响，继续巩固和开拓麻纺织产品的国际市场，在保持出口份额基本稳定的同时，大力培育和扩大国内麻纺织产品的消费需求，拓宽并丰富内销市场的麻纺织产品领域及品种，增加麻纺家用、产业用的比例。

2012年4月6日，财政部、国家税务总局发布《关于"十二五"期间进口种子（苗）种畜（禽）鱼种（苗）和种用野生动植物种源税收问题的通知》，免征进口环节增值税的种子包括麻类种子。

3. 进出口贸易发展历程

2003年以来，我国麻原料进口呈快速上升趋势，2004年进口量为21.7万t，到2011年进口量为72.3万t，增长3.33倍，进口量为同年国内原麻生产量的2.44倍；除苎麻为我国特有，能够满足需求外，亚麻、黄麻等需要大量进口；同期原料出口变化不大，且出口量极少，年均出口量仅 0.64 万 t。

麻纺产品在国内外一般都定位于中高端产品，而由于我国当前整体消费水平属于中低端，从而限制了麻纺织品国内市场的拓展，导致我国麻类产业市场严重依赖国际市场，麻织物、麻制品等麻产品的出口远高于进口，2011 年出口麻织物 2.73 亿 m、麻制品 1.90 亿美元，而同期麻织物进口只有 0.26 亿 m、麻制品 0.12 亿美元，且两者进出口差距有进一步扩大之势。麻原料大量进口，对国内麻类生产造成了严重冲击，同时消费市场依赖国外市场，导致我国麻类产业在国际上失去定价权和话语权，给我国麻类产业平稳运行带来了严重风险。

（三）丝绸

根据 1979～2012 年我国蚕茧产量的变化，可以将改革开放的蚕桑生产大致分为 4 个阶段：高速发展阶段（1979～1995 年）、萧条调整阶段（1996～1999 年）、稳定增长阶段（2000～2007 年）和危机调整阶段（2008～2012 年）。

1. 高速发展阶段（1979～1995 年）

1978 年 12 月中国共产党十一届三中全会确定把全党的工作重点从政治路线斗争转移到社会主义现代化建设上来，从根本上纠正了长期以来的"左倾"错误。农业生产方针从"以粮为纲"调整为"决不放松粮食生产，积极发展多种经营"。1979 年国家决定提高农产品收购价格，蚕茧收购价比上年提高 25.5%，1988 年和 1989 年根据通货膨胀的实际情况，相应地提高了蚕茧的收购价。1980 年开始，各地对集体的桑园和养蚕生产实行"专业承包、联产计酬"的责任制，至 1982 年 4 月，浙江省 83 391 个养蚕单位中，实行专业承包到队、到组的占 65.4%；专业承包到户、到劳动力的占 34.6%。1983 年以后全面推广实行了家庭联产承包责任制，至 1984 年浙江省 1.2 万个生产大队，4 万个生产队集体经营的蚕桑生产全部承包到户，由 94 万户蚕农承包经营。家庭联产承包责任制的实施，调动了蚕农的生产积极性，解放了生产力。1977 年大学招生后，源源不断地向社会输送各类蚕业专门人才，促进了现代蚕业科学技术的推广普及。

本期内国家加大了对蚕业生产的投入与支持力度。据浙江省农业厅特产局统计，1979～1983 年浙江省政府从机动财力、基本建设投资和丝绸生产利润中共拨款 2600 万元，浙江省农业银行又发放贴息贷款 595 万元，重点扶持老桑园的改造、新桑园建设和蚕种生产；对外贸易部拨给浙江省蚕业生产专用外汇 441 万美元和生产周转金 500 万元，用于进口钢材 12 578t（包括分配数）等蚕用物资，支持农村小蚕共育室等的建设；农业部和浙江省计划委员会下达蚕种场基建和技改费 644 万元，增建蚕种场用房 4.42 万 m²。1978～1985 年，农业部和全国供销合作总社分配给浙江省的桑苗生产和幼龄桑园专用化肥 17.3 万 t，年均达 21 637 万 t；1985～1990 年浙江省的蚕桑技术改进费达 5413.2 万元。国家和各级政府对蚕业生产的投入达到历史最高水平。

在国家和各级政府的重视下，蚕种场和蚕农等生产单位加大了对蚕业基础设施的投入力度。1979～1989 年浙江省共改造和新建蚕种生产用房 7.3 万 m²，空调等先进设备也开始陆续装备蚕种场。1988 年后改造和新建了 20 多所蚕种催青室；至 1993 年浙江省共建设养蚕用暗火加温设施 17.1 万只，其中节能炕房 6.7 万只，靠壁灶 6.8 万只，天火龙 3.6 万只，使春蚕暗火加温的蚕种达到 103 万张，占蚕种饲养量的 68.4%。

在蚕业生产技术方面，加大了蚕桑新品种选育和更新的力度，在桑树栽培上因地制宜地推广适应不同地区气候和土壤特点的栽培养成方式，如长江中下游蚕区采用速生密集栽培、低干或低中干养成，珠江流域蚕区采用地桑根刈养成，并建立桑树病虫害预测网络和桑树保护体系，注意桑园的平衡施肥和排灌实施的配套。在养蚕上推行"十日眠三眠，每眠是日眠"的标准化养蚕技术；开发并推广应用了"灭蚕蝇""防病一号"和"毒消散"等蚕用杀虫及消毒防病药剂，认真贯彻以消毒防病为中心的预防为主、综合防治的技术措施；大力推广方格蔟、塑料折蔟等新型蚕具及蔟室环境调控技术，以提高蚕茧的品质。

20 世纪 80 年代后期，在环保运动下的天然纤维流行引起的丝绸消费热，随着改革开放的不断深入和社会主义市场经济的逐步建立，乡镇丝绸生产企业的迅速崛起和国外纺织资本对国内丝绸服装业的大量投资，使国内外市场对茧丝绸的需求在 80 年代末达到第二次世界大战以后的最高潮。1987～1988 年和 1994 年的"蚕茧大战"就是在上述背景下产生的蚕茧供求矛盾在流通领域的激化表现。80 年代后期丝绸出口价格的大幅度提升，尤其是"蚕茧大战"的结果导致蚕茧收购价格飙升，进一步刺激了各地发展蚕业生产的积极性，自 1987 年以后蚕茧生产规模迅速扩大，蚕茧产量大幅度增加。1995 年全国蚕茧生产量达到 65.6 万 t，为 1979 年的 3.1 倍。其中 1994 年全国蚕茧生产量为 67.4t，创历史最高纪录。

2. 萧条调整阶段（1996～1999 年）

20 世纪 80 年代末 90 年代初蚕桑生产的过度快速发展，导致世界丝绸市场严重的供过于求。生丝占世界纤维总产量中的比例由 1985 年的 0.175% 上升至 1990 年的 0.189%，1994 年高达 0.289%，结果使生丝出口价格自 1990 年达到每千克 48.1 美元，创新中国成立以来历史最高水平后一路走低，1992 年以后更是急剧下跌，1996 年每千克生丝出口额为 22.0 美元，远低于 1986 年的 24.9 美元。

中国的蚕丝业是典型的外向型产业，茧丝生产量的近 3/4 以茧、丝、绸及丝绸服饰的形式出口国外。20 世纪 90 年代初世界经济的低迷导致丝绸消费热的退潮，1995 年以后日本泡沫经济的破灭，1997 年的东南亚金融危机，以及 20 世纪 80 年代以来印度、巴西和泰国等发展中国桑蚕丝业的大发展引起的市场竞争的激化，导致中国丝绸出口严重受阻、丝绸行业自 1995 年以后的连年亏损。加上中国经济体制处于由社会主义计划经济向社会主义市场经济转型的关键时期，在养蚕、缫丝、织绸、丝绸后加工和贸易各环节分割管理的体制下，政府对蚕丝业的支持能力有限，使蚕茧可比价格低于 1979 年水平，蚕茧收购过程中的压级压价和"打白条"现象的普遍存在，严重地伤害了蚕农的生产积极性，导致 1995 年年底出现了大范围的毁桑，蚕茧生产量由 1994 年的 67.4 万 t 下降至 1995 年的 65.6 万 t，急剧下跌至 1996 年的 40.3 万 t，此后各年蚕茧生产量有所增减，由于世界丝绸市场的供求关系没有根本的好转，蚕茧收购可比价格未有大的变化，至今蚕业生产尚处于萧条调整期，1999 年全国蚕茧生产量为 40.9 万 t，相当于 1988 年的水平。

3. 稳定增长阶段（2000～2007 年）

2000 年我国蚕桑生产进入新一轮的快速增长期，蚕茧产量持续增长。2003 年世界经济和国内经济的繁荣使得我国国民经济高速增长，2003～2007 年我国年均经济增长率高达 11.7%，与此同时，地区经济差距扩大，东部经济的持续快速增长，使东部的劳动力和土地等要素成本不断上升，以江苏、浙江为代表的东部蚕桑主产区蚕桑生产不断萎缩；而以广西为代表的西部蚕桑生产规模不断扩大，至 2003 年我国中西部蚕茧产量超过东部，初步形成了"东桑西移"的格局，2005 年广西蚕茧产量一跃为全国第一位。2006 年国家"东桑西移"工程实施后，以广西为代表的西部蚕区继续迅猛发展，我国蚕茧产量大幅度增加，2007 年蚕茧产量达到历史最高水平 78.2 万 t。

4. 危机调整阶段（2008～2012 年）

2008 年以美国雷曼兄弟倒闭为标志，暴发了世界性的金融危机，并迅速蔓延至全球。随着世界各国经济增长的下滑，国际茧丝绸需求减少，茧丝市场供过于求，茧丝价格下跌，严重挫伤农民种桑养蚕的积极性，2008～2009 年蚕茧产量连续下降。2008 年蚕茧产量下降到 67.8 万 t，2009 年蚕茧产量继续下降到 57.4 万 t，2 年减产 26.6%。2010 年开始，随时国内外经济的缓慢复苏，蚕桑生产规模逐渐恢复，蚕茧产量缓慢增加，2012 年蚕茧产量恢复至 64.8 万 t。

◤ 三、我国纤维作物产业近 30 年发展的主要经验

（一）棉花

总结我国棉花生产发展经验，可归纳为"四依靠"和"两发展"。一靠党的领导，政府重视，加强领导，制定和出台了一系列政策，促进生产发展；二靠增加棉花生产的物质和劳动力投入；三靠科技进步，科技兴棉；四靠劳动人民的勤劳。两发展：一是发展精耕细作农业，实现粮棉双丰收，较好地解决了人口大国的粮棉生产问题；二是发展现代植棉业，科学植棉，集约化、规模化和机械化种植，努力实现棉花生产的可持续发展。

1. 依靠政策，鼓励发展棉花生产，稳定市场，保障供给

1978 年，党的十一届三中全会出台提高粮、棉、油、猪、蛋、水产品等农产品的收购价格政策，其中棉花提价 15%，超计划收购另加价 30%，北方低产区另加价 5%。1979～1983 年，国家对棉花实行定基数、超基数加价的政策。1989～1995 年，国家 5 次调高

收购价。2000 年以后棉花价格由市场形成，基本与国际接轨。2008 年针对金融危机出台 12 600 元/t 的临时收储价，2011 年提高到 19 800 元/t，2012～2013 年又提高到 20 400 元/t。2010～2013 年 3 年临时收储 1500 万 t（至 2013 年 12 月），有效解决了"卖棉难"问题，保护了农民利益。2001 年 11 月加入 WTO，根据谈判约定对进口棉实行配额管理政策（表 1.11），设置配额和配额外追加两个关口。配额进口数量 2002 年 81.85 万 t，2004 年 89.4 万 t，关税税率为 1%，这些配额棉国营贸易公司经营比例为 33%，由国家指定 4 家国营贸易公司经营；另 67% 由私营公司经营，这一政策一直在延续。配额外追加约定的约束关税税率税率（2002 年 54.4%，2004 年为 40.0%）也一直在延续。按国民待遇，需征收 13% 的增值税。据统计，从 2002～2010 年的 9 年间，发放配额数量 2200 万 t，其中 1% 配额 793.3 万 t，配额外追加 1286.8 万 t，进口 1812 万 t，进口占配额数量的 80%。

表 1.11　棉花关税及其配额

年份	关税配额/万 t	国营贸易比例/%	私营贸易比例/%	配额内关税/%	配额外追加的进口棉约束关税税率/%
2002	81.850	33	67	1	54.4
2003	85.625	33	67	1	47.2
2004	89.400	33	67	1	40.0

良种棉补贴。为了应对加入 WTO 以后国外低价格棉花对国内棉花生产的冲击，稳定棉花植棉面积、降低棉花生产成本、提高棉农种棉的积极性、促进我国棉花的生产，我国政府从 2007 年起实施棉花良种补贴政策。棉花良种推广补贴的补贴对象为选用棉花良种种植的棉农。2007 年中央财政拿出 5 亿元对典型棉花生产区域进行良种补贴，补贴标准为每公顷 225 元。2009 年至今棉花良种补贴在全国范围内实施。

高产创建和"千斤棉"创建。2009 年和 2010 年农业部在全国 198 个优质棉基地县 200 个万亩片开展棉花高产创建行动，2011 年增加 60～260 片，每片面积 667hm²，每片支持资金 20 万元，2012～2013 年增加到 500 片，每片支持资金 16 万元。同时现代农业产业技术体系积极开展"千斤"竞赛活动，在新疆创籽棉 12 600kg/hm² 高产。

轻简育苗移栽补贴。自 2009 年至今，农业部在湖南、湖北、安徽、江西、江苏、河南、山东、河北和天津等 9 省（直辖市）开展棉花轻简育苗移栽示范工程，每省（直辖市）每年支持资金 100 万元补贴育苗移栽。这是棉花方面首次对单项关键技术给予经费支持的项目，可见轻简技术对棉花生产的重要程度。

出疆原棉、棉纱和棉布补贴。为了平衡市场各主体利益，支持新疆棉花生产的发展，解决产区与销区运输距离长达 3500km 的高额运费问题，国家出台了出疆原棉运输补贴政策，2008 年补贴 400 元/t，2011 年提高到 500 元/t。2011 年国家还出台了出疆棉纱、棉布运输的补贴政策，补贴标准为 500 元/t，并持续到 2015 年。

改革流通体制，建立新型市场运行机制，参与国内外市场竞争。改革开放以前，鉴于国产棉资源紧缺、供小于需矛盾突出，国家对棉花实行严格的计划管理，实行"不放开市场、不放开收购和不放开价格"的"三不"政策。棉花收购从 1949～1995 年由全国供销社下属的中国棉麻公司垄断，实行统一收购，棉花价格全由国家制定。直到 1995

年尝试改革棉花计划管理，出台指导价且允许浮动。从 1999 年起，按照社会主义市场经济体制和加入 WTO 后的要求，全面改革棉花流通体制。主要内容：一是建立起在政府指导下由市场形成棉花价格的机制；二是拓宽棉花经营渠道，减少流通环节；三是培育棉花交易市场，促进棉花有序流通。2001 年国务院决定放开棉花收购，鼓励公平有序竞争，凡符合《棉花收购加工与市场管理暂行办法》规定、经省级人民政府资格认定的国内各类企业，均可从事棉花收购。主要内容：一放、二分、三加强，走产业化经营的路子。一放即放开棉花收购，打破垄断经营，是这次改革的核心，也是鼓励有序竞争、发挥市场调节作用的根本前提。二分，即实行社企分开、储备与经营分开，实质上就是深化棉花收购、加工和流通企业改革，使其真正成为自主经营、自负盈亏、自我发展、自我约束的经济实体，是这次改革的关键。三加强，即加强国家宏观调控、市场管理和质量监督。这是放开市场之后，促进供求基本平衡，维护市场秩序，确保质量的重要保障。

改革棉花质量检验体制，满足市场新需求。棉花品级检验是指商品籽棉和皮棉的检验，它是贯彻国家标准，按一定的操作规程和品级实物标准进行的分级检验，检测结果是确定棉花价格和棉纺厂合理使用原棉的依据。

棉花质量检验体制改革是我国棉花流通体制改革的重要组成部分。2003 年 12 月国家出台《棉花质量检验体制改革方案》，旨在改进原棉加工设备，提高加工工艺水平，降低流通成本，建立棉花质量检验体制。质量检验改革主要内容：一是在加工环节实现公证检验，由纤维检验机构在加工环节依法提供逐包、包包检验。二是采用快速检验仪进行仪器化科学检验，改以感官检验为主 HVI-大容量纤维检验仪器检验，试点采用《仪器化检验标准》，检测长度、细度、成熟度、强度和一致性等指标。同时，支持研制 HVI 仪器，制定新的棉花质量标准。三是采用国际通用棉包包型与包装和重量，改包重 80kg 的小包为大包，包重 227kg。四是实行成包皮棉逐包编码的信息化管理。五是发展棉花专业仓储。六是改革公证检验管理体制。改革取得的主要阶段性成果：一是试点企业改造后全部采用标准加工工艺线、配备检验仪器和设备，如籽棉"三丝"清理机、籽棉烘干机、皮棉异性纤维识别装置、配置符合新体制要求的加工工艺生产线，核心设备是 400t 的大型打包机。二是采用国际通用的棉包包型和包装方式。三是使用条码等技术，对成包皮棉逐包编码，实现信息化管理。

2. 依靠增加投入，改善生产条件

适度开荒，综合治理低产田。在耕地资源禀赋条件下，适度开垦荒地扩大面积、综合治理低产田、提高生产力水平成为增加总产的主要措施。据统计，通过开垦宜农荒地，黄淮平原 20 世纪 80 年代棉田面积扩大 667 万 hm^2，90 年代新疆棉田面积扩大 546 万 hm^2。同时，兴修水利、大搞农田基本建设、南方重点建设棉田排水系统、北方重点新打机井、输水渠道改土建为水泥硬化渠道、改沟排为田间毛管排水降渍，提高棉田灌溉和排水效能，增强抵御自然灾害的能力。

建设商品棉生产基地，推进棉区布局不断优化，适当集中种植，提高棉花生产用种水平。为了提高棉花生产能力，自 1985 年起，国家启动优质商品生产基地建设项目。

到 2002 年，国家、地方和企业投入额 11.56 亿，建设优质棉生产基地县 262 个。自 1988 年起，国家决定将新疆列为国家特大优质棉基地建设，预算投资总额达到数亿元。实践证明，基地建设是我国棉花生产实现可持续发展的重大举措。

调整棉花生产布局，科学利用自然资源。20 世纪 80 年代以来，全国棉花生产布局进行了两次结构性调整，进入 21 世纪全国棉区呈现"三足鼎立"结构，种植区域不断优化，产区之间的比例相对合理。经过 80 年代的第一次棉花产能提高到 400 万 t 级，经过 90 年代到 21 世纪的第二次调整，全国产能提高到 600 万 t 级，并达到 760 万 t 最高产能水平，可见布局调整显著提高棉花的生产能力，棉区战略转移取得了巨大成功。

3. 依靠科学植棉，提高生产管理水平

科技进步为提高棉花产量、高产再高产，全方位提高品质提供重大技术支撑，通过示范、推广应用转化成现实生产力，提高棉花生产能力。

改革棉区耕作制度，扩大复种指数，提高土地资源利用率。总体上，全国棉区耕作制度先后进行了两次大的改革，第一次在 20 世纪 60～70 年代，第二次在 80 年代中后期。据估计，到 2000 年，全国棉田两熟和多熟种植面积占总面积的 2/3，复种指数达到 156%，按全国面积 533 万 hm^2 计算，等于扩大棉田面积 299 万 hm^2。依靠耕作制度改革和实行集约化种植来提高耕地周年全田产出，协调粮饲棉同步增产。这是根据人多地少的国情，形成发展棉花生产的成功经验，也是稳定和扩大棉田面积的基本生产要素条件。

选育多类型新品种，满足高产优质抗性需求。新品种数量增多和品种更换周期缩短是棉花科技进步的重要体现。20 世纪 80 年代国育品种基本替代了引进品种，每 5～6 年更换一次。90 年新品种选育速度加快，每年通过国家和地方审定的品种数量 30 多个，1995 年又引进美国品种。到 90 年代末全国进行了 6 次品和更换。据杜雄明和毛树春的不完全统计，"十一五"期间（2006～2010 年）首次通过国审和省审品种 597 个，同比"十五"时期（2001～2005 年）增加 1.34 倍，更新周期从每 5～6 年缩短至每 2～3 年一次。据中国棉花生产监测预警数据，国育 Bt 棉完全替代美国品种，国育 Bt 棉累计种植面积达到 $11.33×10^6\ hm^2$，约占同期棉田面积的 45.0%，种植 Bt 棉节省农药用量的 60%，节省成本 900 元/hm^2，且保护了环境，减少人工管理。杂交种种植面积快速扩大。"十一五"期间，杂交种制种累积面积 3.5 万 hm^2，杂交种 F_1 代累积种植面积 720 万 hm^2，占同期播种面积的 26.3%，其中 2006 年为最大，面积达到 193.07 万 hm^2，占播种面积的 33.2%。目前长江基本普及杂交种，黄河种植面积不断增加，新疆生产建设兵团也在积极尝试。短季棉新品种的成功选育为耕种制度改革和棉区西移提供重大技术支撑。高比强、海岛棉和彩色棉等优质专用棉品种选育丰富了纤维品质，增加纺织品的附加值。一般认为，新品种替代旧品种，单产提高 10%～15%，杂交种比常规种增产 8%～10%，且新品种的抗病性和品质也有明显改进和提高。

近几年棉花生物技术领域发展加快。中国农业科学院棉花研究所联合美国农业部南方平原农业研究中心完成了雷蒙德氏棉（D 基因组）全基因组测序（Wang et al.，2012）。亚洲棉（A 基因组）和陆地棉（AD 基因组）全基因组测序目前进展顺利。转基因技术

创新方面，我国棉花转基因技术研发处于领先地位，已利用的转基因材料主要通过农杆菌介导法、基因枪轰击法、花粉管通道法获得，建立和改良新的转基因技术体系，培育出具有育种价值的转基因材料。品种分子设计育种取得新进展。

改进栽培技术措施，提高种植管理水平。育苗移栽、地膜覆盖和化学调控是我国棉花栽培中促进早发早熟的关键技术，在不同生态类型区应用，平均增产幅度达到14%～30%，稳产性显著增强，生产品质显著改善，优质棉比例至少比20世纪70年代提高10个百分点。其特点是应用范围广、面积大、持续时间长，最具中国植棉特色，处于国际领先水平。到20世纪90年代，我国主产棉区形成"不栽就盖，不盖就栽""既栽又盖"和全程化学调控的新模式。全国以黄河为界，黄河以南以育苗移栽为主，黄河以北和西北内陆棉区实行地膜覆盖。近几年，长江和黄河两熟棉田从棉花育苗移栽发展到移栽加地膜覆盖，即"双膜棉栽培"。进入21世纪，新疆形成宽膜覆盖、膜下滴灌和高密度种植的新模式。

近10多年轻简化技术发展加快。精量播种、轻简育苗移栽、简化施肥、机械化精量播种、机械化移栽和机械化采收进入生产应用。其中，2013年新疆机械化采收面积达到40多万公顷，内陆示范如火如荼，进展加快。

种植模式化与管理规范化。模式化栽培是20世纪80年代之后形成的一种栽培新技术。由于模式化技术具有可操作性强的特点，在棉花生产中综合应用可再增产10%，节省成本10%～20%，增加效益20%上下。模式化栽培的主要内容：一是棉田布局区域化，棉花生产规模化，种植业轮作制度化；二是建设高标准农田，实现棉田设施水利化；三是种植制度模式化和规范化；四是棉花优良品种和精加工优质种子商品化；五是棉花生产动态管理程序化、规范化和科学化，种（优良品种和精加工种子）、育（育苗移栽）、膜（地膜覆盖）、肥（科学施肥）、水（节水灌溉）、防（病虫害防治）、调（化学调控）、管（精细管理）和减（防、减灾技术）等。

4. 依靠勤劳人民，建设中国棉花文化

我国有着丰富的棉花文化和人文经验，这是棉花生产长期发展的基础和前提条件。棉花文化包含栽培文化、科技文化、纺织文化、产业文化和纺织品服装消费文化。棉花文化是农耕文化的组成部分，精耕细作则是农耕文化的精华。

（二）麻类

1. 科技进步是麻类产业发展的最大推动力

通过我国麻类科研工作几十年来的工作的积淀，形成了较好的麻类科研基础，在麻类作物应用基础研究领域取得了一批重大突破性成果，部分研究成果居世界领先水平。建成了世界上最大麻类种质资源基因库，收集保存各类特色资源1万余份；苎麻无融合种质、红麻雄性不育种质、亚麻抗逆性强种质等一批优良育种材料的成功创制为麻类育种和研究奠定了良好的基础。

培养了一批生产急需麻类优良品种。形成的系列麻类优质高产栽培技术在我国麻类

产区广泛应用，使科学种麻水平得到提高。率先在国际上成功研制出系列麻类生物脱胶技术等成果和专利；形成的环保型麻地膜、育秧基布等科技成果居国际领先水平，可解决塑料地膜造成的严重"白色污染"问题。研制的苎麻、黄麻、红麻、大麻等收剥加工机械，为麻类作物的及时收剥提供了适用的作业机械。面向生产研发的主要麻类病虫害防控技术，着重解决了麻区重大病、虫、草害科技问题。在麻类作物多用途利用方面，率先培育了'中饲苎1号'等南方草类新品种，可有效地缓解了南方家畜草蛋白饲料供需矛盾；形成了以麻秆、麻骨等废弃物作培养基栽培杏鲍菇等食用菌的生产技术和麻类纤维质生产燃料乙醇的新技术与新工艺，达到国内同类研究领先水平。

2. 结构调整和产业升级稳定了整个麻类纺织行业发展

1980年以来，我国麻纺织行业的产品结构、市场结构、产业区域布局和企业结构都得到了进一步的优化。产品结构方面，麻纺织产业链向下游产品延伸，产品种类更为丰富；市场结构方面，由于科技水平的提升与更加注重产品的设计，麻纺织品附加值得到大幅度提高，麻纺织制成品和服装的比例继续增大，同时麻纺织品在国内市场得到更多的认可；产业布局方面，麻纺织工业由资源产区向纺织集聚的地区发展并形成相当规模，区域布局更加合理科学；企业结构方面，麻纺织企业越来越受到资本市场的青睐，资本结构进一步调整，国有企业改革加快，资本多元化格局已经形成。

3. 多用途开发推动了麻类产业的延伸

随着新产品开发技术的不断发展，麻类除了被用于传统的纺织与编织外，已经开发出多种新用途。从技术成熟度与市场前景来看，麻纤维复合材料、非织造布在汽车上的使用，可降解麻地膜是麻类作物新用途的重点，麻类纤维乙醇成为新的研究热点；麻叶和麻骨等副产物通过青贮等途径可作家畜饲料，成为南方发展畜牧业的支撑。

4. 产学研紧密结合增强产业的抗风险能力

逐步改变麻类产业分割局面，建立农工科贸一体化研究体系。由政府支持基础性研究，企业进行中试和开发性研究。国家对从事科研的人员进行定期培训和知识更新，并加强行业之间的学术交流。同时通过国家麻类产业技术建设，充分利用国家麻类产业技术体系平台，做好全国科研协作，形成了全国范围的麻类科研和推广网络，在国家首席科学家的领导下，可集我国麻类科研人力、物质资源为产业发展服务。

（三）丝绸

一是通过"东桑西移"实现蚕桑产业的可持续发展；二是通过跨区域空间整合支撑茧丝绸产业链东西部互动发展；三是通过蚕丝资源多元化发展不断拓展国内消费市场需求；四是通过科技创新努力提升蚕丝产业竞争力；五是通过蚕丝文化建设不断提升丝绸品牌影响力。

四、我国纤维作物产业存在的主要问题

（一）棉花

1. 外部因素影响对棉花生产影响较大

（1）市场因素成为生产波动的主要因素

在 1978 年改革开放之前的计划经济时期，为了发展棉花生产，国家出台了一系列以粮保棉的政策。20 世纪 70 年代及 70 年代以前的政策有：预购、统购统销、合同定购、奖售、口粮和奖励等，80 年代实行收购定基数和超基数加价等政策。90 年代后期棉花政策出现明显的过渡期特点。这些政策在建国初期对于控制面积、产量、收购和流通各个环节起到了一定作用，政策目标旨在调动农民的植棉积极性，妥善解决农民口粮和收益问题。但随着社会主义市场经济的发展，对棉花生产和流通实行指令性计划生产和垄断性经营体制已越来越不符合市场经济发展的规律。自 2001 年起，棉花生产从计划走向市场，市场需求和价格成为影响棉花播种面积和总产量波动的主要因素。

（2）容易受到经济波动的影响

供需决定价格，而价格进一步影响面积。1997 年遭遇亚洲金融危机，由于国际纺织市场需求量萎缩，棉花消费疲软，1997～1999 年棉花价格一直处于低位。2008 年秋，全球金融危机爆发，棉价一落千丈，"卖棉难"问题凸现，由于"棉贱伤农"，2009 年植棉面积大幅缩减 14.0%。然而，随着金融危机的结束，国际纺织品服装市场的复苏，对棉花的需求量迅速增加，而由于 2008 年棉花生产减少，棉花市场出现了较大的供需缺口， 2009 年棉价一路高涨，籽棉售价涨幅高达 35%，创历史新高。

（3）自然灾害是影响棉花生产的重要因素

除了市场和价格以外，另一个影响棉花生产的因素是生物灾害和异常气候灾害。1992～1993 年黄河流域棉铃虫大暴发危害致使面积和总产大幅减少 17%。生物灾害一方面会直接导致产量损失，另一方面会使得棉农产生恐慌，缩减棉花面积，进一步降低产量。因此，有效防治病虫等生物灾害，是稳定发展棉花生产的关键路径之一。1984 年全国棉花大丰收，使当年出现棉花供大于求的局面，价格下跌，进而导致 1985 年面积同比大幅缩减 25.7%。2004 年全国棉花再次大丰收，又使得 2005 年的棉花面积同比大幅缩减 11.0%。2003 年，长江、黄河和西北三大产区同时遭遇异常气候的不利影响致使棉花大幅减产三成，导致棉花价格大幅上涨三成多，从而使得 2004 年的棉花播种面积同比增长了 11.4%。

2. 棉田机械化、组织化和规模化程度低

当前，我国棉花生产管理存在的突出问题是棉花管理烦琐，用工多，机械化程度低，加上种植制度复杂，户均植棉规模小，农机与农艺不配套，急需轻简化、机械化、组织

化和社会服务予以破解。

（1）棉田种植制度复杂，不利于轻简化和机械化

种植制度是一个地区、一个民族和一个国家的农业基础生产力。它也是生产方式和栽培管理技术的决定因素。21世纪全国棉田两熟和多熟种植面积占总棉田面积的2/3，复种指数达到156%；长江流域高效棉田的复种指数达到了250%～300%。黄河流域耕作制度改革实现了粮棉的"双增双扩"（粮食和棉花面积的双扩大和产量的双增加）。其中，套种是实现"双增双扩"的重要手段。但是，套种费工费时，大面积套种也成为棉花机械化和轻简化种植的重要障碍。

（2）棉花生产的组织化和规模化程度低

内地棉花种植多以家庭小生产为主体，户均植棉面积小，棉花种植零散，难以发挥先进植棉技术的增产效果。相比粮食生产，植棉业的服务社会化严重滞后，服务方式少，特别是长江流域棉区耕种管收的社会化服务刚刚起步。没有专业的组织生产，就难以形成规模。这方面西北内陆棉区的新疆走在了全国前列，其中新疆生产建设兵团种棉面积每年达50多万公顷，以生产建设兵团为一个大单位，单位内包含若干户棉农，除棉农之外，生产建设兵团内还有专业的农机工、棉花加工企业、棉花收购企业。也就是说，在生产建设兵团的大单位内，实现了棉田统一播种、统一施肥管理、统一收获、统一加工销售的产业化经营模式。内陆推进棉花生产规模化不可能像一些国家那样实行大农场经营，主要形式应是通过棉花合作社把棉农组织起来，像新疆生产建设兵团的管理模式一样，实行统一供种、统一耕作技术、同步管理，这样，才能根本改变棉花生产方式的落后状态。

（3）机械化程度低

全国棉花机械化生产水平低。据毛树春和周亚立按国家农业行业标准测算，2010年全国棉花耕种收综合机械化水平为38.3%，远远低于全国农业机械化水平（52.3%）。三大产棉区机械化率差异很大，其中，西北内陆73.6%；黄河流域25%；长江流域只有10%。在棉花机械播种方面，黄河流域棉区只有河北、陕西、山西、山东等省实现了大面积棉花机播，机播水平34%～97%；长江流域棉区是三大棉区中机械化水平最低的，机播水平不到1%。以新疆为主的西北内陆棉区的棉花生产机械化水平全国领先，不过地方和兵团的差距也很大。新疆生产建设兵团机械化水平最高，2009年棉花生产机械化程度为77%，但棉花机收水平也只有23%。农村人口减少，加上农村劳动力转移，对于费时费力且效益低的棉花，急需提高机械化水平。

3. 病虫草害严重

棉花病虫草种类多，发生危害普遍，对产量、品质和效益的损失大，预防和治理的成本较高，其中棉铃虫与黄萎病呈暴发流行趋势，苗病通过种子精加工和包衣技术，特别是采用育苗移栽和地膜覆盖促进早熟技术得到有效控制，棉铃虫通过转基因技术得到解决。迄今黄萎病的研究和治理进展一般，仅采用轮作种植等农艺措施的治理难度大。依靠化学方法防除杂草的效果较好，但除草剂产生的毒害较为普遍，对土壤和后茬的负面影响较大。

（二）麻类

1. 种质资源匮乏，新品种选育难度加大

虽然麻类保存有近万份种质资源，但优质和抗逆性强且产量高的资源缺乏。例如，苎麻需要纤维支数有2800~3000支的品种才能纺高档纱，但缺乏此类资源。

2. 收获技术滞后，劳动投入成本居高不下

目前麻类收获仍然是手工或半机械进行，劳动投入多且劳动强度大。例如，种植苎麻的收入中有2/3左右是开支到收获过程中。

3. 脱胶污染严重，生物脱胶技术亟须改进

麻类脱胶是麻成为纺织原料必须经过的工序；脱胶过程中的污染对环境影响很大，如苎麻传统技术脱胶和黄红麻的沤制。研究成功的生物脱胶在工艺上仍需改进，没有得到推广。

4. 纤维改善技术差，产品市场准入难

麻仍然会使人存在刺痒感，纤维性技术可克服此类问题。但研究不够，没有形成规范化技术。目前麻类产品仍然以混纺的形式形成商业化，市场接收度不高。

（三）丝绸

蚕丝业的主要问题体现在蚕桑生产风险加大，丝绸产业基础不稳固；茧丝价格波动频繁，市场供求不稳定；丝绸企业普遍规模较小，缺乏规模经济；丝绸出口仍以原料性产品为主，国际分工地位低；丝绸产品附加值低，缺乏有竞争力的世界品牌；蚕桑丝绸资源开发与综合利用规模小，产业化程度低。

1. 蚕桑生产风险加大，丝绸产业基础不稳固

种桑养蚕跨种植和养殖两个产业，是农业中风险较高的产业。蚕业的生产特征、产品特征、技术特征和市场特征决定了蚕桑生产不仅面临着来自蚕病、桑树病虫害、自然条件等因素所带来的自然风险和蚕茧价格波动所带来的市场风险，而且面临劳动力和土地资源约束、农药中毒和工业废气污染致减产减收的严峻挑战。蚕桑主产区尤其是广西等新兴蚕桑主产区，由于蚕桑技术推广体系不健全，防治技术和防控手段不到位，蚕种带毒合格率逐年上升，桑蚕微粒子病的潜在威胁较严重。浙江、浙江、山东等传统的蚕桑生产区则由于工业化、城市化进程加快，工业废气和农药面源污染加重，蚕桑生产环境持续恶化，各地蚕桑中毒事件时有发生，不断打击蚕农继续从事蚕桑生产的积极性。

通过对全国14个蚕桑生产省（自治区、直辖市）91个县（市、区）1782个种桑养蚕农户的问卷调查显示，82.7%的蚕农发生过没有收成、产量减半或收入减半等惨重损失，发生惨重损失的原因依次为发蚕病、茧价下跌、农药中毒、自然灾害、周边污

水废气排放和桑树病虫害。农户普遍认为，种桑养蚕的收益较其他农业高，但种桑养蚕的风险仅比养殖业小，而比水稻、玉米、棉花、蔬菜、水果、茶叶、甘蔗等其他种植业都要大。

"东桑西移"的推进在很大程度上保持了我国蚕桑生产规模的持续扩大和蚕茧产量的持续增加，从而为丝绸工业发展奠定了原料基础。以广西为代表的西部蚕区因地制宜，积极自主创新，其自主发明的众多省力化机械用具的广泛推广应用，显著降低了劳动强度和生产成本，大大提高了劳动效率和生产效益。但是，这些发明创造并没有改变蚕桑生产依赖劳动密集和土地密集的产业特征，也没有改变蚕农生产经营规模小、生产方式落后、生产效率低下的传统模式。2011 年我国 107 个基地县户均桑园面积仅为 $0.2hm^2$，户均蚕种饲养量仅为 5.7 张，户均蚕茧产量仅为 215.0kg，户均蚕茧收入 7520.5 元。

由于从事蚕桑生产的劳动强度大、技术环节多、劳动效率低，一些经济较发达地区的青壮年不太愿意接受这样的生产方式，从而导致种桑养蚕后继乏人；即使是广西这样的新兴主蚕区也逐渐面临劳动力短缺问题。根据我们 2011 年 7～9 月对全国 14 个蚕桑生产省（自治区、直辖市）106 个示范县 1780 个种桑养蚕农户的问卷调查，全国养蚕农民的年龄主要集中在 41～60 岁，占蚕农总数的 74.7%，养蚕农民的老龄化倾向非常严重。

随着"东桑西移"的推进，"东丝西移"后广西成为全国最大的生丝生产省，但是，从目前看，广西的茧丝绸业以缫丝生产为主，还没有上规模的后续加工企业，广西基本上还是一个以蚕茧和生丝生产为主的丝绸工业原料生产基地，而且受地理、气候等因素的制约，广西的茧丝质量比不上江浙等东部传统蚕区的优质茧丝。

2. 茧丝价格波动频繁，市场供求不稳定

蚕丝产业是一个一体化程度很高的产业，包括种桑养蚕、鲜茧收烘、干茧流通、缫丝织绸、印染加工和外贸出口等环节，是一个长而完整的产业链；而且我国的茧丝绸产品多以出口为主，外贸依存度很高。因此，产业链上不同加工度的蚕茧、生丝、坯绸、丝绸制成品的价格变化具有前向或后向联动效应。终端丝绸消费品的供求变化不仅导致丝绸消费品的价格变化，而且会向前环环传递，引起生丝、蚕茧价格的波动；反过来，蚕茧市场的供求变化也不只是引起蚕茧价格的变动，还会向后环环传递，导致生丝、坯绸及丝绸制成品价格的波动。尤其是原料茧与初级加工产品生丝之间具有较强的价格联动效应。

自 20 世纪 90 年代中期我国蚕茧价格逐步放松管制以来，茧价与丝价及制成品价格间的波动周而复始、循环往复，成为影响茧丝绸产业发展的一个人人皆知却人人无奈的痼疾。近几年，受宏观经济波动、农产品价格波动、民间资本投机炒作的影响，茧丝价格的相互影响越加紧密，联系波动幅度呈加剧之势。90 年代中期以前，茧价低、丝价高，两者变动不一致，这是因为 1995 年以前我国生丝价格已经放开，由市场供求决定；但对蚕茧实行严格的价格管制，由国家定价。90 年代中期以来，随着蚕茧价格管制的逐渐放松，我国茧价与丝价的波动趋势完全一致，都呈波浪式上升趋势，而且波动幅度越来越大。

茧丝价格紧密联动，而且波动幅度加大，不仅加剧了农民种桑养蚕的市场风险和蚕桑生产的不稳定，导致丝绸产业基础不稳固；而且通过一体化的传导机制，导致丝、绸

及其制成品出口价格的剧烈波动，使丝绸企业尤其是众多中小型丝绸企业经常性地遭受亏损。面对日益剧烈的市场风险，丝绸企业对于生产、销售和出口安排无所适从，一些企业选择退出行业，另一些企业转向资本运作甚至投机炒作，只有少数规模较大的企业选择一体化经营来规避风险，大多数的丝绸企业则在行情的波动中随波逐流，陷入"价格上涨—盈利—价格下跌—亏损"的循环之中，进退两难。

3. 丝绸工业结构不尽合理，丝绸企业普遍规模较小

我国丝绸工业企业数目众多，但丝绸工业结构不尽合理，丝绸企业普遍规模较小，缺乏规模经济，效益较差。

据国家统计局对 950 家丝绢纺织及精加工规模以上工业企业统计，2012 年实现工业总产值 1149.4 亿元，同比增长 16.16%，较全国纺织工业高出 3.9 个百分点；资产合计 644.31 亿元，增长 13.0%；实现主营收入 1111.2 亿元，增长 14.6%；完成利润总额 59.4 亿元，增长 29.9%；完成出口交货值 118.9 亿元，增长 5.2%；行业整体从业人数 20.3 万人，增长 0.9%（表 1.12）。

从表 1.12 和图 1.15 看，950 家丝绢纺织及精加工企业中，缫丝加工企业 495 家，占比 52.11%；绢纺和丝织加工企业 393 家，占比 41.37%；丝印染精加工企业 62 家，占比 6.53%。950 家丝绢纺织及精加工企业的从业人员中，缫丝加工从业人员 12.8 万人，占比 62.9%；绢纺和丝织加工从业人员 6.5 万人，占比 32.0%；丝印染精加工从业人员 1.0 万人，占比 5.1%。从缫丝到绢纺和丝织，再到丝印染精加工，企业数目依次减少，相应地从业人员数也依次减少。而工业总产值、资产合计、主营收入、利润和出口交货值的结构相似。

表 1.12　2012 年我国丝绸工业基本情况

行业	企业户数/个	亏损户数/个	亏损面/%	全部从业人员数/万人	工业总产值/亿元	资产合计/亿元	主营收入/亿元	利润/万元	出口交货值/亿元
丝绢纺织业及精加工	950	122	12.8	20.3	1 149.4	644.31	1 111.2	59.4	118.9
缫丝加工	495	58	11.7	12.8	669.5	338.1	644.0	37.4	43.9
绢纺和丝织加工	393	50	12.7	6.5	426.5	265.2	416.1	20.4	69.8
丝印染精加工	62	14	22.6	1.0	53.3	41.0	51.2	1.6	5.2
全国纺织工业	37 406	4 685	12.5	1 000.7	57 810.0	36 385.9	56 852.3	3 015.1	8 898.1

资料来源：由中国丝绸协会根据国家统计局数据汇总整理

虽然我国丝绸企业数目众多，但在 520 家国家重点工业企业中丝绸企业只有 2 家，在 2000 多家上市公司中，有纺织企业 41 家，其中丝绸企业仅 3 家。全国排名前 130 家丝绸企业 2010 年的总销售收入 282.1 亿元，平均每家销售收入 2.2 亿元；2011 年总销售收入 283.6 亿元，平均每家销售收入 2.2 亿元，与 2010 年基本一致。全国最大 8 家丝绸企业的 2010 年总销售收入 142.2 亿元，平均每家企业的销售收入为 17.8 亿元；2011 年总销售收入 163.4 亿元，平均每家企业的销售收入为 20.4 亿元，企业规模比 2010 年有所扩大。其中最大的丝绸企业万事利集团有限公司 2010 年销售收入 30.5 亿元，2011 年

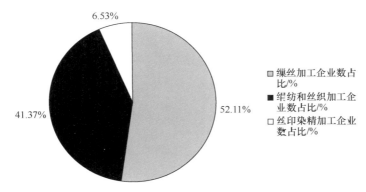

图 1.15　2012 年我国茧丝绸加工产业结构

实现销售收入 35.8 亿元，比上年增长 17.2%。但是，在表 1.12 中，与整个纺织企业的平均规模比，950 家丝绢纺织及精加工企业的平均从业人员 214 人，平均资产规模 6782.2 万元，平均工业总产值 1.2 亿元，平均利润总额 625.3 万元，平均主营业务收入 1.2 亿元；各项指标都低于全国规模以上纺织工业的平均值，丝绸企业平均规模较小，茧丝绸产业的市场集中度低，缺乏规模经济效应。

4. 丝绸出口以原料性商品为主，国际分工地位低

我国蚕丝业是个外向度很高的产业，茧丝绸产品在国际市场上占有绝对的数量优势，但是，由于我国丝绸企业规模小，出口产品结构趋同，并且多以丝、绸等原料性产品为主，丝绸制成品出口比例却处于下降趋势，仍然处于蚕丝原料输出国地位；特别是进入 21 世纪以来，丝绸商品出口复杂度绝对额排名靠后，说明我国丝绸业在国际分工中的优势不显著，我国仅仅是丝绸出口大国，而不是丝绸技术强国。

从图 1.16A 看，改革开放以来，我国真丝绸出口商品结构变化恰似一把张开的剪刀，以 1993 年为界，大致可以分为 3 个阶段。

第一阶段，1978～1993 年，我国真丝绸出口贸易额口，茧丝类和绸类占比都不断下降，两项合计占比由 1978 年 91.1%不断下降至 1993 年的 28.5%，而丝绸制成品所占比例不断上升，由 1978 年的 9.0%不断上升至 1993 年 71.5%。其中 1991 年丝绸制成品出口比例达到 53.9%，首次超过茧丝类和绸类占比。

第二阶段，1994～2009 年，我国真丝绸出口贸易额中，茧丝类和绸类合计占比基本维持在 30%～40%，即使占比较高的 2000 年达到 49.1%，但始终没有超过丝绸制成品占比，即始终没有超过出口额的一半。制成品类出口额占比维持在 50%以上，但是，自 1993 年达到最高比例 71.5%以后，总体呈波浪式下降趋势，尤其是 2005 年以来，呈现连续下降态势。但绸类占比自 2001 年以来，呈现持续上升的趋势。

第三阶段，2010～2012 年，我国真丝绸出口贸易额中，制成品类出口额占比继续下降。2010 年茧丝类和绸类合计占比上升至 50.8%，超过丝绸制成品占比；2011 年略有下降，为 49.7%；2012 年达到 50.3%，再次超过丝绸制成品占比。

2010～2012 年我国真丝绸商品出口呈现生丝、绸缎等原料性商品出口价增量减，而真丝绸服装出口量升价跌现象。以 2011 年为例，我国真丝绸商品出口中，丝类出口量

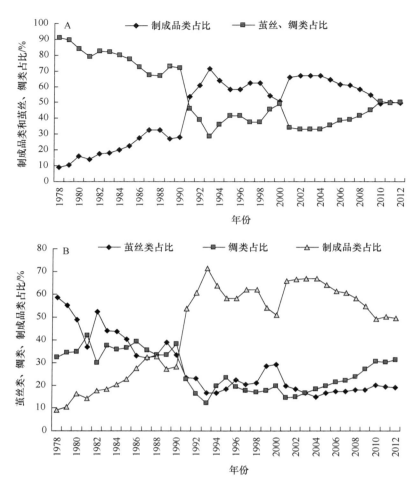

图 1.16　我国真丝绸出口商品结构的变化（1978～2012 年）

数据来源：1990～1999 年数据根据《新中国丝绸史记》与《中国丝绸年鉴》中剔除化纤绸后调整得到，1990～1991 年的丝类出口额中包括了蚕茧出口额；2000～2008 年数据来自《中国丝绸年鉴》（2000～2010 年），2010～2012 年数据来自中国海关统计

为 1.7 万 t，同比下降 14.1%，单价达到 41.2 美元/kg，上涨 23.3%，出口额达到 6.9 亿美元，同比上升 5.9%；真丝绸缎出口数量为 2.2 亿 m，同比下降 20.6%，平均单价 4.9 美元/m，同比增长 33.9%，出口额为 10.7 亿美元，同比增长 6.4%；丝绸制成品出口 4.4 亿件（套），同比增长 102.0%，平均单价 4.1 美元/件（套），同比下降 45.1%，出口额为 17.8 亿美元，同比增长 11.0%。2012 年，三大类出口商品均呈下降态势。其中，蚕丝类出口 6.5 亿美元，同比下降 5.7%；真丝绸缎出口 10.7 亿美元，同比下降 0.3%；丝绸制成品出口 16.9 亿美元，同比下降 5.0%。

　　根据图 1.16 及 2010～2012 年呈现的原料性商品出口价增量减而真丝绸服装出口量升价跌的现象，可以做出基本判断：自 20 世纪 90 年代以来我国丝绸商品出口越来越依赖于原料性产品，并且在原料性产品中，越来越依赖于绸类；在世界茧丝绸产业的国际纵向分工中，中国日渐沦为茧丝绸初级加工产品的生产地，处于产业链的中低端。

如果按照行业标准，将服装、领带、头巾等丝绸制成品或坯绸、印染绸等半制成品折算成生丝，再将生丝折算成干茧，而我国丝绸出口商品之间存在严重价格倒挂现象，即出口制成品获利小于直接出口原料性产品的获利，且近几年这一现象有加重的趋势。

原料性产品与丝绸制成品之间的倒挂现象使大多数丝绸企业没有动力进行新技术、新产品研发，没有积极性致力于丝绸产品的精深加工，而是想方设法通过维持区域分割和价格管制等手段来获得鲜茧原料，经过简单加工，以干茧或生丝等产品出售或出口。这是长期以来中国丝绸出口以原料性产品为主，而且非但没有改变反而呈加剧之势的一个直接原因。

5. 丝绸产品附加值低，缺乏有竞争力的世界品牌

长期以来，我国不仅大量出口原料性产品，而且在丝绸最终产品生产上以来以加工、订单贸易为主，再加上企业数目多，规模小，产品同质，长期陷于低价竞销的囚徒困境，不仅在商品出口价格上丧失定价权，而且大多数企业无力进行新技术、新产品研发和品牌建设，造成中国丝绸闻名世界，中国丝绸企业却是"有产品无品牌、有品牌无知名度"的尴尬现状，原本高贵华丽的中国丝绸品却在国际市场难以摆脱低端产品形象。

从表1.13看，自1990年以来，我国干茧、桑蚕丝、柞蚕丝、坯绸、印染绸、服装、头巾、领带和服装等主要出口丝绸产品的出口价格明显偏低，如果考虑劳动力等生产成本上升、国内通货膨胀和人民币对美元汇率升值等因素，那么单位产品的实际出口价格更低。一件丝绸服装的价格约为13美元，按照美元与人民币1：6.3的汇率计算，仅相当于人民币81.9元。一条领带或头巾的价格为3美元左右，相当于人民币19元左右。

丝绸原是富丽华贵的象征，丝绸产品所具有的独特的光泽及无与伦比的轻盈、柔顺、舒适、绿色等特点，使得丝绸产品自古以来都属于高档品。在国际名牌市场上，一条意大利真丝领带价值300美元，一件法国真丝晚礼服高达1万美元。但是产品附加值的提升，不仅需要优质的茧丝原料为基础，还需要精深的后整染加工技术和工艺，更需要优秀的设计师和具有国际影响力的知名品牌引领潮流。而我国丝绸企业主要以中小企业为主，整体规模不大，综合实力不强，加之经营观念落后，现有产品多以贴牌加工为主，对自主品牌建设和培育投入不足，尚未形成在国际上有影响力的自主品牌。

6. 蚕桑资源开发与综合利用规模小，产业化程度低

随着科学技术和现代农业领域的拓展，蚕桑资源开发与综合利用在桑果饮料、蚕沙叶绿素、丝棉丝绒被服、桑枝食用菌、桑枝地板、蚕蛹蚕蛾功能食品、沙地桑和饲料桑业等领域均取得了突破性进展，正在实现产业化开发，年产值达数百亿元。但是，总体而言，"蚕—茧—丝—绸—最终消费品"的传统蚕丝业发展模式没有实质性改变。与传统蚕丝业相比，蚕桑丝绸资源开发与综合利用还是一个新兴学科，除了研究力量薄弱、科技创新有待加强外，蚕桑丝绸多元化生产与经营具体到桑枝食用菌、桑果饮料、桑葚酒、桑枝地板、蚕沙叶绿素、生物医药、保健化妆等各个领域，还存在着市场需求狭窄、区域特征显著、生产规模小、产业化程度低、经营体制与机制不完善等一系列问题。

表1.13　1990～2010年我国主要丝绸商品出口单价

年份	干茧/（美元/kg）	桑蚕丝/（美元/kg）	柞蚕丝/（美元/kg）	坯绸/（美元/m）	印染绸/（美元/m）	头巾/（美元/条）	领带/（美元/条）	服装/（美元/件、套）
1990	—	47.7	28.9	—	—	—	—	9.7
1991	—	42.5	23.8	—	—	—	—	9.8
1992	10.3	33.0	17.1	3.2	4.3	1.6	1.1	8.0
1993	8.2	23.9	12.5	2.4	3.4	1.3	0.9	6.1
1994	10.9	23.4	16.2	3.5	3.5	1.3	1.2	5.7
1995	10.3	23.8	26.5	3.3	4.6	1.5	1.6	6.4
1996	9.4	22.0	22.6	2.9	3.7	1.4	1.5	6.5
1997	10.2	25.0	21.6	3.0	3.9	1.4	3.3	8.3
1998	9.3	23.5	18.8	3.0	3.7	1.4	2.2	8.6
1999	8.0	20.3	13.7	2.6	3.3	1.5	0.8	5.3
2000	8.8	21.9	21.1	2.6	3.4	2.2	1.8	8.2
2001	8.0	21.6	21.2	2.6	3.9	2.3	1.9	8.3
2002	6.5	16.6	16.6	2.0	3.7	2.4	1.9	8.5
2003	6.3	15.1	15.5	1.9	3.3	2.3	1.9	8.4
2004	8.6	19.0	17.4	2.0	3.7	2.6	2.0	8.8
2005	7.6	22.2	23.5	2.2	3.8	2.4	2.1	9.3
2006	10.1	29.9	25.7	2.8	4.7	2.8	2.3	10.3
2007	9.1	24.5	24.5	2.8	4.8	2.7	2.4	10.6
2008	8.9	24.8	25.5	2.8	4.8	3.2	2.6	12.4
2009	8.5	26.5	25.5	2.5	4.4	3.4	2.5	13.2
2010	13.2	39.3	44.7	3.3	4.9	3.3	2.6	14.2

注：1990～2009年数据来源《中国丝绸年鉴》（2000～2010年），2012年数据来源于中国海关统计

桑树是一种多年生乔木，拥有发达的根系系统，具有良好的水土保持功能，抗逆性强，抗盐碱，抗干旱，环境适应能力强，具有涵养水源、减少水土流失，防风固沙、护田保土、净化空气、改善环境等生态治理功能，因而被认为是一种较理想的生态治理树种，不仅被用于绿化，而且在石漠化治理和沙漠化防治中发挥了积极作用。桑树全身是宝，桑叶可作蚕饲料，也可以饲养其他畜禽，桑葚可鲜食，也可生产桑果饮料和桑葚酒，桑籽可药用，桑枝可以制作地板，桑皮可以造纸。早在几年前，蚕桑界已经提出将发展生态桑及桑产业作为蚕丝业转型的一个方向。但是，至今桑树作为生态治理树种并没有上升到国家战略需求；围绕桑树的多元开发与利用，因经济、生态、社会综合效益显著的实践，仍然主要停留于科学研究和小范围试验，尚没有形成规模宏观的多元产业体系。

五、我国纤维作物产业可持续发展制约因素分析

（一）棉花

1. 劳动力资源制约

棉花生产"四费"问题突出，即生产管理费工、费时、费劳和费钱，棉花是资金密集型、劳动密集型和物质密集型的大田经济作物，棉花生产效率偏低，美国每生产50kg

皮棉用工量仅 0.5 个工日，而我国却高达 20 个工日，新疆兵团用工量在 5 个工日上下。而稻麦玉米仅需 2～3 个工日，这是因为棉花具有无限生长的生物学特性，管理工序多、用工多业已成为制约棉花可持续发展的重要障碍。

2．土地资源制约

总体看，新中国成立以来全国粮棉争地矛盾逐步得到解决。面对人多地少的国情，棉花与粮食生产经历了激烈的争地到缓和、协调和双丰收的发展历程。20 世纪 60 年代遭遇 3 年自然灾害，导致粮食严重短缺，粮棉争地矛盾尖锐。20 世纪 70 年代还存在粮棉生产争劳力和争肥料等问题。自 80 年代改革开放和实行联产承包责任制之后，随着生产积极性的发挥和粮棉单产水平的不断提高，两熟和多熟种植，粮棉争地矛盾逐步得到解决。进入 21 世纪还取得棉粮双高产双丰收的成就，其经验十分宝贵。然而，粮棉争地问题被缓解之后，如今又面临着粮经和棉经、粮果和棉果争地的新矛盾，而且这些矛盾有愈演愈烈之势。

3．水资源制约

我国棉田主要分布在半湿润、半干旱和沙漠绿洲地区，节水农业是棉花生产的大事。然而，棉田灌溉基础薄弱，缺乏有效监测与控制。节水农业发展政策和制度研究方面的滞后，缺乏节水农业发展的基础数据的积累和对农业用水状况的有效监测与控制，制约了节水农业区域布局和不同地区节水技术优化选择的研究。

4．环境压力制约

棉田主要遭受残膜、化肥、农药包括除草剂污染。

（1）残膜污染严重，我国棉田农膜用量大，土壤残留量大

长江流域和黄河流域棉田每年每公顷用膜量为 37.5～45kg，西北内陆棉区为 79～90kg。农膜在土壤中年残留量为 10%～30%，降解周期为 200～300 年。农膜的大量残留，破坏土壤结构，影响土壤的透气性，阻碍水肥的运移，导致土壤质量下降，阻碍种子发芽和根系生长，影响棉花产量和品质。残膜被随意丢弃，也严重影响环境美观，成为白色污染的重要标志。

（2）农药和除草剂污染

棉花是我国化学农药用量最大的作物之一，每年棉田农药用量占我国农药生产总量的 25%～30%。由于长期、大量、高频次的施用化学农药，加之我国农药品种以高毒、剧毒品种居多，同时由于施药器械落后，使用人员素质低等原因造成农药的有效利用率很低，只有 10%～30%，农药的大量、无节制施用和农药残留对土壤、水体和大气造成极其严重的污染，生态平衡受到破坏，生物多样性明显下降，同时对人类健康威胁极大。

（3）肥料污染

棉花也是施肥水平较高的作物，由于肥料用量过大和施用方法不当，致使氮肥施用量的一半在被农作物吸收之前就以气体形态逸失到大气中或从排水沟渠流失到水体环

境中，每年使得超过 1000 多万吨的氮素流失到农田之外的地表水和地下水体中，直接经济损失约 300 亿元。50%～70%的化肥淋溶到深层土壤及地下水中，使地下水硝酸盐含量明显增加。高硝酸盐含量的饮用水摄入过多，会对人体健康造成危害。水体中氮含量增高，将造成富营养化，使大量鱼虾死亡。由于硝酸盐污染，"肥水井"现象不断增加，引起作物的病虫害，并影响农产品质量。

5. 经济效益制约

棉花是大田经济作物，植棉可以促进农民增收，是农民致富奔小康的重要作物，但是由于中国生产资料价格上涨等，棉田生产资料等物化投入的成本不断增加。1978 年棉花种植的物质与服务费用仅 619.5 元/hm²，2009 年达到 5904 元/hm²，2012 年已经超过 6000 元/hm²，以年均 7.2%的速度增长。其中，化肥是投入的主要部分。1978 年棉田化肥支出为 120 元/hm²，占物质与服务总支出的 19.5%；2008 年达到 2532 元/hm²，占物质与服务总支出的 41.8%，这主要是由化肥价格的上涨引起的。

从劳动力投入的数量来看，棉花生产的劳动力投入量呈现明显下降趋势，但与其他农作物相比，仍然很大。1978 年棉花生产需投入人工日数 915 个/公顷，到 2009 年用工下降到每公顷工日 300 多个。随着棉花单产水平的增加，劳动生产率不断提高，劳动工价显著上涨，带动人工成本显著增加。从劳动工价来看，呈现阶段性上涨的态势，1978～2009 年，劳动日工价从 0.8 元上涨到 24.8 元。雇工工价从 2004 年起呈现快速上涨的态势，2009 年增长到 43.7 元，由于劳动工价的上涨幅度大于劳动投入数量的下降幅度，使得棉花生产的人工成本显著增加。1995 年以前，人工成本小于物化成本。从 1995 年开始，人工成本所占比例越来越大。尤其是 2003 年以来，人工成本保持快速增长势头，到 2009 年，每亩棉花生产的人工成本达到 575 元，占棉花生产成本的 54.3%。

2001～2011 年棉田平均物化成本为 282 元，人工成本 383 元，总成本 665 元，纯收益 389 元/亩（表 1.14）。就具体年度来看，由于人工和生产资料价格不断上涨，棉花生产的纯收益不高，有些年份基本没有纯收益，如 2008 年每亩平均利润仅为 2 元。与种植小麦、玉米、水稻等机械化程度高、用工少、收入稳定的作物相比，植棉比较优势减弱。

表 1.14　2001～2011 年全国棉花产值和收益情况　（单位：元/亩）

年份	主产品产值	总成本	物化成本	收益
2001	690	580	214	157
2002	934	551	209	343
2003	1318	667	262	650
2004	1060	702	312	327
2005	1303	826	414	470
2006	1326	885	468	441
2007	1499	1005	453	493
2008	1151	1149	532	2
2009	1584	1057	483	545
2010	2433	1243	555	1191
2011	1995	1504	585	492

资料来源：毛树春和谭砚文，2013

6. 进口棉冲击

棉花进口对弥补原棉短缺和满足纺织工业需要发挥了积极作用，但也存在冲击国产棉的严峻问题。我国棉花进口采用关税和配额管理（表 1.15），配额内 89.4 万 t 为 1% 的低关税，配额外数量采用协商追加方法，关税税率采用从量计征的滑准税方法。据统计，2002～2013 年，我国合计进口 3076 万 t，合计出口 39 万 t，这 12 年净进口 3037 万 t，平均净进口 253 万 t。2011 年进口 336 万 t，2012 年创历史新高，为 514 万 t，2013 年创历史次新高为 415 万 t。同期的 2011～2013 年国内生产量为 1973.4 万 t；市场预计全部产量突破 2000 万 t，达到 2221 万 t。至 2013 年 12 月底，国内收储 1489 万 t，而放储仅 499.4 万 t，造成 1000 万 t 的巨大库存压力，车存成本高达 200 多亿元。大量进口对棉花产业产生 3 个冲击，即冲击国内生产、冲击棉农增收和冲击棉纺织工业。分析大量进口的主因：一是国内价格高于国际市场过大，国产棉与进口棉到港报价的加权价差，2011 年差价 5639 元/t，2012 年为 4411 元/t，2013 年为 4307 元/t。二是临时收储政策在保护农民利用的同时也抬高了国内价格。2011 年临时收储 19 800 元/t，2012 年和 2013 年提高到 20 400 元/t。可见，是巨大价格差异推动了进口，国家也因此背负了沉重的财政负担。

表 1.15　历年来棉花进口配额发放和使用情况

年份	关税内配额		增发量			实际进口量/万 t
	关税内配额/万 t	适用税率/%	增发量/万 t	适用税率/%	全部配额/万 t	
2002	81.85	1	0	—	81.85	17.1
2003	85.625	1	50	1	135.625	87.4
2004	89.4	1	100	1	189.4	190.6
2005	89.4	1	140	5～40	229.4	257.1
2006	89.4	1	270	5～40	359.4	364.3
2007	89.4	1	260	5～40	349.4	246.0
2008	89.4	1	260	5～40	349.4	211.5
2009	89.4	1	40	5～40	129.4	152.7
2010	89.4	1	100	5～40	283.8	284.5
2011	89.4	1		5～40	336.4	335.6
2012	89.4	1		5～40	541.0	513.7
2013	89.4	1		5～40	415.0	415.0

注：据 2002～2013 年中国《海关统计》数据整理，因四舍五入尾数有差异

（二）麻类

1. 劳动力资源制约

麻类纤维产业为典型劳动力密集产业，因此受劳动力资源制约严重。麻类剥制和脱胶制纤难度大，苎麻、红黄麻等麻类剥制技术基本停留在手工或半手工操作阶段，劳动

强度大、生产效率低。苎麻虽然已开发出多种动力剥麻机，但至今未能在生产实践中得到很好的应用，生产大多仍以简易刮麻器为主，有些地区仍用传统的手工刮制方式；黄、红、麻收剥与种子脱粒是两道极为艰苦的劳作密集型工序，人工纤维收剥与种子脱粒的劳动力成本费用几乎接近全部的销售效益；亚麻机械化程度稍高，但亚麻打麻机械工效不高，打制质量不佳，与发达国家麻类产品相比，我国亚麻的束纤维强力低30%以上。

同时麻类生产规模化、集约化生产程度低。当前麻类作物种植户多是一家一户的分散经营，加之麻类生产机械化程度低，导致每户麻农种植面积有限，规模非常小，应对市场风险的能力低。一旦原麻收购变化，麻农便改种其他作物。

2. 土地资源制约

麻类作物与粮食作物争地的现象时有发生，特别是在洞庭湖区，尤其严重。要做到"不与人争粮，不与粮争地"，就必须让非粮作物从粮食宜耕地中最大限度地退出来。据联合国统计报告，到2050年，全世界人口将达到90亿，而耕地面积增长有限，尤其是中国，届时粮食问题将成为全球最尖锐的问题。温家宝提出"十八亿亩耕地、十六亿亩粮食耕地红线"，以确保我国粮食安全。麻类等天然纤维的生产注重向边际土壤、盐碱地和山坡地发展，真正缓解粮食用地的矛盾。

3. 加工能力制约

麻类作物种植产业化程度低、生产规模小，收割、剥麻、打麻等加工方法及生产设备落后，在当前劳动力成本快速增长的形势下，制约了麻类作物的生产。同时，与其他纺织行业相比较，麻纺织行业规模较小，受设备生产厂商的关注度低，使得麻纺设备供需矛盾突出，特别是苎麻纤维脱胶和苎麻纺织技术装备严重落后，缺少苎麻纺织机械设备研制的支撑，已成为苎麻纺织生存与发展的突出问题。麻纱、麻布等传统初加工产品比例大，纯麻面料和麻与多种纤维混纺、交织的高档面料的产品开发水平低，麻纺织制成品和服装等终端产品比例低，产业链不够完整，制约了产业的发展。

4. 环境压力制约

加工问题现已成为我国麻类产业发展的重要瓶颈之一。苎麻主要采用化学方法脱胶，虽然克服了传统的浸露脱胶中存在的速度缓慢和脱胶不均等弊端。但脱胶过程中残留的酸、碱严重污染环境，能耗和成本均较高。目前环洞庭湖苎麻产区使用化学脱胶的麻纺加工厂已基本关停。红麻、亚麻、剑麻等主要采用水沤法脱胶，虽具备简单易行、成本较低等优点，但同样存在着污染环境的问题。新开发的生物脱胶技术尽管能明显降低污染，但由于技术不成熟，效果不稳定，尚未大规模推广。

5. 经济效益制约

目前我国麻类的收获技术落后，基本停留在20世纪80年代，以手工为主。随着我国经济的发展，劳动力成本的极速上涨，年轻劳动力宁愿外出打工，也不愿从事麻类生产，因此这项劳动力密集的产业面临后继无人的困境。以苎麻为例，目前的收获方法主要采用人工收获，其效率低、劳动强度大、成本高。①效率低：手工剥麻要经过剥皮、刮制两道工序。一般每公顷每季需要 150 个劳力工作 1 天，每年每公顷需要 450 人·天。②劳动强度大：每人一天要收 6.5kg 左右原麻，需要起早贪黑，劳动强度非常大。③成本高：目前农村劳动力相对缺乏，按每人每天 25 元计算，每公顷一季麻收获成本 3750元，全年三季麻则需要 11 250 元。按平均公顷年产量 3000kg，年产值 21 000 元左右，产值一半用在了收获上，降低了种麻效益。这些已成为以苎麻为代表的麻类产业化中的主要瓶颈。

同时，我国麻产品的最终附加值较低，技术装备水平也很落后。麻类产品大多以原料（精干麻）、半成品（纱、线、坯布）等出口。有些最终产品也是以来样加工为主，只能赚取少量的工本费和物料费。我国麻纺织业是国际贸易依存度很高的竞争性行业，目前麻纺织品出口的 80% 为初加工产品，麻制成品所占比例较少，对出口的过度依赖和国内消费市场比例低，已成为影响麻纺织业稳定发展的重要原因。

6. 国外同类产品的竞争制约

如前所述，中国麻类产业主要受到来自欧洲的亚麻，印度、孟加拉国等的黄麻等产品的竞争。欧洲的亚麻，印度、孟加拉国等的黄麻以其低廉的价格、优良的品质近几年在中国一直位于进口第一位。

（三）丝绸

1. 蚕桑生产风险加大，丝绸产业基础不稳固

种桑养蚕跨种植和养殖两个产业，是农业中风险较高的产业。蚕业的生产特征、产品特征、技术特征和市场特征决定了蚕桑生产不仅面临着来自蚕病、桑树病虫害、自然条件等因素所产生的自然风险和蚕茧价格波动所产生的市场风险，而且还面临劳动力和土地资源约束、农药中毒和工业废气污染致减产减收的严峻挑战。蚕桑主产区尤其是广西等新兴蚕桑主产区，由于蚕桑技术推广体系不健全，防治技术和防控手段不到位，蚕种带毒合格率逐年上升，桑蚕微粒子病的潜在威胁较严重。浙江、山东等传统的蚕桑生产区则由于工业化、城市化进程加快，工业废气和农药面源污染加重，蚕桑生产环境持续恶化，各地蚕桑中毒事件时有发生，不断打击蚕农继续从事蚕桑生产的积极性。

通过对全国 14 个蚕桑生产省（直辖市、自治区）91 个县（市、区）1782 个种桑养蚕农户的问卷调查显示，82.72% 的蚕农发生过没有收成、产量减半或收入减半等惨重损失，发生惨重损失的原因依次为发蚕病、茧价下跌、农药中毒、自然灾害、周边污水废气排放和桑树病虫害。农户普遍认为，种桑养蚕的收益较其他农业高，但种桑养蚕的风险仅比养殖业小，而比水稻、玉米、棉花、蔬菜、水果、茶叶、甘蔗等其他种植业都要大（李建琴和顾国达，2013）。

"东桑西移"的推进在很大程度上保持了我国蚕桑生产规模的持续扩大和蚕茧产量的持续增加，从而为丝绸工业发展奠定了原料基础。以广西为代表的西部蚕区因地制宜，

积极自主创新，其自主发明的众多省力化机械用具的广泛推广应用，显著降低了劳动强度和生产成本，大大提高了劳动效率和生产效益。但是，这些发明创造并没有从根本上改变蚕桑生产依赖劳动密集和土地密集的产业特征，也没有改变蚕农生产经营规模小，生产方式落后，生产效率低下的传统模式。2011 年我国 107 个基地县户均桑园面积仅为 0.19hm^2，户均蚕种饲养量仅为 5.69 张，户均蚕茧产量仅为 214.97kg，户均蚕茧收入 7520.52 元（李建琴和顾国达等，2013）。

由于从事蚕桑生产的劳动强度大，技术环节多，劳动效率低，一些经济较发达地区的青壮年不太愿意接受这样的生产方式，从而导致种桑养蚕后继乏人；即使是广西这样的新兴主蚕区也逐渐面临劳动力短缺问题。根据我们 2011 年 7～9 月对全国 14 个蚕桑生产省（直辖市、自治区）106 个示范县 1780 个种桑养蚕农户的问卷调查，全国养蚕农民的年龄主要集中在 41～60 岁之间，占蚕农总数的 74.7%，养蚕农民的老龄化倾向非常严重。

随着"东桑西移"的推进，"东丝西移"后广西成为全国最大的生丝生产省，但是，从目前看，广西的茧丝绸业以缫丝生产为主，还没有上规模的后续加工企业，广西基本上还是一个以蚕茧和生丝生产为主的丝绸工业原料生产基地，而且受地理、气候等因素的制约，广西的茧丝质量比不上江浙等东部传统蚕区的优质茧丝。

2. 茧丝价格波动频繁，市场供求不稳定

蚕丝产业是一个一体化程度很高的产业，包括种桑养蚕、鲜茧收烘、干茧流通、缫丝织绸、印染加工和外贸出口等环节，是一个长而完整的产业链；而且我国的茧丝绸产品多以出口为主，外贸依存度很高。因此，产业链上不同加工度的蚕茧、生丝、坯绸、丝绸制成品的价格变化具有前向或后向联动效应。终端丝绸消费品的供求变化不仅导致丝绸消费品的价格变化，而且会向前环环传递，引起生丝、蚕茧价格的波动；反过来，蚕茧市场的供求变化也不只是引起蚕茧价格的变动，还会向后环环传递，导致生丝、坯绸及丝绸制成品价格的波动。尤其是原料茧与初级加工产品生丝之间具有较强的价格联动效应。

自 20 世纪 90 年代中期我国蚕茧价格逐步放松管制以来，茧价与丝价及制成品价格间的波动周而复始、循环往复，成为影响茧丝绸产业发展的一个人人皆知却人人无奈的痼疾。近几年，受宏观经济波动、农产品价格波动、民间资本投机炒作的影响，茧丝价格的相互影响越加紧密，联系波动幅度呈加剧之势。20 世纪 90 年代中期以前，茧价低，丝价高，两者变动不一致，这是因为 1995 年以前我国生丝价格已经放开，由市场供求决定；但对蚕茧实行严格的价格管制，由国家定价。90 年代中期以来，随着蚕茧价格管制的逐渐放松，我国茧价与丝价的波动趋势完全一致，都呈波浪式上升趋势，而且波动幅度越来越大。

茧丝价格紧密联动，而且波动幅度加大，不仅加剧了农民种桑养蚕的市场风险和蚕桑生产的不稳定，导致丝绸产业基础不稳固；而且通过一体化的传导机制，导致丝绸及其制成品出口价格的剧烈波动，使丝绸企业尤其是众多中小型丝绸企业经常性地遭受亏损。面对日益剧烈的市场风险，丝绸企业对于生产、销售和出口安排无所适从，一些企业选择退出行业，另一些企业转向资本运作甚至投机炒作，只有少数规模较大的企业选

择一体化经营来规避风险，更大多数的丝绸企业则在行情的波动中随波逐流，陷入"价格上涨—盈利—价格下跌—亏损"的循环之中，进退两难。2013年浙江省丝绸协会统计的91家丝绸企业，完成工业现价总产值246.55亿元，实现销售收入286.06亿元，32家企业亏损，亏损面达35.16%。

3. 丝绸工业结构不尽合理，丝绸企业普遍规模较小

我国丝绸工业企业数目众多，但丝绸工业结构不尽合理，丝绸企业普遍规模较小，缺乏规模经济，效益较差。

据国家统计局对950家丝绢纺织及精加工规模以上工业企业统计，2012年实现工业总产值1149.38亿元，同比增长16.16%，较全国纺织工业高出3.87个百分点；资产合计644.31亿元，增长12.98%；实现主营收入1111.19亿元，增长14.59%；完成利润总额59.40亿元，增长29.88%；完成出口交货值118.8亿元，增长5.17%；行业整体从业人数20.29万人，增长0.89%（表1.16）。

表1.16 2012年我国丝绸工业基本情况

行业	企业户数/个	亏损户数/个	亏损面/%	全部从业人员数/人	工业总产值/亿元	资产合计/亿元	主营收入/亿元	利润/万元	出口交货值/亿元
丝绢纺织业及精加工	950	122	12.84	202878	1149.38	644.31	1111.19	59.40	118.85
缫丝加工	495	58	11.72	127665	669.53	338.13	643.93	37.37	43.83
绢纺和丝织加工	393	50	12.72	64869	426.54	265.20	416.05	20.39	69.79
丝印染精加工	62	14	22.58	10344	53.31	40.99	51.21	1.64	5.22
全国纺织工业	37406	4685	12.52	10007170	57809.98	36385.94	56852.30	3015.06	8898.05

资料来源：由中国丝绸协会根据国家统计局数据汇总整理

从表1.16，在全国950家丝绢纺织及精加工企业中，缫丝加工企业495家，占比52.11%；绢纺和丝织加工企业393家，占比41.37%；丝印染精加工企业62家，占比6.53%。950家丝绢纺织及精加工企业的从业人员中，缫丝加工从业人员127 665人，占比62.93%；绢纺和丝织加工从业人员64 869人，占比31.97%；丝印染精加工从业人员10 412人，占比5.10%。从缫丝到绢纺和丝织，再到丝印染精加工，企业数目依次减少，相应地从业人员数也依次减少。而工业总产值、资产合计、主营收入、利润和出口交货值的结构相似。

虽然我国丝绸企业数目众多，但在520家国家重点工业企业中丝绸企业只有2家，在2000多家上市公司中，有纺织企业41家，其中丝绸企业仅3家。全国排名前130家丝绸企业2010年的总销售收入282.05亿元，平均每家销售收入2.17亿元；2011年总销售收入283.59亿元，平均每家销售收入2.18亿元，与2010年基本一致。全国最大8家丝绸企业的2010年总销售收入142.16亿元，平均每家企业的销售收入为17.77亿元；2011年总销售收入163.37亿元，平均每家企业的销售收入为20.42亿元，企业规模比2010年有所扩大。其中最大的丝绸企业万事利集团有限公司2010年销售收入30.54亿元，2011年实现销售收入35.78亿元，比上年增长17.16%。但是，在表2.1中，与整个纺织企业的平均规模比，950 家丝绢纺织及精加工企业的平均从业人员 214 人，平均资产规模 6782.20 万元，平均工业总产值 1.21 亿元，平均利润总额 625.29 万元，平均主营业务收入 1.17 亿元；各项指标都低于全国规模以上纺织工业的平均值，丝绸企业平均规模较小，茧丝绸产业的市场集中度低，缺乏规模经济效应。

4. 丝绸出口以原料性商品为主，国际分工地位低

我国蚕丝业是个外向度很高的产业，茧丝绸产品在国际市场上占有绝对的数量优势，但是，由于我国丝绸企业规模小，出口产品结构趋同，并且多以丝、绸等原料性产品为主，丝绸制成品出口比例却处于下降趋势，仍然处于蚕丝原料输出国地位（范作冰和陈琳，2013）；特别是进入 21 世纪以来，丝绸商品出口复杂度绝对额排名靠后，说明我国丝绸业在国际分工中的优势不显著，我国仅仅是丝绸出口大国，而不是丝绸技术强国（顾国达和方园，2013）。

改革开放以来，我国真丝绸出口商品结构变化恰似一把张开的剪刀，以 1993 年为界，大致可以分为 3 个阶段：

第一阶段，1978～1993 年，我国真丝绸出口贸易额中，茧丝类和绸类占比都不断下降，两项合计占比由 1978 年 91.07%不断下降至 1993 年的 28.46%，而丝绸制成品所占比例不断上升，由 1978 年的 8.93%g 不断上升至 1993 年 71.54%。其中 1991 年丝绸制成品出口比例达到 53.84%，首次超过茧丝类和绸类占比。

第二阶段，1994～2009 年，我国真丝绸出口贸易额中，茧丝类和绸类合计占比基本维持在 30%～40%，即使占比较高的 2000 年达到 49.07%，但始终没有超过丝绸制成品占比，即始终没有超过出口额的一半。制成品类出口额占比维持在 50%以上，但是，自 1993 年达到最高比例 71.54%以后，总体呈波浪式下降趋势，尤其是 2005 年以来，呈现连续下降态势。绸类占比自 2001 年以来，呈现持续上升的趋势。

第三阶段，2010～2013 年，我国真丝绸出口贸易额中，茧丝类、绸类合计与制成品类出口额占比相当。2010 年茧丝类和绸类合计占比上升至 50.77%，超过丝绸制成品占比；2011 年略有下降，为 49.66%；2012 年达到 50.34%，再次超过丝绸制成品占比；2013 年再次下降至 46.6%。

2010～2013 年我国真丝绸商品出口呈现生丝、绸缎等原料性商品出口价增量减，而真丝绸服装出口量升价跌现象。以 2011 年为例，我国真丝绸商品出口中，丝类出口量为 1.67 万 t，同比下降 14.09%，单价达到 41.23 美元/kg，上涨 23.29%，出口额达到 6.87 亿美元，同比上升 5.91%；真丝绸缎出口数量为 2.19 亿 m，同比下降 20.56%，平均单价 4.87 美元/m，同比增长 33.88%，出口额为 10.68 亿美元，同比增长 6.36%；丝绸制成品出口 4.38 亿件(套)，同比增长 101.96%，平均单价 4.06 美元/件(套)，同比下降 45.06%，出口额为 17.79 亿美元，同比增长 10.95%。2012 年，三大类出口商品均呈下降态势。其中，蚕丝类出口 6.49 亿美元，同比下降 5.68%；真丝绸缎出口 10.65 亿美元，同比下降 0.28%；丝绸制成品出口 16.91 亿美元，同比下降 4.98%。2013 年，丝类出口额 6.7 亿美元，同比增长 3.6%；真丝绸缎出口额 9.6 亿美元，同比下降 9.5%；丝绸制成品出口额 18.7 亿美元，同比增长 10.8%。

根据 2010～2013 年呈现的原料性商品出口价增量减而真丝绸服装出口量升价跌的现象，可以做出基本判断：自 20 世纪 90 年代以来我国丝绸商品出口越来越依赖于原料性产品，并且在原料性产品中，越来越依赖于绸类；在世界茧丝绸产业的国际纵向分工中，中国日渐沦为茧丝绸初级加工产品的生产地，处于产业链的中低端。

如果按照行业标准，将服装、领带、头巾等丝绸制成品或坯绸、印染绸等半制成品折算成生丝，再将生丝折算成干茧，那么我国丝绸出口商品之间存在严重的价格倒挂现象，即出口制成品的获利小于直接出口原料性产品的获利，而且 2010～2013 年来这一现象并未减轻。

原料性产品与丝绸制成品之间的倒挂现象使大多数丝绸企业没有动力进行新技术、新产品研发，没有积极性致力于丝绸产品的精深加工，而是想方设法通过维持区域分割和价格管制等手段来获得鲜茧原料，经过简单加工，以干茧或生丝等产品出售或出口。这是长期以来中国丝绸出口以原料性产品为主，而且非但没有改变反而呈加剧之势的一个直接原因。

5. 丝绸产品附加值低，缺乏有竞争力的世界品牌

长期以来，我国不仅大量出口原料性产品，而且在丝绸最终产品生产上以来样加工、订单贸易为主，再加上企业数目多、规模小、产品同质、长期陷于低价竞销的囚徒困境，不仅在商品出口价格上丧失定价权，而且大多数企业无力进行新技术、新产品研发和品牌建设，造成中国丝绸闻名世界，中国丝绸企业却是"有产品无品牌、有品牌无知名度"的尴尬现状，原本高贵华丽的中国丝绸品却在国际市场难以摆脱低端产品形象（表 1.17）。

从表 1.17 来看，自 1990 年以来，我国干茧、桑蚕丝、柞蚕丝、坯绸、印染绸、服装、头巾、领带和服装等主要出口丝绸产品的出口价格明显偏低，如果考虑劳动力等生产成本上升、国内通货膨胀和人民币对美元汇率升值等因素，那么单位产品的实际出口价格更低。一件丝绸服装的价格约为 20 美元，按照美元与人民币 1：6.3 的汇率计算，仅相当于人民币 126 元。一条领带的价格 3 美元左右，相当于人民币不到 20 元。

丝绸原是富丽华贵的象征，丝绸产品所具有的独特的光泽及无与伦比的轻盈、柔顺、舒适、绿色等特点，使得丝绸产品自古以来都属于高档品。在国际名牌市场上，一条意大利真丝领带价值 300 美元，一件法国真丝晚礼服高达 1 万美元。但是产品附加值的提升，不仅需要优质的茧丝原料为基础，还需要精深的后整染加工技术和工艺，更需要优秀的设计师和具有国际影响力的知名品牌引领潮流。而我国丝绸企业主要以中小企业为主，整体规模不大，综合实力不强，加之经营观念落后，现有产品多以贴牌加工为主，对自主品牌建设和培育投入不足，尚未形成在国际上有影响力的自主品牌。

6. 蚕桑资源开发与综合利用规模小，产业化程度低

随着科学技术和现代农业领域的拓展，蚕桑资源开发与综合利用在桑果饮料、蚕沙叶绿素、丝棉丝绒被服、桑枝食用菌、桑枝地板、蚕蛹蚕蛾功能食品、沙地桑和饲料桑业、蚕丝蛋白类产品等领域均取得了突破性进展，正在实现产业化开发，年产值达数百亿元。但是，总体而言，"蚕—茧—丝—绸—最终消费品"的传统蚕丝业发展模式没有

表 1.17　1990～2013 年我国主要丝绸商品出口单价

年份	干茧 /(美元/kg)	桑蚕丝 /(美元/kg)	柞蚕丝 /(美元/kg)	坯绸 /(美元/m)	印染绸 /(美元/m)	头巾 /(美元/条)	领带 /(美元/条)	服装 /(美元/件或套)
1990	-	47.70	28.90	-	-	-	-	9.70
1991	-	42.50	23.80	-	-	-	-	9.83
1992	10.30	33.00	17.10	3.20	4.29	1.58	1.05	7.99
1993	8.20	23.90	12.50	2.35	3.42	1.28	0.94	6.07
1994	10.90	23.40	16.20	3.48	3.48	1.33	1.18	5.70
1995	10.30	23.80	26.50	3.32	4.55	1.53	1.63	6.38
1996	9.40	22.00	22.60	2.91	3.70	1.38	1.45	6.52
1997	10.20	25.00	21.60	3.00	3.86	1.37	3.34	8.27
1998	9.30	23.50	18.80	2.99	3.73	1.44	2.15	8.59
1999	8.00	20.30	13.70	2.64	3.26	1.52	0.76	5.32
2000	8.76	21.93	21.09	2.62	3.39	2.19	1.84	8.22
2001	8.00	21.60	21.20	2.55	3.88	2.26	1.94	8.29
2002	6.49	16.64	16.57	2.00	3.65	2.37	1.94	8.50
2003	6.30	15.07	15.49	1.85	3.28	2.34	1.94	8.40
2004	8.59	18.97	17.40	2.02	3.70	2.55	2.03	8.82
2005	7.58	22.21	23.53	2.21	3.80	2.40	2.12	9.33
2006	10.09	29.90	25.67	2.83	4.70	2.75	2.29	10.31
2007	9.10	24.51	24.47	2.76	4.82	2.66	2.37	10.61
2008	8.85	24.81	25.45	2.84	4.78	3.22	2.56	12.41
2009	8.49	26.48	25.54	2.54	4.37	3.37	2.51	13.16
2010	13.21	39.31	44.74	3.28	4.89	3.32	2.61	14.24
2011	20.29	50.42	68.44	4.44	6.33	3.42	3.13	20.00
2012	17.17	47.29	61.67	4.68	6.60	4.41	3.25	20.48
2013	21.17	55.77	57.42	5.13	7.61	5.66	3.33	20.38

注：1990～2009 年数据来源《中国丝绸年鉴》（2000-2010），2010～2013 年数据来源于中国海关统计

实质性改变。

　　根据 2013 年 12 月至 2014 年 1 月国家蚕桑产业技术体系产业经济岗位通过该体系的 25 个综合试验站，对 16 个蚕桑生产省（自治区、直辖市）94 个基地县 2010～2013 年蚕桑茧丝资源多元利用的分类调查数据统计分析表明，2010～2013 年这个 94 个基地县的蚕桑茧丝资源多元利用的总产值以每年 10 亿元左右的幅度不断增加，2013 年达到 71.46 亿元，比 2010 年增加了 71.5%。但是，其蚕桑茧丝资源多元利用产值占整个茧丝绸产业产值比例还不到 9%。而按照 94 个基地县蚕桑资源多元利用产值及其占比进行分类排序，2010～2013 年蚕桑茧丝资源多元利用主要集中在蚕丝被、桑园套种和桑枝食用菌 3 个种类，分别占比 63%、22% 和 8% 左右，而其他的 19 个种类的产值合计占蚕桑资源多元利用总产值的比例还不到 7%。

　　尽管蚕桑茧丝资源多元利用被认为是蚕丝业转型升级的一个方向，有利于实践循环经济发展战略，有利于生态治理和环境保护，有利于人民身体健康和生活品质的提升，但是，与传统蚕丝业相比，蚕桑丝绸资源开发与综合利用毕竟是一个新兴学科，除了研究力量薄弱、科技创新有待加强外，蚕桑丝绸多元化生产与经营具体到桑枝食用菌、桑

果饮料、桑葚酒、桑枝地板、蚕沙叶绿素、生物医药、保健化妆等各个领域，还存在着市场需求狭窄、区域特征显著、生产规模小、产业化程度低、经营体制与机制不完善等一系列问题。

桑树是一种多年生乔木，拥有发达的根系系统，具有良好的洋洋水土保持功能，抗逆性强，抗盐碱、抗干旱，环境适应能力强，具有涵养水源、减少水土流失，防风固沙、护田保土、净化空气、改善环境等生态治理功能，因而被认为是一种较理想的生态治理树种，不仅被用于绿化，而且在石漠化治理和沙漠化防治中发挥了积极作用。桑树全身是宝，桑叶可作蚕饲料，也可以饲养其他畜禽，桑葚可鲜食，也可生产桑果饮料和桑葚酒，桑籽可药用，桑枝可以制作地板，桑皮可以造纸。早在几年前，蚕桑界已经提出将发展生态桑及桑产业作为蚕丝业转型的一个方向。但是，至今桑树作为生态治理树种并没有上升到国家战略需求；围绕桑树的多元开发与利用，因经济、生态、社会综合效益显著的实践，仍然主要停留于科学研究和小范围试验，尚没有形成规模宏观的多元产业体系。

六、我国纤维作物产品供求预测及供求缺口估算

（一）棉花

1. 棉花预测方法

本部分内容主要采取时间序列分析方法进行预测。

2. 棉花供给预测

（1）根据产量模型预测

棉花产量是由当年的播种面积与单产共同决定的。播和面积的增减受价格变化的影响较大，而单产的增长不但受到水、肥、土、种等因素的影响，还与当年的气候等自然条件有关，因此棉花生产量是受政策、价格、科技进步、自然灾害及财政投入等多种因素的综合影响，我们可以把棉花产量作为一种随机变量进行分析和预测（图1.17）。

经检验，棉花产量数据为一阶单整变量（表1.18），而时间变量 t 也为单整变量，因此其具备协整关系的必要条件。

经过试验，建立棉花产量关于时间 t 和其滞后一阶的线性回归模型，如下：

$$Y_t=316.08+10.69t+0.48Y_{t-1} \tag{1.1}$$

经检验，模型残差是一个平稳序列，说明 Y_t 与 t、Y_{t-1} 之间存在着协整关系，且模型不具有序列相关和异方差，因此，可用模型（1.1）进行预测。预测结果见表1.16。

（2）根据面积和单产变动趋势预测

改革开放以来，由于耕地有限及国家对粮食生产的高度重视，我国棉田面积在波动中呈下降趋势。近年来，蔬菜、瓜果等经济作物的种植效益上升，棉农植棉积极性下降，加上棉花价格剧烈波动，植棉成本持续增长，导致了棉花种植面积的萎

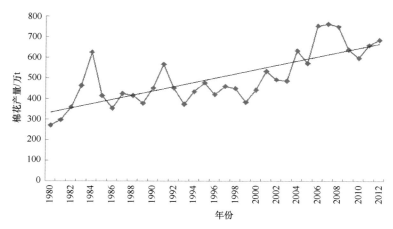

图 1.17 1980～2012 年中国棉花产量趋势图

资料来源：历年《中国农村统计年鉴》

表 1.18 棉花产量平稳性检验

变量	检验形式（C, T, K）	ADF 检验统计量	5%临界值	结论
Y_t	（C, T, 1）	−3.22	−3.58	非平稳
Δ（Y_t）	（C, T, 1）	−5.48	−3.58	平稳

注：Y_t表示棉花产量；Δ 表示差分 X_{2t}。检验形式（C, T, K）代表检验模型中含有漂移项、时间趋势项及差分滞后阶数

缩。2008～2012 年，我国棉花播种面积从 575.41 万 hm^2 下降至 468.81 万 hm^2，5 年间下降了 18.53%。但我国棉花单产增长较快，近 10 年来（2003～2012 年）年均增长 2.6%，特别是 2012 年单产首次突破 1350kg/hm^2，达到 1458kg/hm^2，比上一年增长了 11.49%，使得我国棉花产量在播种面积下降明显的情况下，总体上依然保持增长态势。

随着我国棉花生产技术的发展，预计棉花单产将持续增长。如果以近 5 年（2008～2012 年）平均单产 1317kg/hm^2 为基数，按 2%的年递增率计算（2003～2012 年年均单产增长率为 2.6%），2020 年和 2030 年我国棉花单产分别达 1543.5kg/hm^2 和 1881kg/hm^2。若棉花播种面积长期稳定在 2012 年约 466.67 万 hm^2 的水平，我国在 2020 年和 2030 年棉花产量将分别达到 720 万 t 和 870 万 t 左右。

3. 棉花需求预测

（1）根据纺织产能预测

我国纺织用棉最终用途分为居民纺织品消费和棉纺织品加工出口两个部分。20 世纪 80 年代以来世界人均纤维消费量逐渐上升，1980 年世界人均纤维消费量为 6.8kg，1995 年为 7.7kg，年均增长 0.8%；从 2000～2007 年，世界人均纤维消费量从 8.3kg 增长到 11.1kg，年均增长 5%。发达国家，1980 年为 16.8kg，1995 年达到 22.6kg，年均增长 1.99%，其中美国和日本 1980 年为 20.9kg 和 16.8kg，1995 年达到 30.9kg 和 23.4kg。2007 年，发达国家人均纤维消费量为 24.1kg，北美国家人均纤维消费量达到了 37.9kg。

我国人均纤维消费量发展迅速，目前已超过世界平均水平。1980 年为 2.96kg（含出口），1995 年为 4.48kg（含出口），2000 年人均纤维消费量达到 8.7kg（含出口），2007 年人均纤维消费量达到 15.7kg，超过世界平均水平 4.6kg。据纺织产能发展预测，随着居民生活水平提高，2020 年纺织品消费为 19～20kg/人，2030 年为 23～24kg/人。按照目前 4.0‰的人口增长速度来估计（2010 年、2011 年中国人口自然增长率为 4.79‰），到 2020 年和 2030 年人口将达到 14 亿和 14.5 亿，届时我国居民纺织纤维消费水平分别为 2660 万～2800 万 t 和 3335 万～3480 万 t，按 30%的纺织用棉比例计算，2020 年和 2030 年我国居民纺织品原棉消费需求量预计分别达 800 万～840 万 t 和 1000 万～1050 万 t。出口方面，在"十二五"和"十三五"期间，保持纺织品服装在国际市场的稳定是纺织业发展的重点目标之一，出口纺织品服装耗棉量约为 450 万 t，那么，2020 年我国内销和出口的原棉消费需求量合计约为 1250 万 t。鉴于 2030 年我国纺织工业加工能力将进入缓慢增长或徘徊阶段，我国出口纺织品服装耗棉量可能维持在 450 万 t 左右，那么，2030 年我国纺织品内销和出口的耗棉量合计为 1450 万 t 左右。

如果按中等纺织品消费水平预计，2020 年和 2030 年我国居民纺织品消费水平将分别达到 21～22kg/人和 25～27kg/人水平，以 4.0‰人口增长速度和 30%纺织品含棉量计算，2020 年和 2030 年我国居民纺织品原棉消费需求量将分别达 880 万～920 万 t 和 1090 万～1170 万 t。加上约 450 万 t 的出口纺织品服装耗棉量，我国在 2020 年和 2030 年纺织品用棉需求量将分别达到 1350 万 t 和 1600 万 t 左右。

（2）根据人均棉花消费量的需求预测

人均棉纤维消费量是衡量一个国家人民生活水平高低的基本指标之一。从人均棉花消费量来看，20 世纪 90 年代世界平均水平为 3.13kg，2000 年达到 3.35kg，2008 年达到 3.8kg。发达国家年人均棉花消费量在 2008 年达到 9.5kg，北美国家年人均棉花消费量为 17.1kg，欧洲国家达到 6.7kg。据 FAO 数据显示，2008 年中国棉花消费量达到人均 2.5kg，只比 1996 年的棉花人均消费量增长了 0.2kg，远低于世界平均水平。如果我国人均年棉花消费量能够在 2020 年达到世界平均水平（预计 5.0kg/人）的话，按照目前 4.0‰的人口增长速度来估计（2010 年、2011 年中国人口自然增长率为 4.79‰），到 2020 年人口将达到 14 亿，那么，2020 年我国居民纺织品所需的棉花国内消费需求量应当达到 700 万 t 左右；2030 年我国居民纺织品原棉需求量增加 50 万 t，达到 750 万 t。如果我国纺织品耗棉量长期维持在 450 万 t 左右，2020 年棉花总需求量将达到 1150 万 t 左右；2030 年将达到 1200 万 t 左右。

考虑到随着人民生活水平的提高，尤其是农村人民生活水平将会得到改善，农村纺织品消费量将会出现一个质的飞跃，再加上由于经济收入的增加和富裕程度的提高，人们对天然纤维产品的偏好增加，更加趋向回归自然，特别是内衣、衬衣、被单、毛巾等制品，更是要求 100%纯棉，也就是说作为一种收入弹性较高的产品，随着社会经济的发展和人民生活水平的提高，对棉花的消费需求会进一步增加。

4. 棉花供求缺口

根据以上预测的我国棉花产量和纺纱产能及居民用棉量，即可得出未来我国棉花供需缺口情况，具体结果见表 1.19。

表 1.19　我国棉花产需缺口预测　　　　　　　　　　（单位：万 t）

年份	产量预测（1）	产量预测（2）	需求量预测（1）	需求量预测（2）	需求量预测（3）	产需缺口
2015	702.62	652.21	1150	1225	1125	480～580
2020	754.45	720.10	1250	1350	1150	430～630
2025	807.87	795.05	1350	1475	1175	380～680
2030	861.32	877.80	1450	1600	1200	320～730

注：产量预测（1）是根据模型预测的结果；产量预测（2）是以近 5 年（2008～2012 年）平均单产 1317kg/hm^2 为基数，按 2%的递增率，以及 466.67 万 hm^2 面积水平计算而得。需求量预测（1）根据 2020 年纺织品消费为 19～20kg/人，2030 年为 23～24kg/人进行估算；需求量预测（2）根据 2020 年纺织品消费为 21～22kg/人，2030 年为 25～27kg/人进行估算；需求量预测（3）则是根据人均棉花需求量及民用、其他用棉量的估算。这里没有考虑储备棉的变化，对供需缺口的估计可能会有一定的出入

由表 1.19 可以看出，未来 10 年内，我国将长期处于棉花供给短缺的状态，并呈现出供需缺口逐年增大的趋势，如果我国的纺织工业保持现有的发展速度不变，到 2030 年我国棉花供需缺口将到 700 万 t 左右。从入世 12 年（2002～2013 年）来看，我国进口 3076 万 t，出口 39 万 t，净进口 3037 万 t。

综上所述，棉花作为大宗农产品，作为关系国计民生的重要物资，要立足居民所需棉花为国内生产。预测 2020 年居民纺织品所需国产棉 700 万 t，2030 年国产棉 750 万 t。根据单产提升水平，预测 2020 年全国棉花单产将达到 1500kg/hm^2，2030 年将达到 1650kg/hm^2，需安排适宜产区棉花播种面积 466.67 万 hm^2 上下，比 2000～2012 年平均面积 516.33 万 hm^2 略减，即今后我国稳定棉田面积 466.67 万 hm^2，其目标可以基本实现。

如果满足纺织工业价格所需的全部原棉，则缺口更大，预测 2020 年缺口 300 万 t，2030 年缺口 500 万 t 上下。再看全球棉花贸易量，近 60 年（1950～2009 年）全球棉花贸易量的年均增长率为 2.02%，年均增长 8.3 万 t；近 30 年（1980～2009 年）为 0.34%，年均增长 6.4 万 t。近 10 年（2000～2009 年）平均贸易量为 742.9 万 t，比上个 10 年（1980～1989 年）增长 22.4%，增长量为 135.8 万 t。预测 2020 年全球棉花贸易量 800 万 t，中国若进口 300 万 t，则占 37.5%。预测 2030 年全球棉花贸易量 900 万 t，中国若进口 500 万 t，则占 55.5%。分析认为棉纺织加工能力受国家工业化、城镇化和农业现代化进程的影响较大。

然而，当前对未来 10 年中国棉花产业发展的估计、预测有两种不同观点：一是悲观论，认为国内生产进一步萎缩，植棉面积下降，总产下降，棉纺织原棉消费大幅下降，进口大幅减少，美国预计从 2013～2014 年到 2022～2023 年中国进口棉数量大幅减少到 100 万 t。二是谨慎乐观论。第一，受高额库存消化和市场化转型的阵痛影响，近期生产将呈收缩态势，总产必将减少，但是当价格"倒挂"问题得到解决，棉纺织原棉消费将呈恢复性增长。第二，在市场化资源配置和棉花生产扶持对策博弈将形成新的生产、消费的供求关系，国产棉、进口棉、纺织品居民消费和出口将会进入一个平衡状态，棉花生产恢复，棉纺织消费增长加快，也有人预计棉纺织即将迎来新的"黄金 30 年"。

（二）麻类

1. 麻类预测方法

麻类是我国重要的天然纤维资源，在人民生活中起着举足轻重的作用。随着环境保护日益受到重视，天然纤维将更广泛地用于纺织、建筑、日月和军工等领域。欧洲等国对开发天然纤维产品非常重视，除传统的纺织用途处，还相继开发出麻纤维与水泥复合成的建筑材料，以保证生活环境的天然环保，开发出的麻塑复合材料用于汽车配件等，为遗弃后生物降解提供了可能。我国开发出的环保型麻地膜和麻装饰挂件，市场前景十分广阔。

2. 麻类供给预测

麻类纤维供给预测，主要考虑如下因素：①市场需求；②政策导向；③技术的进步；④国外市场，市场占比要强于其他 3 个因素。

按照目前我国麻类种植面积和麻纺企业消耗，农民种植麻类作物与其他经济作物的可比价格、国外进口原麻的情况等。

3. 麻类需求预测

麻类需求预测包括传统纺织与新兴产业的发展状况。麻类纺织与棉花和化纤等大宗纤维市场消长有极大的联系。家居、汽车、军工和建筑行业消耗的麻纤维也成为需求预测的因素。

4. 麻类供求缺口

目前，我国进口国外麻纤维原料达 70 万 t，国内生产麻纤维原料仅为 30 多万 t，国内各行业消耗麻纤维约为 100 万 t；按照天然纤维消耗年增长 8%～15%计算，我国麻原料缺口超过 70 万 t；原料供应受制于国外进口的状况非常严峻。麻原料供应安全得不到保证。

（三）丝绸

1. 丝绸预测方法

采用趋势预测方法。

2. 丝绸供给预测

测算 2020 年和 2030 年桑蚕茧产量 80 万 t 和 75 万 t，柞蚕茧产量 10 万 t 和 8 万 t，农业产值 400 亿元和 650 亿元，工业产值 2000 亿元和 4000 亿元，出口 40 亿美元和 45 亿美元，预期桑园面积 85 万 hm^2 和 80 万 hm^2。

七、纤维作物产业可持续发展的国际经验分析与借鉴

（一）棉花

1. 欧盟棉花可持续发展的经验与借鉴

欧盟棉花补贴政策。欧盟只有希腊和西班牙生产棉花，且产量较低，2011 年欧盟棉花产量仅占全球棉花产量的 1.3%，但欧盟给予了其棉花种植者较高的补贴。2004 年，欧盟对棉花种植者的收入补贴达到 11 亿美元。2006～2007 年以前，欧盟对棉花的补贴是一种价格补贴和产量补贴的混合政策。欧盟既规定了高于全球价格的棉花指导价格，同时也规定了享受价格支持的具体生产数量，希腊只有 78.2 万 t 籽棉、西班牙 29.4 万 t 籽棉享受补贴，而对于超过的数量，不但享受不到补贴，而且还缩小原补贴额度。除了价格支持政策外，欧盟还给予棉花种植者其他形式的补贴。

2006～2007 年起，欧盟实施新的棉花补贴政策，主要的修订内容是，享受补贴支持的指标从产量变为生产面积。2006～2007 年，欧盟规定享受补贴的具体面积，希腊为 37 万 hm^2，西班牙为 7 万 hm^2，如果超过规定的生产面积，会减少原补贴额度。2011～2012 年，欧盟降低享受补贴的最大生产面积，希腊降低至 25 万 hm^2，西班牙降低至 4.8 万 hm^2。欧盟新的棉花补贴政策不再限制产量，而是鼓励农民在生产面积限定的情况下，对棉花生产技术进行改造，从而刺激棉花单产和产量的提高。

除此之外，在希腊，欧盟和希腊政府还为棉花种植者提供棉花机械投资补助，以提高棉花生产的机械化水平。欧盟各成员国采取了有助于轧棉产业结构调整和棉花生产市场化的改革计划，意在发展欧盟棉花产业的发展。

2. 美国棉花补贴新政策

美国 2012 年 6 月出台的《2012 年农业改革、粮食与就业法案》（以下简称 2012 法案），对《2008 年食品、环保与能源法案》（以下简称 2008 法案）中农业补贴政策进行了改革，其中对棉花补贴政策进行了较大幅度的修改。2012 法案废除了直接补贴（direct payments）、反周期补贴（counter-cyclical payments）和平均作物收入选择方案（average crop revenue election program），新增了对棉花的累计收入保护计划（stacked income protection plan），对陆地棉的营销援助贷款率进行了下调，保留了陆地棉特殊营销贷款条款（special marketing loan provisions for upland cotton）和长绒棉特殊竞争条款（special competitive provisions for extra long staple cotton）。2012 法案大幅削减了农业补贴，其主要原因是为了缓解政府财政压力和应对世界贸易组织谈判等，特别是因为美国在巴西、美国棉花补贴仲裁中败诉，促使美国在 2012 法案中取消了绝大部分棉花补贴，棉花援助以贷款和保险为主。

第一，营销援助贷款和贷款不足补贴（marketing assistance loans and loan deficiency payments）。营销贷款是美国政府在市场价格较低时给棉花生产者提供的一种收入支持，

以保证棉农的最低收入。2012 年法案规定，2013～2017 年，长绒棉固定贷款率与 2008 法案一致，为 175.86 美分/kg。陆地棉贷款率修订为前两年陆地棉调整的全球价格（adjusted world price，AWP）[①]平均值，但实际贷款率不能低于 103.62 美分/kg 或不能高于 114.64 美分/kg，而 2008 法案规定陆地棉的贷款率固定为 114.64 美分/kg。农户可以通过两种途径获取政府的营销贷款援助。一种是营销贷款收益（marketing loan gains，MLG）。当 AWP 低于法案规定的贷款率时，农户可以把 AWP 作为实际偿付率偿还贷款，原贷款率与实际偿付率之间的差额成为农户的营销贷款收益。另一种是贷款不足补贴（loan deficiency payments，LDP），农户也可以选择将棉花提前抵押给政府取得营销贷款，当 AWP 低于营销贷款率时，农户可以放弃从政府赎回棉花的权力，从而免除相关贷款的偿还，已经得到的贷款率与 AWP 之间的差额便成为农户的贷款不足补贴。

另外，2012 法案保留了农业部长对营销援助贷款率进行适当修改的权利，例如，在出现营销困难或者有关交通和基础设施发生严重破坏影响了正常的市场销售时，农业部长可以对贷款偿付率进行调整。此项政策为美国政府对棉花市场进行一定程度的干预提供了法律上的保障。

第二，陆地棉特殊营销贷款条款（special marketing loan provisions for upland cotton）。陆地棉特殊营销贷款条款是 2008 法案新增的补贴项目，2012 法案保留了这项条款。法案规定，当连续 4 周，每周五到下周四美国运至北欧的陆地棉最低到岸价的平均值，均比北欧陆地棉价格超出 2.76 美分/kg 时，政府将提供 6.61 美分/kg 的援助给能够证明这一援助是用于扩大陆地棉生产面积、发展陆地棉生产设备的援助使用者。这对于提升陆地棉产量和生产效率有极大帮助，有利于提升美国陆地棉出口竞争力。

第三，长绒棉特殊竞争条款（special competitive provisions for extra long staple cotton）。长绒棉特殊竞争条款同样是 2008 法案新增的补贴项目，2012 法案继续延用这项条款，其设立的目的是为了扩大美国长绒棉的消费和出口，以及保持美国长绒棉的国际竞争力。

当连续 4 周，美国国外长绒棉每周的 LFQ 价格（LFQ 价格是指美国国外长绒棉每周五至下周四的平均市场报价，折算成与美国长绒棉统一质量级别的价格后，再加上美国港口与远东目的港之间运费的价格）都低于其国内每周的平均市场价格和低于其长绒棉营销贷款率的 134%时，政府需要对参加长绒棉特殊竞争条款的美国长绒棉消费者或出口商进行补贴。长绒棉特殊竞争补贴金额为连续 4 周美国市场平均价格与 LFQ 价格的差额，乘以这 4 周美国长绒棉消费量或出口量[②]。可见，长绒棉特殊竞争条款的实质是弥补美国商人消费或出口美国长绒棉时因价格波动而造成的损失，这对长绒棉的消费和出口产生一定的激励作用，有利于促进美国国内长绒棉的生产。

第四，累计收入保障计划（stacked income protection plan）。累计收入保障计划是新设立的棉花生产保险计划，其设立的目的是在取消棉花直接补贴方案，帮助解决 WTO

---

① AWP 是根据每周的 Cotlook A 指数的平均值折扣掉美国国内运价、美国至北欧主要港口运价及一定的品质差价计算得出的。

② 长绒棉特殊竞争条款的补贴条件和补贴金额计算办法根据 U.S. Government Printing Office 的相关材料整理得出，其网址为 http://www.gpo.gov/fdsys/pkg/CFR-2012-title7-vol10/pdf/CFR-2012-title7-vol10-sec1427-1204.pdf。

巴西与美国棉花补贴纠纷的同时，以农户购买保险，政府通过保险赔偿农户收入损失的方式，保护投保农户的棉花生产收入。由于政府对投保农户提供80%的保费补贴，因此农户的参加费用较低，这对于保障农户植棉收入提供了重要的支持。

累计收入保障计划设定一个预期地区收入（单位面积收入），当投保农户所在地区的每户棉花生产单位面积平均收入低于预期地区收入（expected county revenue）的90%时，该计划便被触发，投保农户需要承担10%预期地区收入的损失，超过10%以上的预期地区收入损失由政府向投保农户赔付，但赔付上限为预期地区收入的30%，具体计算公式：

赔付金额=预期地区收入−地区实际平均收入−10%×预期地区收入

=90%×预期地区收入−地区实际平均收入（上限为预期地区收入的30%）

预期地区收入由该地区的预期价格乘以预期单产计算得出。其中，预期价格由集团风险收入保障（group risk income protection）[①]方案或农场信贷系统保险公司（Farm Credit System Insurance Corporation）的区域政策（area-wide policy）设定；预期单产选择以下两项的较高值：一是农场信贷系统保险公司的区域计划（area-wide plan）中规定的单产，二是最近5年，去掉最高值和最低值后，投保农户所在地区的年均单产。

与以前的直接补贴方案相比，累计收入保障计划具有一定的差异。首先，农户必须支付一定的投保费用，才能获得政府对其棉花生产收入的保护；其次，只有该地区的实际平均低于预期地区收入时，才有可能得到保险赔偿，而与单个农场的收入没有直接关系；最后，政府只对超过预期收入10%以上的收入损失进行赔付，其余收入损失由农户承担。

美国棉花植棉收益来自生产补贴。从成本收益数据看（图1.18），美国的生产补贴对植棉收益起到了良好的保障作用。2000~2011年，在不存在补贴的前提下，美国棉花生产在大多数年份都是亏损的，平均每年每公顷亏损88.62美元。然而，美国政府对棉花实行生产补贴，有效提高了美国国内棉花生产的整体收益。2000~2011年，美国政府对棉花生产每年平均补贴每公顷332.99美元，补贴后的年均生产净收益为每公顷244.37美元。

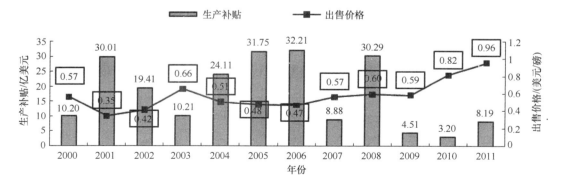

图1.18　2000~2011年美国棉花生产补贴与棉花出售价格的变化关系

资料来源：棉花生产补贴数据来源于国际棉花咨询委员会每年发布的 *Production and Trade Policies Affecting the Cotton Industry*；棉花销售价格数据来源于美国农业部成本收益数据库

---

① 集团风险收入保障是一个以区域为基础的收入保险项目，当投保作物所在地区的单位面积收入低于投保农户选择的单位面积收入时，集团风险收入保障项目就会向投保农户赔偿损失。

3. 印度棉花生产支持政策

印度是全球上主要的棉花生产国之一，总产量仅次于中国，它主要是通过实施最低支持价格政策来提供补贴，该政策与我国曾实行的保护价收购政策非常类似。印度政府还通过投入补贴、国家纤维政策等措施保护国内棉花产业的发展。除此之外，印度政府还通过资助棉花发展项目、提供良种和统一防治病虫害等服务来对棉花种植者提供帮助。

（1）最低支持价格

印度政府根据农业成本和价格委员会的建议来决定各州的最低支持价格，当市场价格低于最低支持价格时，无论棉花质量水平高低，印度棉花公司（Cotton Corporation of India，CCI）就要按照公布的最低支持价格来进行保护性收购。由于市场价格基本高于最低价格，在过去的 10 年，CCI 只进行了两次市场干预。当市场价格高于最低价格时，CCI 更多是发挥商业运行的作用，将库存的棉花供应给国内棉纺织企业，以弥补 CCI 每年提供基础设施维护花费的成本。

（2）生产投入补贴

印度政府对棉花生产投入提供补贴，包括化肥、电力和灌溉，在一些弱势地区的农业信贷补贴还提供利息补贴。投入补贴虽然可以提高棉农的收入和生活水平，但是可能会导致过度使用化肥、农药和水资源，对环境造成破坏。作为国内主要的农业补贴政策，从 20 世纪 90 年代开始，印度政府为稳定国内化肥价格，逐步开始实施化肥补贴。但印度是化肥进口大国，其化肥进口会影响国际化肥价格的波动，由此化肥补贴成为印度政府每年昂贵的项目。在所有棉花投入补贴项目中，化肥补贴在印度政府每年投入补贴中占最大的比例，2011 年化肥补贴达到 12 亿美元，估计 2012 年达到 21 亿美元。棉农从零售商手中以固定的价格购买化肥，化肥零售价格根据每年的生产成本和国际价格的变化进行调整。政府根据国际价格和固定零售价格补贴化肥生产商。由于印度财政赤字的增加，政府正在改变化肥政策并开始废除管制化肥价格。

（3）国家纤维政策

2010 年，印度政府颁布国家纤维政策来提高印度棉花在国际市场上的竞争力。为刺激国内纺织企业消费国内棉花，政府在 2011~2020 年的 10 年要花费 40 亿美元为纺织企业提供现金和利息补贴，以实现纺织企业的现代化。这样，将大大提升印度棉纺织产品的国际竞争力，扩大印度纺织产品的对外出口，在促进印度纺织业长远发展的同时，也保护了印度棉农的植棉利益。

4. 巴西棉花补贴政策

巴西棉花补贴政策主要是均衡价格支付政策（equalizer price paid to producer），是在美元对雷亚尔贬值时，根据最低保障价格直接补贴生产者，从而弥补巴西棉花出口因为美元贬值所造成的损失。最低保障价格设为每 15kg 44.6 雷亚尔，或每千克 145.51 美分（按照 2012 年 7 月汇率换算）。2005~2006 年至 2009~2010 年，巴西财政为棉花均衡价格支付政策总共支出了 9.65 亿美元，平均每年支付 1.93 亿美元，平均每千克棉花补贴

14.99 美分①。

此外，巴西政府通过信贷补贴的形式为棉花生产、营销和投资提供支持。在过去的10 年中，巴西政府平均每年提供给棉农的贷款约达 7500 万美元。低收入棉花生产者只需支付 5%的贷款利息，而市场利率达到 20%～25%贷款，从而减轻了棉农的贷款负担。

5. 土耳其棉花补贴政策

棉花是土耳其最主要的农作物，产量水平位于全球第 7 位。纺织品产量占土耳其国内生产总值的 7%左右，纺织行业的就业人数占了工业就业的 28%。土耳其政府对棉花生产的补贴采用的是良种补贴政策，为了鼓励农民使用优质棉花种子，政府对使用指定种子生产的农户，给予相对较高的补贴。2011～2012 年，选用政府规定种子进行生产的农民，获得每千克 26 美分的产量补贴；使用普通种子的棉农，产量补贴为每千克 22 美分。2005～2006 年土耳其政府提供了总额为 1.65 亿美元的补贴，而 2010～2011 年补贴总额增加至 3.0 亿美元，2011～2012 年由于棉花生产面积的上升，补贴总额将达到 4.28 亿美元。

6. 墨西哥棉花补贴政策

墨西哥通过价格支持机制保障主要农产品的生产利益，棉花也适用于这一机制。墨西哥政府会根据国际市场形势及国内棉花生产情况，每一棉花生产年度设定一个目标价格，当棉花市场价格低于目标价格时，政府会把两者的差额支付给棉花种植者。由于政府设定的目标价格与市场价格较为接近，因此墨西哥的棉花种植者只得到较少的补贴。2007～2008 年，墨西哥政府根据价格支持机制，支付给棉花种植者的金额大约仅为 800 万美元；2008～2009 年，墨西哥政府把目标价格设定为每千克 94.8 美分，比 2007～2008 年的每千克 149.36 美分大幅下降，由于目标价格较低，因此棉花种植者基本得不到任何通过这项机制所发放的补贴。

此外，墨西哥政府为了保护棉花种植者的利益，棉花种植者得到了技术上的帮助、种植保险的帮助和价格风险管理。政府还提出了棉花套期保值扶持计划，该计划是在播种棉花时卖出期货，在收获棉花时买进期货，差额就是利润。主要目的是锁定棉花的成本，避免棉花价格风险。

7. 埃及棉花补贴政策

1995 年，埃及政府制订了棉花收购的最低保护价，这个价格往往高于全球价格。在1999 年以前，埃及棉花能得到比全球价格高很多的价格。对棉花的这种最低保护价政策在 1999～2000 年被取消。2003 年，埃及政府提供了 0.11 亿美元的补贴，其中 900 万美元用于国内贸易，200 万美元用于出口贸易。

8. 各国棉花产业发展经验借鉴

棉花作为大宗农产品和主要大田经济作物，各国农业发展都把保障棉农生产收入当

---

① 资料来源于历年 ICAC 棉花报告。

作头等大事，对农业给予更多的补贴，采取的形式也多种多样，必须强调农业补贴重点在生产环节，同时加强科学技术研究努力提升基础生产能力和竞争力。

（1）保障棉农的生产收入

目前，全球各主要棉花生产国对棉花补贴政策虽然都与价格有关，但实质上都是为了保障棉花种植者的收益不受损失，不管是目标价格、指导价格还是参考价格，其目的皆在通过维护棉花生产者的利益，避免棉花生产受价格波动的影响，从而把棉花产量维持在一个相对稳定的水平上。虽然美国 2012 年出台的新法案中大幅削减了对棉花的补贴力度，但调整后的棉花支持方案，特别是新增的累计收入保障计划，可以更有效地保障农户实现棉花生产收入目标，确保了美国棉花生产稳定，保护了美国棉花的生产利益。印度、巴西、墨西哥、埃及等国主要通过设置棉花最低价格，维护棉农的生产收入。

（2）棉花补贴形式多样

发达国家对其棉花补贴的形式多种多样，如美国，虽然在 2012 年的新法案中取消了大部分的棉花补贴政策，但适用于棉花的支持政策包括营销援助贷款和贷款不足补贴、陆地棉特殊营销贷款条款、长绒棉特殊竞争条款和累计收入保障计划，补贴形式依然多样。这些政策不仅保护了农户种植棉花的利益，稳定了棉花生产，也保证了棉花市场运行正常。

对于发展中国家而言，除了土耳其是采取良种补贴外，其他主要棉花生产国对棉花补贴的形式主要集中在价格上，如巴西的最低保障价格、埃及的最低保护价、墨西哥的目标价格等，通过设立高于市场价格的国内最低收购价格，来保证国内棉花市场稳定和保障棉花种植者的收益。发展中国家对棉花的支持政策也有其他类型，但只是一些辅助的政策，如提供棉花机械投资补助、对棉花生产技术研究的资助、棉花套期保值扶助计划等。虽然这些辅助政策都不属于对棉花生产补贴的内容范畴，但对于我国棉花支持政策的完善具有较好的借鉴作用。

（3）各国棉花补贴主要集中在生产环节

目前多数棉花主产国对棉花产业的主要支持政策都集中在生产环节。美国的营销贷款补贴、巴西的营销补贴，看似补贴营销环节，但实质上都是针对棉花生产者的补贴，目的仍然是扶持棉花生产。美国出台的"陆地棉特殊营销贷款条款"，是一种鼓励美国棉花出口的政策，但是补贴的对象仍然是棉花生产者而非出口商。

按照 WTO"绿箱"规则，对农业生产的支持政策不能对市场价格具有扭曲作用，美国的《2013 农业法案》中关于棉花的补贴政策基本上采取的也是"与生产不挂钩"的补贴政策。因此，为了确保棉花生产稳定发展、保证棉花市场平稳运行，政府应将支持政策集中于棉花的生产环节，而非流通、加工环节，更不应采取干预市场价格、违背市场经济运行规律的政策。

（4）加大棉花科学技术研究投入

美国政府和企业每年都对农业部门科技研发投入大量的资金，且费用投入逐年增长（图1.19）。根据美国农业部统计，2009 年政府部门对农业科技研发的投入达 52 亿美元，比 2000 年的 37.96 亿美元增长了 36.99%；私人部门对农业的科研投入更是超过政府部门，2007 年私人部门对农业科研投入比政府部门高出 7.12 亿美元。

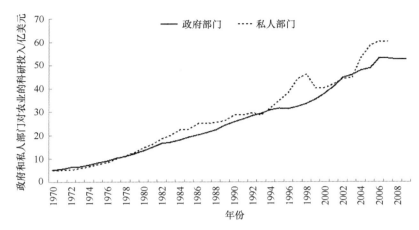

图 1.19　1970～2009 年美国政府部门和私人部门对农业科研投入的发展趋势
数据来源：美国农业部

美国作为全球棉花生产大国，政府和私人部门对于棉花科技研发都十分重视。美国政府专门成立了一个国际棉花研究中心（International Cotton Research Center，ICRC），并与得克萨斯州理工大学等研究性大学建立长期的合作关系，通过分子育种和基因工程改良棉花品种，提升棉花抗旱能力、控制昆虫和疾病，增强棉花单产和纤维质量。与此同时，美国政府着力于采棉机的改良，提高机采棉花的纤维质量，降低其杂质含量的比例。我国应积极寻求与国际科研组织合作，进一步改善我国棉花育种技术，推进符合我国棉花生产实情的棉花机械轻简化生产，进而提高我国棉花的单产和品质。

除了政府部门之外，美国私人部门也对棉花育种技术发展做出了重要贡献。美国孟山都公司、先锋良种国际公司等都积极从事棉花先进种质资源的研发与推广，其转基因棉花种子在我国及其他棉花主产国的种子使用中均占有较高的比例。我国政府应考虑扶持一批优秀的棉种科研公司，推动我国棉花育种技术的发展，保护国内棉种市场，以及参与国际种业竞争。

（二）麻类

1. 欧盟麻类作物可持续发展的经验与借鉴

欧盟既是世界上亚麻纤维原料主产区，又是主要的消费市场。2010 年，据法国《纺织报》报道，目前欧洲的亚麻产量占全球的 65%～70%，产地面积为 9.2 万 hm^2。梳理麻的平均产量为 12.3 万 t，其中 90% 用于纺织，60% 制作服装，15% 制作家用布匹，15% 用于家具和艺术制品。

在相当长的一段时间，欧盟曾主导国际亚麻纺织业及亚麻纺织品市场，但是随着中国的改革开放彻底颠覆了这一局面。1996～2005 年，中国取代欧盟成为世界上最大的亚麻纺织工业体，有关统计资料显示，欧盟 2006 年的亚麻纺织加工能力约 10 万锭，主要集中于意大利、法国、比利时、北爱尔兰、德国等国家。纺织企业数量很少，主要生产26～42支的亚麻纱产品。由于受加工成本等因素的影响，纺纱加工逐渐向东欧及中国转移，主要以放低支纱产品为主。欧盟的麻纺织厂主要有15家，分布在意大利、法国、比利时、北爱尔兰、德国。亚麻业的年营业额约为3亿欧元。产品品种繁多，仅波兰花色品种就达3000多种，拥有强大的科研机构和亚麻设备制造能力，如捷克的系列湿纺机、罗马尼亚的并条机；产品系列齐全，印染和后整理水平较高，有稳定的国内外市场。东欧的亚麻制品具有低成本的价格优势，在国际市场有强大的竞争力。西欧是国际亚麻行业的生产技术中心，具有原料、市场、技术、信息、设备制造和欧盟内部协调效应的全面优势，以高效、高质和相当的生产规模影响和主导着世界亚麻生产的发展，成为世界公认的亚麻行业新技术、新工艺、新设备和新产品的研发中心。

行业补贴政策。为应对金融危机的冲击，欧盟对亚麻种植实行财政补贴政策，每生产1t麻茎可以获得60～70欧元的补贴，加工厂的补贴是长麻160欧元/t，短麻90欧元/t。另外荷兰、比利时及法国的一些地区还有额外补贴，北部地区120欧元/hm^2，南部地区50欧元/hm^2。

在补贴政策改革前，多数加工企业的收益是从政府得到1/4的补贴，其余3/4靠买家购买支付组成。改革后，农民的补贴上升至少60%，因此，加工企业收入受到市场价格波动影响很小。

2008年4月，欧盟部长会议形成决议，欧盟将继续对欧盟亚麻与大麻等纤维作物种植业者进行补贴，其补助金额由目前的每吨160欧元增加至200欧元，补贴从2009年亚麻生产年度开始发放。

生产消费模式。欧盟的长纤维主要用于纺织生产。根据近几年的生产目录可知，50%用于衣物，20%为家用亚麻布，13%是家庭时尚用品，剩余的用于工业生产，如绳、过滤器等。由于新技术的采用，2003年的纯亚麻纱线和合成纤维比1999年增长了4倍，从4800t上升到1.85万t，对短纤维的需求增长幅度分别相当于短纤维产量的9%和25%，而短纤维的最大销路出口是制纸企业，虽然受到木质纤维竞争，但是基本保持稳定的短纤维用量。

欧盟国家使用新技术推广的短纤维占总生产的25%，只有2.5%用于非纺织企业，生产企业汽车行业所需混合材料是最有发展前景的市场，需要1.65万t，约占23%。就市场平均价格统计，短纤维年收益为2500万欧元，纺织行业10万欧元，汽车工业8.5万欧元，制纸企业只产生4.2万欧元，非纺织行业占0.7万欧元。纺织企业吸收40%的产品生产纯亚麻纱线或者同棉混纺的多纤维或人工纤维，本区域纺织企业用这些原材料的比例已经下降，主要出口中国。

品牌建设与产品开发。北爱尔兰至少有200年亚麻纺织历史，如今其生产的亚麻织物仍然是世界上最好的。它的主顾名单读起来就像是一本国际名人手册。在世界一流航空公司班机的头等舱、伦敦的萨伏依饭店等都能见到爱尔兰出产的亚麻织物。同时拥有世界上唯一生产双层织花台布的公司，这种台布成为众多国家的宫廷御用产品。

产品开发方面：①服装面料与面料的开发，已经开始注重开发粗重干纺亚麻纱用于冬季服装；②装饰品和家用纺织品开发，开发了一系列环境保护类亚麻产品、纯亚麻生活用阻燃纺织品、高吸湿毛巾等；③产业用亚麻纺织品开发，包括汽车内饰用品，亚麻替代不可用回收的玻璃纤维。

2. 印度、孟加拉国麻类作物可持续发展的经验与借鉴

全球的黄麻及同类纤维（allied fiber）的产量，比其余所有麻类作物的总和还要多，其重要性仅次于棉花。这类纤维在印度、孟加拉国的经济中占重要地位。黄麻不仅是赚取外汇的重要来源，也是安置就业的主要场所，对种植黄麻地区的农村经济发展方面至关重要。

印度科研和开发。印度是世界上最大的黄麻生产国，也是最大的黄麻纤维织造国，还是黄麻应用最为广泛的国家。印度对黄麻的研究也属于世界上第一流的。数个世纪前，印度人就开始种植黄麻。1854年，印度西孟加拉邦开设了第一家大型黄麻加工厂。印度国家级的黄麻研究与开发基地和机构也很多，主要涉及黄麻种植、黄麻产品开发和机械设计的领域。由于黄麻具有环保和生态主谐的天然属性和生产量大的特点，有着金色纤维之称的黄麻在国际市场前景广阔。由于政府大力扶持黄麻产业，印度的黄麻产品已在人类持续发展、开发清洁和健康环境的产品领域超越了棉花纤维的价值。而印度的多样化黄麻纤维织品又带动了新技术的开发，并且印度黄麻已成为全世界重要的造纸纤维的来源。为此，印度的黄麻产品数量翻倍增长。在世界各种植物性纤维中，黄麻的消费量仅次于棉花。尽管印度黄麻的市场受到人造合成纤维的冲击，但其产品的多样性和环保亲密性的特点始终都凸显出它无法抹杀的魅力。再加上印度的手工业纺织品、工艺品、无纺与其他工业应用十分广泛，一百余年来，印度黄麻几乎不存在任何能够完全替代它的新纤维。

孟加拉国是世界上最主要的黄麻生产国之一。现每年生产粗黄麻480万～530万包，种植面积47.5万～57.5万 hm²，大约500万名农民从事黄麻种植，全国人口的1/5直接或间接从事黄麻种植、黄麻制品生产、贸易、运输，以及与之相关的银行、保险等产业。黄麻产业对就业的贡献率超过了10%，占GDP的比例超过了4.0%。大多数农民用黄麻进行轮作，因为它可以使土壤肥沃，同时，黄麻业也给那些生活贫困的人们提供所必需的先进流转。除了纤维外，农户还可以得到大量的麻秆，这些黄麻秆有重要而广泛的用途，如用作燃料、栅栏，制作胶合板等。

尽管黄麻及同类纤维作物在社会经济中具有重要地位，但黄麻及同类纤维的产量在过去的10多年中，种植面积徘徊不前，近几年甚至呈下降趋势。除了受竞争性纤维（如化学纤维）的强烈冲击外，原国际黄麻组织认为主要原因是：缺乏适应不同栽培条件的高产、稳产品种，品种遗传资源贫乏，现有品种对农业生态条件适应性较差，现有品种对某些病虫害敏感性较高，复种耕作制度下纤维作物的适应性欠佳。

国家政策。黄麻是孟加拉国的传统出口商品，因此孟加拉国政府非常重视黄麻生产。于1976年成立了单独的黄麻部，制定黄麻产业政策，处理与黄麻有关的事务。黄麻部通过黄麻工厂公司来贯彻各项政策。目前孟加拉国是世界上唯一拥有专门管理黄麻产业的部委的国家。

印度统一进步联盟（UPA）政府对黄麻工业特别重视，反映在"全国共同最低安排"

的承诺中。政府为黄麻工业的生存和发展采取了突破性措施。这些措施包括在 2005 年 4 月首次宣布全国黄麻政策，决定通过管理 3 个黄麻工厂，复兴全国黄麻制造业公司，在 2007 年 2 月投入 35.5 亿卢比，推出黄麻技术使命小组，巩固生黄麻的最低支持价格，积极落实黄麻包装材料（1987 年法律强制使用包装商品）；建议成立全国黄麻委员会，协调黄麻工业各个组织的行为。印度政府对黄麻业的高度保护，促进了黄麻的本地消费。

贸易政策。孟加拉国共向 28 个国家和地区出口黄麻，向 98 个国家和地区出口黄麻产品，孟加拉国政府对黄麻出口非常重视，采取了一系列鼓励措施，如出口促进局参与国际贸易展览会，在国内举办贸易展览会，在国内外举办买卖方会议等，以期扩大黄麻销售市场。孟加拉国在国外的代表团也努力尝试在不同的国家和地区促销黄麻产品。

（三）丝绸

1. 日本蚕丝业衰退及其启示

日本是位于亚洲东部，太平洋西侧的岛国。国土面积约 37.8 万 km^2，其中山地占总面积的 76%。日本的平均气温在 10℃以上，终年温和湿润、四季分明。2012 年日本人口 1.28 亿人，人口数居世界第 10 位。根据国际货币基金组织（IMF）公布的 2012 年世界各国国内生产总值（GDP）和人均 GDP 排名，日本 GDP 为 59 640 亿美元，排名世界第 3 位；人均 GDP 45 774 美元，排名第 18 位。

日本的蚕丝业从中国传入，迄今已有 2000 多年的历史。但日本蚕丝业的兴起则是在 1868 年"明治维新"之后，到 1909 年日本生丝出口量超过中国，1914 年生丝产量超过中国，从而成为世界最大的蚕丝生产国和贸易国。其后，日本蚕茧、生丝产量持续稳定地增长，尽管在二战期间，日本的蚕丝业也遭受了严重打击，但直到 20 世纪 70 年代以前，日本一直是世界上最大的茧丝生产国。在日本养蚕业最鼎盛的 1929 年，日本全国 40% 的农户都从事养蚕，共有养蚕农户 221 万户，全国大约 10% 的耕地都用来种桑，桑园面积达 62 万 hm^2，1930 年的蚕茧产量达到历史最高的 40 万 t。1951 年日本制丝业规模最大时，生丝产量达 43 800t，机械缫丝厂为 288 家，1952 年从业人员最多时，人数达 64 274 人。

然而，从 20 世纪 70 年代开始，日本的蚕丝业逐渐衰退，进入 90 年代以后，日本的茧丝生产在世界上的地位已经微不足道。从表 1.20 中可以看出 1975 年以后日本蚕丝业快速衰退的整个过程。1975～2011 年，日本桑园面积从 15.06 万 hm^2 减少到 2000 hm^2，养蚕农户从 24.84 万户减少到 621 户，蚕茧产量从 9.12d 万 t 减少到 220t；日本的制丝工厂从 123 家减少至 2 家，生丝产量从 20 169t 减少至 ∠4t，2011 年制丝从业人员仅为 65 人；日本的织绸企业从 15 310 家减少至 3000 家，绸缎产量从 15 649 万 m 减少至 1042 万 m，从业人员从 91 860 人减少至 10 000 人。日本蚕丝业持续衰退，蚕茧与生丝产量已经萎缩到可以忽略不计的地步。与养蚕业和制丝业相比，处于产业链下游的日本织绸业的衰退速度稍慢些（表 1.20）。

表 1.20　1975 年以来日本蚕丝业

年	养蚕业			制丝业				织绸业			
	桑园面积/km²	养蚕农户/户	蚕茧产量/t	生丝产量/t	制丝工厂/家	设备数/台	从业人数/人	绸缎产量/万 m²	织机数量/万台	企业数/家	从业人数/人
1975	150 600	248 400	91 219	20 169	123	—	—	15 649	31.1	—	—
1980	121 200	165 590	73 061	16 155	105	—	—	14 371	27.9	15 310	91 860
1985	96 800	99 710	47 274	9 592	67	—	—	10 750	21.3	12 530	77 550
1990	59 500	52 060	24 925	5 721	52	—	—	7 868	17.1	11 740	57 600
1995	26 300	13 640	5 351	3 229	29	—	—	5 413	9.4	8 500	34 200
2000	5 900	3 280	1 244	557	8	—	—	3 228	6.3	5 300	21 700
2001	4 800	2 730	1 031	431	6	—	—	2 980	5.7	4 600	17 900
2002	4 300	2 360	880	391	5	607	207	2 671	5.1	4 300	15 500
2003	3 800	2 070	775	287	4	444	173	2 382	4.9	4 100	14 800
2004	3 400	1 850	683	263	4	426	165	2 194	4.6	3 800	13 800
2005	3 000	1 591	626	150	2	203	111	1 982	4.4	3 400	12 400
2006	2 700	1 345	505	117	2	114	103	1 853	4.2	3 170	11 500
2007	2 400	1 169	433	105	2	112	100	1 548	4.0	3 120	10 900
2008	2 000	1 021	382	95	2	112	90	1 404	3.8	3 050	10 500
2009	2 000	915	327	69	2	118	82	1 147	3.4	3 000	10 000
2010	2 000	756	265	53	2	118	73	1 161	3.6	3 000	10 000
2011	2 000	621	220	44	2	110	65	1 042	3.6	3 000	10 000

资料来源：日本生丝流通协会统计资料

（1）日本蚕丝业发展历程

对于日本蚕丝业的兴盛与衰退，可以根据日本桑园面积、养蚕农户数量、蚕茧产量、生丝产量的历史变化，将近代日本蚕丝业的发展历史划分为发展兴盛期、战时危机期、战后恢复期和衰退萎缩期等四个时期，来描述其兴盛与衰退的过程。

发展兴盛期（1868～1939 年）。从"明治维新"到第二次世界大战爆发，在短短半个多世纪中，日本蚕茧产量增加了 9.7 倍，生丝产量增加了 24.5 倍。从 1914 年开始，生丝产量超过中国，1915 年日本生丝占世界总产量的比重已经超过 50%，完全取代了中国的地位。此后长期雄居世界第一位。1887～1934 年，日本生丝产量年均增长率达到 6.2%。1930 年和 1934 年日本蚕茧和生丝产量分别达到历史最高水平 400 196t 和 45 238t，1934 年日本生丝产量占世界总产量的比例也达到历史最高水平 76.27%（檀学文等，1999）。

这一时期，日本蚕丝业的快速发展取决于多方面的因素。一是 1859 年横滨设为自由港，日本进入资本主义经济时代，这给蚕丝业带来了极好的发展机遇；二是当时欧洲的养蚕业由于微粒子病[①]的流行和劳动力工资的上涨而衰退，日本的蚕种和生丝得以大量出口，并不断拉动蚕丝业经济的增长；三是得益于政府的重视和扶持，具体表现在以

---

　① 微粒子病是一种传染性蚕病，它不但可以通过食下传染感蚕，还可以通过卵由母代传给子代，由此对蚕种及整个蚕业生产构成极大威胁。

下几个方面：①在政策法规方面，于 1871 年废除了幕府时代颁布的"禁止在耕地上栽种桑、茶"的法令，1879 年颁布《生丝制造取缔法》，1886 年颁布《蚕种检查规制》，1905 年颁布《蚕病预防法》，1911 年颁布《蚕丝业法》；②在科研教育方面，于 1874 年在新宿试验场内设立了蚕业试验班，1884 年成立蚕病试验场，1887 年改为蚕业试验场兼蚕业教育，1896 年设立西原蚕业讲习所等；③在贸易环境方面，于 1878 年发起收回生丝出口商权运动，鼓励生丝直接出口，1880 年设立了主要从事生丝出口金融业务的横滨正金银行，1895 年设立了横滨生丝交易所，1897 年在横滨和神户设立生丝检验所，1899 年废除了蚕丝出口税；④在蚕丝业结构调整方面，于 1871 年设立富冈机械缫丝厂，1879 年实行"士族授产"，发放用于机械缫丝厂建设的劝业贷款，致力于先进的机械缫丝厂的发展。由于政府对蚕丝科研和教育事业的重视，19 世纪末 20 世纪初在日本诞生了许多对现代蚕丝业至关重要的科研成果，如 1904 年石渡繁胤发现了蚕的雌雄分别法，1906 年外山龟太郎提出利用蚕的杂交优势，1915 年水野辰五郎研究出了蚕种越年冷藏法，1916 年荒木武雄和三浦英太郎研究出了利用盐酸处理的蚕种人工孵化法，以及 20 年代多绪缫丝机的开发和普及等。

抓住良好的发展机遇，并得到政府的重视和多方扶持，日本的蚕茧和生丝生产量分别从 1878～1882 年的平均 43 328.2t 和 1722.8t，1903～1907 年的平均 109 228.4t 和 7940.3t，增加到 1928～1932 年的平均 366 771.4t 和 42 011.4t；生丝出口量从 1868～1872 年的平均 570.2t，1878～1882 年的平均 1108.2t，1903～1907 年的平均 5264.6t，增加到 1928～1932 年的平均 32 342.7t。1909 年日本出口生丝 8081.6t，超过当年中国的生丝（包括柞蚕丝）出口量 7860.4t，成为世界最大的生丝出口国。1930 年日本桑园面积曾占耕地面积的 26.3%，39.6%农户栽桑养蚕，生产蚕茧 399 093t，生产生丝 42 619t。1929 年日本出口生丝 34 857t，占当年世界生丝出口量的 66.1%。1923～1927 年茧丝绸的出口额占日本同期全商品出口总额的 45.0%（顾国达，2001）。蚕丝业作为近代日本的支柱产业，通过生丝的出口创汇为日本经济的发展做出了巨大贡献，从而被尊为"功勋产业"，20 世纪 30 年代也成为日本蚕丝业的历史辉煌期。

战时危机期（1939～1949 年）。1937 年日本政府发动侵华战争，1939 年第二次世界大战爆发。战争期间，日本政府实行经济军事化，大量毁桑种粮；由于美国丝织品制造商是日本生丝的主要消费者，日美开战使日本丝绸外贸受挫。进入 20 世纪 40 年代，日本蚕茧、生丝产量急剧下降，仅 1942 年生丝产量就比 1941 年减少 1.2 万 t 以上。1945 年生丝产量一度降低到 0.5 万 t，为战前最高产量水平的 11.5%。1947 年蚕茧产量仅 5.4 万 t，为战后一段时期的最低水平，仅占战前最高水平的 13%强。（檀学文等，2000）

战后恢复期（1950～1970 年）。第二次世界大战结束后，日本为了满足恢复国内经济所需的外汇，全力恢复蚕丝业，1946 年 8 月制定了《蚕丝业复兴五年计划》，着手发展桑园，扩大养蚕规模，修复缫丝设备以增加蚕丝生产与出口。1948 年 1 月日本大幅度降低生丝出口价格（-42%），1949 年春制定 1 美元＝360 日元的外汇汇率，这些措施的实施有力地刺激了日本生丝的出口。1950 年 6 月发生的朝鲜战争使世界丝绸市场对生丝的需要大幅度增加，引起生丝价格不断上涨，在这种背景下于 1951 年秋出台了《茧丝价格稳定法》，从而进一步刺激了日本蚕丝业的发展。于是，日本的蚕茧产量从 1947 年的低谷，迅速增加到 1951 年的 93 394t，1957 年恢复到 119 454t。但是，从养蚕农户数基本保持在 80 万户左右，桑园面积也稳定在 17~18 万 hm²，而蚕种饲养量由 1947 年的 230.6 万盒增长到 1957 年的 416.1 万盒。由此可见，20 世纪 50 年代日本的蚕茧增产主要是通过增加化肥的施用量来提高单位面积产量和扩大养蚕规模的结果。

20 世纪 50 年代，日本产业结构由轻纺工业向重化学工业转移。在经济高速发展，产业间竞争加剧的背景下，日本制丝业开始了以开发、普及自动化缫丝机为主要内容，以提高制丝劳动生产率为目标的经营合理化运动。自 1949 年开始普及自动缫丝机后，由自动缫丝机生产的生丝生产量占生丝总产量的比例由 1954 年的 9.3%提高至 1957 年的 13%，1959 年达到 52.4%。由于自动缫丝机的普及和蚕茧生产量的增加，日本的生丝生产量也由 1948 年的 8659t，增加到 1958 年的 20 014t。

20 世纪 60 年代日本蚕业的基本特征是蚕业经营规模的迅速扩大和劳动生产率的快速提高。1960 年日本池田政府公布了"收入倍增计划"，以此为契机，日本经济进入高速发展时期。在国内经济迅速发展，国民收入不断增加的背景下，丝绸国内消费迅速增加，丝绸出口继续看好。日本国内的生丝消费量由 1958 年的约 9000t，增加到 1969 年的 24 000t。但国内经济的快速发展带来劳动成本的提高，养蚕劳动力开始向其他行业转移。日本从 1963 年开始进口生丝，1966 年生丝进口量超过生丝出口量成为生丝进口国。在这种背景下，日本的蚕业经营者为维持收入水平，开始积极扩大蚕业经营规模，推广普及以条桑育为中心的省力化栽桑养蚕技术体系，来努力提高劳动生产率。养蚕农户数由 1958 年的 72.9 万户迅速减少到 1964 年的 55.1 万户，到 1970 年只有 39.9 万户；蚕种饲养量由 1958 年的 411.5 万盒减至 1964 年的 382.2 万盒，到 1970 年为 368.5 万盒；蚕茧产量以 1968 年的 121 014t 为最高，基本稳定在 11 万 t 左右；生丝生产量随蚕茧产量的变动而变动，以 1969 年的 21 486t 为最高（顾国达，2001）。

衰退萎缩期（1970 年以后）。1970 年开始的日元升值和 1973 年的石油危机的冲击使日本经济的发展速度放缓，但日本产业结构的调整进一步加速了农业劳动力向非农产业的转移。蚕业比较收益的下降和进口生丝对国内茧丝价格的影响，促使日本政府为保护国内丝绸市场于 1974 年开始实行生丝一元化进口。尽管如此，自 1970 年日本蚕茧产量被中国超过后，日本蚕丝业日本的衰退呈现不可逆转之势。养蚕农户数由 1973 年的 30.46 万户减少到 1984 年的 11.38 万户；蚕种饲养量由 1973 年的 340 万盒减少到 1984 年的 152 万盒；蚕茧生产量也由 1973 年的 108 156t 减少到 1984 年的 50 352t；生丝生产量也相应的由 1973 年的 19 316t 减少到 1984 年的 10 779t。

进入 20 世纪 80 年代以后，日元的不断升值使日本生丝国内价格与国际市场价格的差距不断拉大，加上泡沫经济破灭后国内生丝消费量的减少，迫使日本于 1984 年开始降低生丝的标准价。劳动工资上升和物价上涨引起的经营成本提高，加上与生丝价格相对应的蚕茧价格的降低引起的养蚕收入的减少，严重压迫了养蚕农户的生产活动，中止养蚕的农户不断增加，蚕业规模迅速缩小。1999 年养蚕农户 4030 万户，仅为 1990 年农户数的 7.74%；桑园 7350hm²，仅为 1990 年的 12.35%；蚕种饲养量为 4.52 万盒，仅为 1990 年的 6.25%；生产蚕茧 1496t，仅为 1990 年的 6.00%。

为延缓国内蚕丝业的衰退，1977 年日本农林水产省提出 7 条措施，试图扩大蚕茧生产。这些措施包括固定农户、巩固和扩大桑园面积、确保必需的劳动力、提高桑园产能、和自然灾害做斗争、奖励发展养蚕和广泛采用新技术等。1979 年农林水产省又发布《养蚕业振兴的基本方针》，以强化蚕茧生产基地、努力提高土地生产力、促进养蚕机械化、努力普及新技术等为重点。从 1981 年起，日本开始调整蚕丝生产体制。对于养蚕农户，实行自主计划生产；对于制丝业者，1983～1984 年实施了设备的"共同废弃"，压缩生产规模。1985 年起，日本提出"新高能率养蚕地域的确定"，力图确保最小限度的蚕丝生产规模。二战以后，为恢复和发展国内蚕丝业，日本一直对生丝进口采取各种限制措施，当国内蚕丝业呈现衰退之势时，对生丝的进口变得更加严格。从 1974 年 7 月起日本对中国等国家的生丝进口实行事先许可制，并根据茧丝价格安定法实行生丝一元化进口措施。1976 年日本开始丝绸贸易的协议配额加许可证管理。1995 年以后，在 WTO 贸易体制下，日本生丝进口实行国家贸易，蚕茧进口实行关税配额制。同时，还拟定了蚕茧和生丝进口市场开放进程表。但高额的进口关税与低迷的日本茧丝价格所形成的巨大反差，使该进程表并无实际意义。为保护国内制丝业和丝绸织造业，日本随后又对丝绸贸易政策进行了修正，1996 年 4 月后，对于实际需要蚕茧和生丝的企业申请进口，可以减免关税。

事实是，进入 20 世纪 90 年代，日本养蚕业已经极度萎缩，缫丝工业设备也大量闲置，政府对蚕丝业的保护已毫无意义。鉴于此，日本国会于 1998 年 4 月 1 日起废除了《蚕丝业法》和《制丝业法》，这标志着蚕丝业在日本作为一个独立的产业部门的消失。进入 21 世纪后，日本蚕丝业基本已经消亡，2002 年日本养蚕农户数进一步减少到 2360 户，蚕茧产量仅为 880t，生产生丝仅 391t；2011 年日本养蚕农户仅为 621 户，蚕茧产量 220t，生产生丝 44t，养蚕缫丝主要用于科学研究。

（2）日本蚕丝业衰退的原因

一是经济结构的变化带来传统产业的衰落。战后日本经济高速发展，伴随产业竞争的加剧和产业结构的升级，传统的农业开始衰落。养蚕业属劳动密集型和土地密集型传统产业，经济的高速发展使得日本劳动力紧缺，劳动力成本不断上升。同时，土地日益稀缺，土地价格不断上涨，与其他产业相比，种桑养蚕的比较效益下降，越来越多的农户放弃桑园、停止养蚕并转向其他产业。

二是国际竞争和国内发展导致市场萎缩。国际市场上，丝绸制品的消费市场容量有限。一方面，随着人造丝和各式纤维的发明，丝绸产品的替代品越来越多；另一方面，随着其他国家如中国、印度、巴西等国生产出大量廉价的丝绸产品，蚕丝业的国际竞争日益加剧。日本的蚕丝业本是一个出口导向型产业，在"二线"（丝线和航线）国策下，生丝出口创汇曾经为日本经济发展获取必要的资金以换回国家急需的紧缺材料。但在 20 世纪 70 年代初中美、中日关系改善后，具有较强国际竞争力的中国丝绸商品的大量出口对日本的生丝出口造成了巨大的冲击。从 1963 年开始日本生丝出口迅速下降，1975 年生丝出口全部停止，最终变成了内销为主，并成为世界主要的蚕茧和生丝进口国。另一方面，随着日本经济社会的发展，国民的消费心理发生了深刻的变化。日本人开始崇尚西方消费方式，逐渐摒弃传统的民族服装，如真丝绸西服、和服等，导致国内丝绸消费市场的萎缩，使日本蚕丝业失去了国内市场的支撑。

三是技术瓶颈致使养蚕业由优势产业变为劣势产业。日本是一个技术立国的国家，19世纪后期开始发展蚕业时，就不断派人向欧洲学习先进技术，并全力发展国内的蚕业技术体系。二战以后，尽管日本养蚕业不断进行技术上的更新，努力建立省力化蚕桑生产技术体系，但在关键技术上无法突破，形成技术瓶颈，劳动生产率难以提高。当蚕丝业技术进步和经营方式改善带来的收入增加难以抵消经济发展后劳动力、土地等生产成本的上升时，蚕丝业的比较收益下降，蚕丝业便由优势产业转变为劣势产业。

四是政策保护促进蚕业快速发展又延缓蚕业衰退。为促进蚕丝业的发展，日本采取了一系列有效措施；而为了缓和蚕丝业的衰退，又实施了包括高于国际价格的国内价格等一系列保护措施。如果没有政府的各种政策性保护，日本蚕丝业可能不会在明治维新以后得到如此快速发展；而在国内市场对外开放和国际市场竞争加剧的情况下，如果没有政府各种政策性保护的延续，日本蚕丝业的衰退将开始得更早，衰退得更快。

（3）日本蚕丝业衰退对我国的启示

一是只有技术变革才能实现蚕丝业可持续发展。没有落后的产业，只有落后的技术。产业的整体水平与生命周期由科技所决定。二是放开与开放是蚕丝业发展的必然选择。三是我国蚕丝业迫切需要转型发展。四是多元发展将是蚕丝业转型的重要方向。

2. 印度蚕丝业发展及其借鉴

印度位于南亚次大陆的印度半岛上，国土面积297.4万 km²。印度全境分为德干高原和中央高原、平原及喜马拉雅山区等三个自然地理区。印度属热带季风气候，气温因海拔高度不同而异，喜马拉雅山区年平均气温12～14℃，东部地区26～29℃。2012年印度人口12.16亿人，是世界第二人口大国。根据国际货币基金组织（IMF）公布的2012年世界各国国内生产总值（GDP）和人均GDP排名，2012年印度GDP为18 248亿美元，排名第10位；人均GDP1485美元，排名第136位。印度人口众多，气候条件适宜栽桑养蚕，是世界上唯一能同时生产桑蚕丝、柞蚕丝、蓖麻蚕丝和琥珀蚕丝的国家。

（1）印度蚕丝业发展历程

印度的蚕丝业也有2000多年的悠久历史，早在莫古尔王朝时代曾经有相当规模的蚕丝生产。印度蚕丝业发展大致可以划分以下几个阶段。

缓慢发展期（1947年以前）。英国东印度公司对印度进行殖民控制时期，印度蚕丝业就有明显的发展，1736～1740年印度每年出口至英国的孟加拉生丝达64.9t，占英国进口生丝总量的42.4%，1823年印度出口至英国的孟加拉生丝达552.9t，占英国进口生丝总量的49.7%。1875年以后由于印度国内蚕微粒子病暴发，以及中国和日本生丝开始大量出口，印度蚕丝业出现衰退。第一次世界大战后世界丝绸消费的增加使印度蚕丝业出现复苏，但由于其他经济作物的竞争、蚕病流行和进口生丝的压迫，1922年印度蚕丝业又出现困境。1929年10月爆发的世界经济大危机引起的丝绸消费衰退和日本生丝倾销，使印度蚕丝业受到更加严重的打击。第二次世界大战期间，由于中国和日本生丝出口的中止，同盟国希望印度尽量供应生丝以制造降落伞等军需用品。因此，在政府的财政补助下，印度蚕丝业有短暂的大发展，1947年印度生丝产量达800t。

快速发展期（1947年～20世纪80年代末）。1947年印度从英国独立后，为发展民族工业，增加外汇收入，开始大力发展蚕丝业。1949 年 4 月经印度国会批准，在纺织部成立了中央蚕丝委员会（Central Silk Board, CSB），总部设在班加罗尔，由 36 名成员组成，其主要职责是：促进印度丝绸业的发展；组织协调茧丝绸科学研究和新技术推广；引进国外资金和技术，并负责蚕业国际合作项目的实施管理；促进茧丝绸市场的发展，稳定蚕茧和生丝价格；培训蚕业技术人员；收集提供蚕丝业有关统计资料；向政府提供蚕丝业发展和茧丝绸进出口等方面的政策建议；应答国会提出的有关蚕丝业发展的有关提案和问题（徐安英等，2002）。

中央蚕丝委员会从 1951 年开始编制蚕丝业发展的五年计划，并逐年增加对蚕丝业的财政支持，从此，印度蚕丝步入有组织、有计划的发展时期。目前中央蚕丝委员会下辖 10 个所级单位，包括 5 个中央蚕业研究培训所、国家蚕种项目、蚕种技术研究室、蚕桑生物技术研究室、中央丝绸技术研究所、中央蚕业品种资源中心。各所还根据各地不同情况建有 100 多个地区研究站和研究推广中心，国家蚕种项目下辖 101 个蚕种场和蚕种推广中心，其范围基本覆盖了全部蚕区。

除了中央蚕丝委员会，印度各主产区邦政府一般都由蚕业局（Department of Sericulture, DOS）负责本邦蚕业生产和技术推广。各邦蚕业局的主要职责是：指导推广蚕业新技术和技术培训；向普通种场提供原种和向农户提供桑蚕品种，核发杂交蚕种生产许可证；茧丝市场的管理，核发茧丝市场的许可证给买卖方，控制茧丝价格；帮助银行或独立向蚕农提供优惠信贷（徐安英等，2002）。

由于在组织机构设置和资金投入方面的努力，20 世纪 60 年代以来，印度在蚕丝业技术人员的培训和蚕桑品种选育、栽桑养蚕技术的改进普及方面取得了明显的进展，为印度蚕丝业的发展奠定了产业基础。70 年代世界丝绸消费的增加，日本蚕丝业发展停滞、中国丝绸出口受阻，都为印度蚕丝业的发展提供了良好的外部机遇，印度蚕丝业开始进入快速发展时期。进入 80 年代以后，印度政府制订了与国家开发计划相配套的蚕丝业发展计划，并在世界银行和瑞士政府的巨额贷款支持下，加紧茧丝人才的培养，完善茧丝绸技术开发和推广机构，积极培育优质的桑蚕新品种并推广蚕病防治等现代蚕丝技术。随着印度蚕丝业的产业基础的日益巩固和扩大，1982 年和 1987 年印度的蚕茧和生丝产量分别超过日本，成为继中国之后的世界第二大蚕丝生产国。

稳定增长期（20 世纪 90 年代以来）。1989 年在世界银行和瑞士政府的资金援助下，印度政府加紧茧丝绸人才的培养（曾派出 7 批高级研修人员来浙农大蚕学系进修）、完善茧丝绸技术开发和推广机构、积极培育优质的二化性家蚕新品种并推广蚕病防治等现代蚕丝技术。从 1991 年开始，印度政府又接受日本海外振兴机构的援助（包括资金及专家），分阶段推广二化性蚕丝的生产，旨在提高国产生丝的质量，减少生丝进口。经过十几年的努力，终于取得了一定的成果，二化性蚕丝的产量稳步提高，在生丝总量中所占的比例越来越高。

20 世纪 90 年代以来，印度的蚕丝业的产业基础日益巩固和扩大，茧丝产量稳步增长，一直保持着第二大蚕丝生产国的地位，也是我国蚕丝业发展最大的竞争对手。其蚕茧和生丝产量仅次于我国，蚕茧产量约占世界总产量的 16%，生丝产量约占世界总产量的 12%。2011 年印度拥有桑园面积 18.11 万 hm^2，蚕茧产量 13.99 万 t，桑蚕丝产量 18 272t，野蚕丝产量 4788t（表 1.21）。

表 1.21　印度蚕丝生产规模的变化

年度	桑园面积/hm²	桑蚕茧产量/t	桑蚕丝产量/t	野蚕丝产量/t
1951	56 732	12 088	625	269
1960	82 954	21 637	1 185	328
1970	98 248	34 278	2 319	595
1980	170 000	58 208	4 593	448
1990	316 610	116 663	11 486	1 074
1995	286 496	116 362	12 884	1 025
1996	280 651	115 655	12 954	1 172
1997	282 244	127 495	14 048	1 188
1998	270 069	126 565	14 260	1 284
1999	227 151	124 531	13 944	1 270
2000	215 921	124 663	14 432	1 425
2001	232 076	139 616	15 842	1 509
2002	194 463	128 181	14 617	1 702
2003	185 120	117 471	13 970	1 772
2004	171 959	120 027	14 620	1 880
2005	179 065	126 261	15 445	1 860
2006	191 893	135 462	16 525	1 950
2007	184 928	132 038	16 245	2 075
2008	177 943	124 838	15 610	2 760
2009	183 773	131 661	16 322	3 368
2010	170 314	130 714	16 360	4 050
2011	181 089	139 871	18 272	4 788

资料来源：Central Silk Board of India

　　与我国的茧丝绸产品以出口为主不同，印度茧丝绸产品在出口世界的同时，国内消费市场也很发达。因此，印度也是世界主要的生丝消费国之一，每年消费世界生丝总产量的约 30%。由于其国内生产的茧丝不能满足消费的需要，印度必须每年进口大量生丝和坯绸。从表 1.22 可见，2007～2010 年印度出口的丝绸商品以蚕丝及绸缎和丝绸服装为主，两者占比高达 98% 左右。而从表 1.23 可见，印度进口的生丝 95% 以上来自中国。

表 1.22　印度各类丝绸商品出口额

项目	2007 年度		2008 年度		2009 年度		2010 年度	
	百万美元	比例/%	百万美元	比例/%	百万美元	比例/%	百万美元	比例/%
蚕丝及绸缎	382.56	56.63	365.08	52.69	297.76	49.37	364.68	57.56
丝绸服装	271.97	40.26	314.3	45.36	291.48	48.33	256.69	40.51
丝织地毯	17.97	2.66	12.38	1.79	8.55	1.42	2.58	0.4
废丝	3	0.44	1.12	0.16	5.34	0.89	9.67	1.53
合计	675.5	100	692.88	100	603.13	100	633.62	100

资料来源：Foreign Trade Statistics of India（Principal Commodities & Countries），Kolkata
年度为当年 4 月至次年 3 月

表 1.23　印度国别生丝进口量

国别	2006 年度		2007 年度		2008 年度		2009 年度		2010 年度	
	数量/t	比例/%	数量/t	比例/%	数量/t	比例/%	数量/t	比例/%	数量/t	比例/%
中国	5318	95.6	7839	99.0	8316	99.1	7097	96.7	5591	95.25
巴西	103	1.9	54	0.7	31	0.4	68	0.9	—	—
乌兹别克	117	2.1	19	0.2	18	0.2	82	1.1	126	2.15
其他	27	0.5	9	0.1	27	0.3	91	1.2	153	2.6
合计	5565	100.0	7921	100.0	8392	100.0	7338	100.0	5870	100

资料来源：Foreign Trade Statistics of India（Principal Commodities & Countries），Kolkata

由于我国的生丝质量好于印度国产生丝，价格又低于其国产生丝，我国生丝的大量涌入对印度国产生丝价格产生了很大的影响，导致其国产生丝价格的剧烈波动。生丝价格的下降引起了养蚕业和缫丝业收入的恶化，导致很多蚕农刨桑和放弃养蚕，使印度桑园面积、蚕茧和生丝产量也受到影响。于是在 2002 年印度中央蚕丝局以及缫丝业者对我国进口生丝提出反倾销诉讼，2003 年对我国生丝征收反倾销税。

这一措施的实施，在阻碍我国生丝对印出口的同时，致使印度对我国绸缎的进口快速增加，使之逐渐超过生丝成为丝绸进口的主力，印度也逐渐由过去的生丝进口大国转变为继美国之后的绸缎进口大国。但是，坯绸进口量的激增也引起了印度政府的抵抗，为了保护其国内丝织业，2006 年 5 月印度政府又对自中国进口的绸缎以最低限价方式征收反倾销税，针对不同产品和不同克重，对我产品提出了 30 种最低限价，并自 6 月起对自中国进口的绸缎开始征收 57%～108%的临时关税。在 11 月公布的最终裁决中，设定了 1.662～4.526 美元/米（包括进口关税和 1%的进口杂费）的最低限价。

目前，印度国家政府和 CSB 正通过采取各种支持措施，如加强对蚕农的补助、保障缫丝从业者的利益等举措，以减少国内生丝进口。印度中央政府的财政预算案已经宣布 2013 年将生丝进口关税从 5%提高到 15%，以保护国内桑蚕业和缫丝业。纵观印度对我国的系列措施，说明印度一直在稳步减少对进口中国生丝的依赖，印度曾每年从中国进口生丝 10 000t 左右，现在已经降低至 5000 多 t。印度计划 2022 年把生丝进口量降为零。

与此同时，为提高国产生丝产量和质量而采取积极措施，如加大对丝绸产业的投入，促进产量的提高；接受国际援助，积极推广二化性蚕品种饲养，以提高蚕茧质量；扩大野蚕丝的生产，突出丝绸产品的民族特色；积极扩大出口，逐步提高丝绸制成品在丝绸出口中的份额。

（2）印度蚕丝业发展的原因

20 世纪 70 年代日本蚕丝业的衰退和中国蚕业生产的徘徊，及 80 年代的世界丝绸消费热都为印度蚕丝业的发展提供了良好的外部机遇，但印度蚕丝业的发展仍然主要得益于其自身的资源优势、传统的丝绸消费习惯、高度市场化的茧丝流通体制和印度政府在生产与贸易政策上的大力支持及国际社会的援助。

丰富的资源优势。印度的可耕地面积达 1.58 亿 hm^2，而且适宜栽种桑树。印度属热带季风气候，自然气温高，培育桑树周期短，单位面积桑园产量高，全年均可摘桑养蚕。印度是个人口大国和农业大国，2011 年人口达 12.16 亿人，其中农业人口占 50%，农业增加值占国内生产总值的 16%。20 世纪 60 年代中期开始的绿色革命解决了长期困扰印度政府的粮食问题，但至今印度农村仍然十分落后，约有 4000 万失业人口。蚕丝业是一项劳动密集型产业，从桑树栽培管理、喂蚕、采茧、售茧、烘茧到制丝、纺织、印染等都需要投入大量的劳动力，而且印度蚕丝业技术水平低，以手工操作为主，能吸纳的劳动力更多。

传统的丝绸消费习惯。印度自身是一个丝绸消费大国，丝绸产品种类繁多，其中最主要的丝绸产品为用于民族服装的"莎丽"，约占丝绸总产量的 75%以上。生产的丝绸成衣、丝袜、丝织地毯和丝绸围巾等产品，80%用于满足国内市场的需求。因此，印度自身就是最大的丝绸消费市场。1991 年印度开始市场经济改革，使印度经济朝着自由化、市场化、全球化、现代化方向发展。随着改革的逐步推进，印度经济呈现出加速发展之势，印度的人均收入水平不断提高，印度本国的丝绸消费需求也不断增加。

高度市场化的茧丝流通体制。由于气温高，可全年生产蚕茧，印度没有烘茧这道工艺。农户采下鲜茧，放在太阳下晒干后就拿到蚕茧市场出售。印度的制丝业以农户小作坊式生产为主，由于资金实力薄弱，制丝农户几乎天天买茧、卖丝，以达到缩短周期，加快资金周转的目的。因此，印度的茧丝价格完全由市场来决定。印度政府主要在蚕丝业主产地区设立蚕茧和生丝交易市场，法律上要求农民把蚕茧拿到蚕茧市场，缫丝厂把生丝拿到生丝市场进行交易。为此，印度有大量的全年开放（全年 3 天假期除外）的茧、丝交易市场，仅卡纳塔克邦就有 58 个蚕茧交易市场和 11 个生丝交易市场，其中较大的 10 个蚕茧交易市场，年交易量可达 50t 蚕茧。印度有众多的丝厂，大小丝厂都进入交易市场进行拍卖。

印度政府的积极扶持和国际社会的持续援助。印度中央政府和各地方政府均采取多种措施大力发展蚕丝业。一是增加对蚕业科研、蚕种场、茧丝市场的投入。从印度中央蚕丝委员会 1951 年开始编制蚕丝业发展的"第一个五年计划"（1951～1956），到"第八个五年计划"（1992～1997），中央和各邦给予蚕丝业的财政支持累计达 141 亿卢比。此外，印度蚕丝业的发展还获得了世界银行和瑞士政府的巨额贷款支持，1981～1987 年、1992～1997 年两次贷款总额高达 5 亿多美元。二是注重蚕丝业科技人才的培养。从中央到地方建立了各级各类培训学校和各级技术指导部门，培养了大批蚕业科技人才，为大力推广和普及养蚕新技术提供了保证。三是注重建立并规范蚕茧和生丝市场，运用市场价格规律协调茧丝绸各生产环节的利益关系。为保护蚕农和缫丝厂的利益，促进蚕丝业的稳定发展，印度中央蚕丝委员会下设生丝价格稳定委员会，决定生丝价格的上限和下限，并在茧丝价格波动过大时，通过购入或卖出一定比例的生丝数量以稳定生丝价格，从而达到稳定蚕茧价格的目的。

（3）印度蚕丝业发展对我国的借鉴

一是加快市场化进程，提升产业竞争力。二是改革蚕丝业管理体制，明确管理职能。三是进行科学的政府干预，给予适度的政策保护。四是理顺科研体制，强化蚕桑科研机构。五是重视蚕丝技术研究，加强蚕桑技术应用推广。六是加强高等专业教育，确保蚕桑专业人才。

3. 巴西蚕丝业发展及其借鉴

巴西是拉丁美洲最大的国家，人口为 1.93 亿人，人口数居世界第 5 位，拥有充足的劳动力和丰厚的自然资源。根据国际货币基金组织（IMF）公布的 2012 年世界各国国内生产总值（GDP）和人均 GDP 排名，2012 年巴西 GDP 为 23 960 亿美元，排名第 7 位；人均 GDP 12 917 美元，排名第 53 位。

（1）巴西蚕丝业发展历程

巴西的蚕丝业始于 19 世纪初，但直到第一次世界大战后，由意大利移民引进近代养蚕技术并创办了机械缫丝厂，巴西的蚕丝业才有所发展。以后，随着日本移民的增加，移民中从事蚕丝业人数的增多，巴西的蚕丝业以圣保罗州为中心得到较快的发展。1923 年度巴西生产蚕茧仅 9.0t，1924 年度增加到 29.5t，1933 年度运 548.8t；生丝生产量 1924 年度仅为 8.2t，1933 年度达到 44.9t。

第二次世界大战期间，美国对日本实行经济封锁，日本也对美国实行生丝禁运。美国为了满足国内军需，向巴西大量定购生丝，使巴西蚕丝业获得快速发展的机会。巴西的蚕茧生产量由 1940 年度的 721.5t 增加到 1945 年度的 6144t；生丝生产量也由 1940 年的 70t 增加到 1945 年的 751t。

第二次世界大战后，由于日本恢复生丝出口并重新占领美国市场，加上美国化学纤维工业的迅速发展，和战后世界丝绸消费的低迷，给刚刚发展起来的巴西蚕丝业以沉重的打击。蚕茧生产量由 1946 年度的 3757t 减少到 1948 年度的 464.8t；生丝生产量由 1946 年的 260t 减少到 1948 年的 35t。此后，巴西的蚕丝业虽然有所恢复，但一直没有达到历史水平。1953 年度巴西生产蚕茧 2501t，生产生丝 186t，所产生丝主要满足国内消费。

1962 年日本开始进口生丝，1966 年由生丝出口国转变为生丝进口国。日本为了建立多元化的生丝进口渠道，防止生丝市场被中国垄断，积极策划并支持国内从事生丝生产和丝绸贸易的大公司到巴西投资，兴办独资或合资的蚕丝企业。1972 年伊藤忠公司率先出资控制了巴西有名的蚕丝企业布拉坦库（BRATAC）。此后，钟纺、郡是、神户制丝和昭荣等公司都相继在巴西兴办了桑蚕茧丝一体化的蚕丝企业，并从日本引进先进的缫丝设备和经营管理技术。而中国虽然于 1972 年中美建交后重返欧洲、美国、日本丝绸市场，但在改革开放之前，受国内政治环境等多种因素的影响，丝绸出口能力有限，交货又不及时。在此背景下，巴西的蚕丝业在 70 年代初期迅速发展，1978～1982 年一度停滞，1983 年以后又快速发展。1992 年蚕茧产量达 19 134t，此后由于受到世界丝绸市场供大于求，茧丝绸价格急剧下跌的影响，蚕茧生产量呈现减产趋势，2000 年度蚕茧生产量为 9916t，相当于 20 世纪 80 年代初的水平，2007 年度进一步减少至 6266t。

（2）巴西蚕丝业发展特点

从产地分布来看，巴西的蚕丝业发迹于圣保罗州，在 20 世纪 60 年代以前，它一直是巴西蚕丝业的主产地，占当时巴西蚕茧生产量的 98%。进入 70 年代以后，位于圣保罗州北部的巴拉那州的蚕丝业迅速发展，而圣保罗州则发展较缓慢，圣保罗州和巴拉那州成为巴西蚕丝业的主产地。1978 年度巴西生产蚕茧 8068t，其中圣保罗州生产 6000t，占 74.4%；巴拉那州生产 1930t，占 23.9%。自 80 年代以来，圣保罗州的蚕丝业由停滞转变为衰退，而巴拉那州的蚕丝业仍然迅速发展，1985 年度巴拉那州生产蚕茧 5966t，超过圣保罗州的 5024t，成为巴西最大的蚕丝生产州。2007~2008 年度巴西共生产蚕茧 6266t。

从蚕业生产条件看，巴西蚕业主产地位于南纬 20~25℃，处于海拔 400~500m 的波状丘陵地带。热带草原气候，每年的 6~8 月是冬季低温干燥期，11 月至翌年 2 月是夏季高温多雨期。年平均气温 22.5~24℃，年平均湿度 60%~70%，年降雨量 1300~1600mm。土壤为玄武岩风化而成的赤紫色土，比较肥沃。巴西的自然条件适宜栽桑养蚕，一年可养蚕 10 次以上，但一般每年养蚕 7~8 次。

巴西的桑树品种主要为"三浦"桑，占栽培面积的 80% 以上。该桑树品种是由布拉坦库（BRATAC）公司原蚕种场的日系移民三浦从自己的桑园中选拔出来的。该品种扦插成活率高，生长旺盛，但叶肉较薄。最近，巴西从日本引进叶肉较厚的桑树品种，如改良鼠返、一之濑和岛桑等和巴西当地的桑树品种进行杂交以选育更好的桑树品种。

巴西的桑苗采用扦插繁殖。桑园在整地并施用基肥后，选用 30cm 长的扦插用桑树枝条，一端削尖用插入地下约 20cm。桑树低干稀植（每公顷 6700~7500 株），行距较宽约为 2.8m，株距为 0.5m，适宜机械化管理。一般在降雨较多的 9 月至翌年 2 月间进行桑园建造。如 9 月扦插，翌年 3 月即可进行桑叶收获。桑叶采用条桑收获法，每隔 3 个月可收获条桑 1 次，一般年收获条桑 3 次，桑园间交替使用。巴西的气候条件适宜于栽桑养蚕，一年可养蚕 10 次以上，由于桑树生长的关系一般年养蚕 7~8 次。但是，巴西的桑园管理比较粗放，单位桑园面积的蚕茧生产量较低。当地蚕农主要通过增加桑园面积来扩大蚕业经营规模，因为巴西土地资源十分丰富。

由于气候的关系，巴西生产上所使用的蚕品种为二化性杂交白茧种。过去蚕种主要依靠日本进口，现在由各丝绸公司所属的蚕种场生产，每盒蚕种有 3.2 万~3.3 万粒。各丝绸公司还设有蚕种催青室和稚蚕共育室，饲养稚蚕至 2 龄。蚕农负责 3 龄蚕以后的饲养和上蔟管理。

壮蚕一般采用条桑育。壮蚕室一般都有 7m 宽，长度依饲养蚕种的数量而定。养蚕室也作为上蔟室使用。养蚕室在养蚕前都经过严格的消毒，二栋蚕室交替使用。以前在蚕室内设置 2.5m 宽的蚕座 2 列，最近由于方格纸板蔟使用的普及，一般在蚕室内设置 1.5m 宽的蚕座 3 列。壮蚕采用条桑育，"川"字型给桑，自然扩座不除沙。

上蔟采用自然上蔟法，蔟具主要为方格纸板蔟（1991 年度的普及率为 72.7%，1994 年普及率超过 90%）。蔟具吊于蚕座上方，在桑蚕老熟时直接置于蚕座上让熟蚕自然上蔟。上蔟期间一般不采用有效的管理，由于昼夜温差较大，容易产生多层茧。尽管如此，因为巴西的蚕室为专用蚕室，通风换气较好，而且湿度也不大，因此巴西蚕茧的质量较好。蚕茧手工采摘剥去茧衣后，出售给所属的丝绸公司，蚕茧干燥大多采用热风循环式烘茧机。蚕茧解舒率一般高于 70%，鲜茧出丝率已达 16%~18%。

由上可见，巴西的养蚕业采用大规模经营和以条桑育为主体的省力化技术。1993 年度巴西蚕农户均有桑园 5.3hm^2，生产蚕茧 1.5t。由于桑园采用低干稀植，肥培管理较差，加上采用条桑收获桑叶利用率低，因此巴西的每公顷桑园产茧量只有 291.8kg。

巴西的蚕农收获蚕茧后必须出售给所属的蚕丝公司。由于蚕茧收购标准与价格，各公司间基本统一，蚕茧流通秩序较好。通常，蚕农把蚕茧送达茧站后，首先随机抽取 1% 左右的蚕茧作为样茧，再从样茧中随机抽取 30 颗蚕茧，称取全茧量后，削茧倒蛹称取茧层量并计算茧层率；茧层率的 76% 作为鲜茧出丝率。另在样茧抽取 500g，选出次下茧，计算上茧率。然后查阅巴西制丝协会公布的由鲜茧出丝率和上茧率所构成的蚕茧价格一览表，决定蚕茧的收购价格并当场支付蚕茧款。

巴西的蚕茧价格由制丝协会、蚕农代表和政府主管部门相互协商，主要依照生丝出口价格的高低来决定蚕茧收购价格。1989 年度巴西的蚕茧价格曾经达到每千克 3.55 美元，1994 年度跌落至 1.95 美元，以后略有回升。蚕茧价格如果能够达到每千克鲜茧 2.0 美元以上，巴西的蚕丝业会有所发展，反之如果低于 2.0 美元，由于国内通货膨胀和咖啡、大豆等经济作物的竞争，巴西的蚕丝业将会萎缩。

巴西的蚕丝业自 20 世纪 70 年代以来，尤其是 90 年代初发展迅速，进入 21 世纪以来蚕丝生产规模逐渐缩小，蚕茧和生丝生产量明显减少。2001 年巴西蚕茧和生丝产量分别 10 238t 和 1485t，到 2009 年分别下降至 4586t 和 811t。在巴西，与养蚕业竞争的经济作物主要有咖啡和大豆，因此巴西蚕丝业的发展将取决于世界茧丝绸市场的供求关系和养蚕业与其他经济作物之间的比较效益。

但是，巴西有丰富的土地资源和优越的自然条件，有相当的制丝规模和蚕丝技术，有发展蚕丝业的一定潜力。20 世纪 90 年代以来，巴西茧丝质量的提高，生丝出口竞争力的强化和茧丝出口市场的多元化已对中国的茧丝出口贸易产生影响，同时，巴西生丝出口呈现日益向日本集中的倾向。

巴西的蚕丝技术依赖于日本，养蚕业采用大规模经营和省力化技术，茧丝生产经营采用以制丝公司为龙头的"公司＋农户"的一元化管理方式。蚕丝业是以制丝业为主导以出口创汇为目的的外向型产业，生产的茧丝主要用于出口创汇，以出口生丝为主，能出口世界最高品质的生丝。因此，巴西的巴西蚕丝业的发展主要取决于世界茧丝绸市场的需求和蚕丝业的国际竞争能力。巴西为规范生丝出口商的行为，保护生丝贸易的利益，规定了生丝出口最低限价，这种做法值得我们借鉴。

（3）巴西蚕丝业发展对我国的借鉴

一是促进大规模经营和省力化技术。二是实施产业化经营和一体化管理。三是稳定优质茧丝生产面向高端客户。四是充分发挥蚕农组织作用协调多方利益。

八、我国纤维作物产业可持续发展战略构想

（一）棉花

1. 战略定位

棉花是天然植物纤维和大宗农产品，是经济作物和纺织工业主要原料。衣食住行衣为首，丰衣足食衣为先。今后 10 年和 20 年棉花发展的战略定位是以保障居民日益增长的对纺织品所需的原棉。当前棉花发展面临国内外的激烈竞争，建设植棉业强国是提高原棉竞

争力的必经之路。轻简化栽培、机械化管理和组织化服务是棉花的根本出路。当棉价跃入高位以后，棉花在国内与粮经的竞争和国际市场的竞争归根到底是技术和服务，换句话讲，技术和服务决定棉花的成败。轻简化、工厂化、机械化是关键技术和根本方法。组织化和社会化服务是基本条件和根本保障。高产则是核心竞争力，这是国情所决定的。因此，建设植棉业强国必须加大科技兴棉力度，大力推进科学种田，发展植棉业的社会化服务。

2. 战略目标

根据人多地少、耕地和水资源禀赋的国情和粮食优先的原则，未来原棉需求的战略目标，以保障居民纺织品的原棉需求为基本目标。根据测算，2020 年国产棉 700 万 t，2030 年国产棉 750 万 t。依据科技进步提供的支撑能力和农业装备改善提供的保障能力，预测 2020 年全国棉花单产水平达到 1500kg/hm²，2030 年提高到 1650kg/hm²，今后 10～20 年需安排棉田面积 466.67 万 hm²。棉田面积布局分布，长江流域棉区占 18%～20%，黄河流域棉区占 30%～32%，西北内陆棉区占 50%上下。

3. 战略设想

一要选择资源节约、环境友好，使经济、社会目标与生态、环境相协调发展。二要选择丰产高效，棉粮丰收，使原棉供应与粮棉安全相协调发展。三要选择轻简化、集约化、机械化、信息化，使高效生产、现代植棉与生产力解放相协调发展，即现代植棉业可持续发展战略、棉粮双丰收战略和快乐植棉战略。

4. 战略重点

一是调整和优化棉区布局，坚持和巩固长江、黄河和西北"三足鼎立"的均衡结构，积极发展旱地盐碱地植棉，支持新疆棉花发展。二是改革耕作制度，发展棉粮（油菜）两熟双高产，稳定棉区复种指数。三是转变棉花生产方式，发展轻简化、规模化、机械化、信息化植棉。当前棉花机械化移栽和机械化采收是重点。四是加快棉花品种创新，发展丰产优质高效植棉。五是发展棉花生物技术，占领棉花科技制高点。六是推进种业"育繁推"一体化，培育竞争力强的棉种企业。七是减少流通环节，降低流通成本，提升籽棉工艺水平，实现棉花加工标准化与规范化。

（二）麻类

1. 战略定位

麻类产业未来发展以市场为导向，以经济效益和环境效益为目标，力争麻类种植面积有所恢复，麻类功能有所扩展，麻类产品质量有所提高。

2. 战略目标

预测 2020 年和 2030 年麻产量 75 万 t 和 120 万 t，农业产值 76 亿元和 180 亿元，工业产值 242 亿元和 632 亿元，预期麻类面积 21.33 万 hm² 和 36.67 万 hm²。

3．战略设想

拓展麻类纤维应用领域，提升生物质资源利用效率，提高麻类产品附加值为战略设想。引导和拓展麻类天然纤维向家居、汽车、日常用品和农资应用，特别是可利用麻类生物质产量高，而且富含蛋白质的特性，可用于畜牧产业发展。

4．战略重点

一是合理规划，区域种植，科学发展。麻类布局和种植不与粮争地。扩大麻类在南方冬闲田种植，进军滨海和内陆盐碱地，推进麻类上山种植，发挥水土保持功能。二是树立大纤维观念，扩大纺织原料种类。除传统的纺织纤维外，家居、房屋装饰、汽车内饰和农业生产资料均要消耗大量的天然纤维。特别是近年来我国装饰行业天然纤维的耗麻量上升，每年需从国外进口植物纤维达 20 余万吨，占我国总耗麻量近 40%。因此，国家要树立大纤维观念，因地制宜地种植麻类作物，满足我国天然植物纤维的需要量。三是加快科技进步，破解麻类品种少、品质差、生产费工、环境污染和用途窄的难点问题。以基因工程和杂交育种技术结合的手段，创制更多的符合市场需求的种质资源。例如，苎麻以高品质和高产资源创新入手，创制纤维劫数高的种质；亚麻以抗倒伏和适应机械化生产为目标，创制符合育种目标的种质资源。机械收获技术要以农艺和农机结合，研制生产效率高且适合大规模生产的收获机械。脱胶是从韧皮中提取纤维的重要步骤。传统的脱胶方法造成水源污染，影响环境的和谐发展。近年研发出的生物脱胶技术，具有脱胶污染轻、工作效率高的特点。然而，生物脱胶技术在生产工艺上还需作大部分变更，才能使生物脱胶技术得以推广。

（三）丝绸

1．战略定位

随着世界人口的增长、石油等能源的短缺、人类回归自然的内在需求及真丝功能化改性的进展，真丝作为天然纤维中唯一的长丝纤维，其对人体的友好性、亲肌肤性和美观性等诸多的优良特征蕴含广阔的市场空间和良好的消费前景，蚕桑产业长而完整的产业链能够带动地区经济发展，蚕桑茧丝资源的多元化发展将推动蚕桑产业转型升级，以家蚕基因、桑基因、真丝纤维功能化改性等前沿研究为标志的科技创新则孕育蚕桑产业新的发展机遇。因此，我国 21 世纪的蚕丝业仍将是传承悠久历史文化的传统产业，是低碳绿色可持续发展的特色民生产业，是美化生活、提高品质多元辐射的朝阳产业。

2．战略目标

预测 2020 年全国桑园面积 85 万 hm²，桑蚕丝产量 13 万 t，农业产值 400 亿元，工业产业 4000 亿元。2030 年全国桑园面积 80 万 hm²，桑蚕丝产量 11 万 t，农业产值 650 亿元，工业产业 7500 亿元。

以少占和不占粮田耕地为基本原则，发挥山区和丘陵地域的比较优势，桑园种植布局重点向山区和丘陵转移，预计山区、丘陵和台地 2020 年占桑/柞蚕面积的 80%，2030 年达到 95%，形成华东、华南、西南三大优势桑蚕茧生产区和东北优势柞蚕茧生产区。

全国桑园产茧量 900kg/hm^2，其中优势区域和优质蚕茧基地县提高到 1050kg/hm^2 以上。缫制 20/22D 规格生丝为主的原料茧单张蚕种产茧量稳定在 600kg/hm^2 以上的较高水平，蚕茧上茧率达到 90% 以上，解舒率 60% 以上，鲜茧出丝率 14% 以上。

到 2020 年，在优势区域的蚕茧生产基地县扶持、培育 100 家较大规模的蚕丝产业化龙头企业；建设好华东、华南、西南三个茧丝交易市场；在年产 250t 以上的重点养蚕乡镇，建立蚕业协会或蚕农合作社，构建与产业化龙头企业紧密的利益连接机制。

3. 战略设想

到 2020 年，在优势区域的蚕茧生产基地县扶持、培育 100 家较大规模的蚕丝产业化龙头企业；建设好华东、华南、西南三个茧丝交易市场；在年产 250t 以上的重点养蚕乡镇，建立蚕业协会或蚕农合作社，构建与产业化龙头企业紧密的利益连接机制。

4. 战略重点

开发高品位真丝绸产品，走产业高端化发展道路；传承丝绸历史文化，走民族特色的自主品牌道路；发挥区域比较优势，走区域特色产业发展道路；发挥规模经济效应，走企业一体化经营道路；充分利用各环节资源，走产业多元化发展道路。

九、我国纤维作物产业可持续发展的保障措施与政策建议

（一）棉花

1. 保障措施

农业现代化归根到底是种植业的现代化，种植业现代化归根到底是栽培管理的现代化。为此，我们建议：一是加大棉花科技投入，推进科技进步。研发创建棉花轻简化、工厂化、机械化和信息化技术，加强现代产业技术体系建设。在科技领域，要坚持高新技术和公益性技术、坚持品种和农艺技术、坚持农艺和农机的平衡发展，才能为发展现代植棉业提供强有力的科技支撑。二是增加植棉投入，提高植棉业装备水平。增加工厂化育苗、机械化移栽、机械化采收、机采棉清花和轧花、病虫害测报和喷防等现代农业装备。加大高产创建支持力度，提高良种棉的补贴金额。建立现代规模化经营和普遍经营农户相结合的新型植棉业模式。三是增加农业投入，建设旱涝保收的现代农（棉）田；提高棉田耕地质量，节约水资源。包括深耕和秸秆还田，特别是要清理农（棉）田残膜，减轻环境污染，不新增残膜；大力支持农业和工业结合开发替代普遍地膜，开发农艺替代地膜技术。四是推广节水灌溉技术，建立农业节水灌溉的服务管理模式。五是建设现代植棉业服务体系和组织管理人才体系。大力发展棉花专业化、组织化服务体系，培育"代育代栽代管代收"服务模式，培育农民专业合作组织和家庭植棉农场。

2. 政策建议

一是明确把建设棉花产业强国作为植棉业发展的国家目标，科学规划棉花产业发展目标，明确保障居民纺织品原棉需求作为建设植棉业强国的发展目标，妥善处理好居民纺织品消费和纺织品出口的关系、进口棉与国产棉的关系、国内市场和国际市场的关系。在措施上要强调稳定 466.67 万 hm^2 面积，稳定"三足鼎立"布局，支持新疆棉花发展，支持内地旱地和滨海盐碱地植棉开发，强化科技兴棉和科学种田。二是加大棉花生产的补贴，重点补贴生产，要强化降低流通成本；构建市场经济条件下的目标价格机制、目标收入机制和收入补偿机制。三是大力发展农业保险，实行应保尽保，提高赔付比例，减轻灾害损失，打破因灾致贫和因灾扰乱生产发展的规律。四是退还农民购买的农资税赋。五是充分利用好棉花国内外两个资源和两个市场，建立市场条件下的进出口平衡调控手段，构建"外棉反哺内棉"机制。

（二）麻类

麻类产业发展政策薄弱，急需支持。在国内市场消费需求不强烈，在国际市场尽管有大量的原料出口，但高档的麻纺织品主要靠进口来维持，这都体现出我国麻类作物没能在国内和国际市场占据有力的地位。与粮食相比，国家对麻类经济作物的政策扶持相对逊色很多。在种植该作物的过程中，投入高、产出低，经济效益不好。企业和农户都不愿意在麻类经济作物中投入。国家尽管也出台了相应的减免税收的政策，显然能起到一定的激励作用，但是对于高成本和低效益的企业和农户来说，该政策所能产生的效果是极为有限的。

（三）丝绸

1. 保障措施

巩固提高蚕桑生产，强化蚕丝业发展的基础；通过跨区域产业链整合，推进蚕丝业可持续发展；增强自主创新能力，提升我国蚕丝业的国际分工地位；提升产业化经营效益，做大做强一批丝绸企业；发挥传统民族特色，打造有竞争力的丝绸自主品牌；积极开拓国内外市场，扩大丝绸消费领域和消费群体；努力培养专业科技和管理人才，加强蚕丝业发展后劲。

2. 政策建议

统一思想认识，形成发展蚕丝业的向心力；加强管理与扶持，发挥政府引导和支持作用；完善宏观调控手段，提高蚕丝业运行质量；加强基础工作，为蚕丝业发展提供支撑和保障；建立协调小组，形成蚕丝业发展的有效协调机制；提高组织化程度，充分发挥行业中介组织的作用。

主要参考文献

范作冰, 陈琳. 2013. 中国真丝绸商品出口的国际竞争力分析. 蚕业科学, 39(1): 129-134

冯云, 李阮. 2008. 中国苎麻产品国际竞争力研究. 中国麻业科学, 30(3): 171-175

顾国达. 2001. 世界蚕丝业经济与丝绸贸易. 北京: 中国农业出版社

顾国达, 方园. 2013. 中国丝绸业出口复杂度现状及演进机制分析. 蚕业科学, 39(2): 355-364

关凤芝, 王玉富, 宋宪友, 等. 2001. 亚麻种植业发展概况及建议. 黑龙江农业科学, (2): 33-35

黄先智, 秦俭, 向仲怀. 2013. 日本蚕丝业振兴路径给中国蚕丝业转型发展的启示. 蚕业科学, 39(3): 599-605

李建琴. 2006. 中国转型时期农产品价格管制研究——以蚕茧为例. 杭州: 浙江大学出版社

李建琴, 封槐松, 顾国达. 2011. 我国蚕桑生产波动规律及对策, 中国蚕业, 32(2): 37-44

李建琴, 顾国达. 2013. 养蚕意愿、蚕业风险与应对措施——基于 14 省 91 县 1782 个农户的问卷调查. 蚕业科学, 39(2): 355-364

李建琴, 顾国达, 邱萍萍, 等. 2012. 我国蚕桑生产效率与效益的变化分析——基于 107 个桑蚕基地县的调查. 中国蚕业, 33(4): 1-9

林家丽, 庞振才, 郑良永. 2006. 麻类作物在我国的生产现状及其发展对策. 福建热作科技, 31(2): 46-48

毛长文, 毛宗礼. 2010. 苎麻生态产业的新地位、新机遇、新优势. 湖北农业科学, 49(9): 2307-2310

毛树春. 2010a. 全球棉花 60 年回顾和展望. 中国棉麻流通经济, (3): 30-37

毛树春. 2010b. 我国棉花种植技术的现代化问题. 中国棉花, 37(3): 2-6

毛树春. 2011. 中国棉花景气报告 2010. 北京: 中国农业出版社

毛树春. 2012. 中国棉花景气报告 2011. 北京: 中国农业出版社

毛树春. 2013. 中国棉花景气报告 2012. 北京: 中国农业出版社

毛树春. 2014. 中国棉花景气报告 2013. 北京: 中国农业出版社

毛树春. 2015. 中国棉花景气报告 2014. 北京: 中国农业出版社

毛树春, 冯璐, 李亚兵. 2010. 未来 5～10 年我国棉花消费需求预测. 中国棉麻流通经济, (4): 26-28

毛树春, 冯璐, 李亚兵, 等. 2015. 加快转型升级, 努力建设现代植棉业. 农业展望, 11(4): 35-40

毛树春, 李亚兵, 冯璐, 等. 2014. 新疆棉花生产发展问题研究. 农业展望, 10(11): 43-51

毛树春, 谭砚文. 2013. WTO 与中国棉花十年. 北京: 中国农业出版社

彭定祥. 2009. 我国麻类作物生产现状与发展趋势. 中国麻业科学, 31(增刊 1): 72-80

檀学文, 厉为民, 朱宗才. 2000. 日本蚕丝业的衰退及对我国蚕丝业的启示. 世界农业, 249(1): 30-32

唐守伟, 熊和平. 2000. 我国麻类生产现状和发展对策. 科技导报, (3): 44-46

王庄穆. 2004. 新中国丝绸史记. 北京: 中国纺织出版社: 641, 643

吴学锋, 罗志祥, 陈海艳. 2011. 剑麻纤维生产与应用. 中国纤检, (2): 59-61

向仲怀. 2009. 建设现代农业产业技术体系推进蚕业新的发展. 中国蚕业, 30(2): 4-6

熊和平. 2006. 强化自主创新能力, 促进麻业科技发展. 中国麻业, 28(2): 57-60

熊和平. 2010. 我国麻类生产的现状与政策建议. 中国麻业科学, 32(6): 301-304

徐安英, 李龙, 任永莉. 2002. 印度的蚕丝业. 世界农业, 284(12): 32-33

喻树迅, 马峙英, 熊和平, 等. 2015. 中国棉麻丝产业可持续发展研究. 北京: 中国农业出版社

中国农业科学院棉花研究所. 2013. 中国棉花栽培学. 上海: 上海科学技术出版社

中国丝绸协会, 《中国丝绸年鉴》编辑委员会. 2001-2011. 中国丝绸年鉴(2000-2011). 杭州: 丝绸杂志出版社

中国养殖业可持续发展战略研究项目组. 2013. 中国养殖业可持续发展战略研究——特种养殖卷. 北京: 中国农业出版社: 79-151

专题二　我国油料作物产业可持续发展战略研究

一、我国油料作物可持续发展的战略意义

（一）油料作物的界定

中国植物油来源的农作物主要有大豆、油菜、花生、棉花、玉米、向日葵、山茶、芝麻、胡麻等。按照国家的农业产业政策可以划分为 3 种类型：①大宗油料作物的油菜和花生，是中国国产食用植物油的主要来源；②非油料作物的大豆、棉花和玉米，大豆和玉米在政策上按粮食作物对待，棉花则是作为提供纺织原料的纤维作物；③小宗油料作物的向日葵、山茶、芝麻和胡麻等，利用这几种油料生产的食用植物油总产量比较少，还不到我国植物油总产量的 5%（周振亚和李建平，2011）。本课题研究中，作为产业范畴，油料作物我们主要研究油菜和花生，兼顾小宗油料作物；作为产品而言，我们研究包括大豆油、菜籽油、花生油、棉籽油和棕榈油（全部来源于进口）等在内的所有植物油。

（二）油料作物的战略意义

1. 油料作物是我国重要的食物来源

（1）油料作物可以提供人类所需要的蛋白质

花生、油菜籽、芝麻、棉仁等饼粕里都含有相当数量的蛋白质，可以作为畜牧业的优质饲料，间接为人类提供优良的蛋白源。例如，花生的蛋白质含量为 25%~30%，仅次于大豆，而高于芝麻、油菜和棉籽，远高于猪肉（瘦）的 16.7%、牛肉（瘦）的 20.3%、羊肉（瘦）的 17.3%。同时，花生蛋白质含有人体必需的 8 种氨基酸，精氨酸含量高于其他坚果，生物学效价高于大豆[①]。

（2）油料作物可以提供人类所需要的油脂

油菜是我国播种面积最大、地区分布最广的油料作物。油菜籽中含有 33%~50%的脂肪，是重要的植物油源。双低菜籽油[②]是良好的食用油，气味香醇、营养丰富，其对人体有益的油酸及亚油酸含量居各种植物油之冠，能呵护心脑血管疾病患者的身体健康，保护中老年人血管通畅。双低菜籽油富含多种人体必需营养素，具有抗衰老、抗突变，提高人体免疫力等作用（中国工程院院士，2009）。

我国生产的花生 50%以上用于榨油，花生油是人们日常的主要食用油来源。花生油

---

① 生物学效价（BV），也称为生物学利用率（BA），是指动物食入的养分中能被小肠吸收并能参与代谢过程或储存在动物组织中的部分占食入总量的比率。

② 双低油菜是指油菜籽中芥酸含量在 3%以下、菜籽饼中的硫苷含量低于 30μmol/g 的油菜品种。双低油菜榨成的食用油称为双低菜籽油。

含不饱和脂肪酸 80% 以上，饱和脂肪酸 20% 左右，气味清香、营养丰富、品质好，可以基本满足人体的生理需要。

棉仁、芝麻、亚麻等也都可以提供人类所需要的油脂。

2. 油料作物具有重要的生态功能

油料作物与粮食作物的合理轮作可以均衡地利用土壤养分，改善土壤理化性状，调节土壤肥力，防治和减轻病虫危害，防除和减轻田间杂草，达到合理利用农业资源、提高经济效益的目的。

油菜种植能够实现用地与养地的结合。油菜根系能分泌有机酸溶解土壤中难以溶解的磷素，提高土壤中磷肥的有效性，改善土壤的理化性质，活跃土壤中的微生物，平衡农作物养分吸收。生长过程中的大量落叶、落花及收获后的秸秆和残根还田，能提高土壤肥料、增加土壤有机质含量、改善土壤结构。油菜与小麦轮作过程中，100～150kg 的油菜籽榨油后得到的菜籽饼及落花、落叶、根茬还田，能够平衡油菜地的土壤氮消费量，而小麦通常会消耗土壤中 53.2%～73.3% 的氮素。在与西瓜等经济作物轮作过程中，菜籽饼还能够间接提高农产品品质。油菜还是重要的绿肥作物，特别是枝叶多、早熟的白菜型油菜品种。根据测定，每亩油菜鲜草直接压青还田后，水稻产量每亩能够提高 15%。这种肥田增收效果与种植毛苕子、紫云英等绿肥作物相当。在亚热带地区，芥菜型油菜可以作为柑橘类和油桐树的绿肥，其所含的某些元素能满足这两种经济植物的营养需要。

花生是国际公认的半干旱豆科固氮作物，可以在土壤贫瘠和气候较为干旱的地方种植，能改善土壤，有利于农业的可持续发展。在中国资源条件差、农民收入低的西部地区发展花生产业可以促进西部大开发。中国农业科技专家提出"沿黄花生产业带"的概念，认为在黄河沿岸 8 省（自治区）建立以山东为龙头直到新疆一线的碱性沙质土壤的花生种植带，在取得经济效益的同时，有利于遏制荒漠化蔓延和促进生态农业的发展（国家发改委宏观经济研究院公众营养与发展中心，2005）。

3. 油料作物产品是重要的饲料来源

油菜青苗是北方地区重要的青饲料来源。油菜作为青饲料种植主要有以下好处：①生长迅速，刈割成熟期早，出苗以后两个月的发叶量就达 50% 左右；②耐寒性强，能在较低的温度范围形成生物学产量，出苗子叶期能耐 0℃ 左右的低温，全年适合种植的时间较长；③油菜青苗中纤维素含量低，消化率达 75%～80%，高于豆类和谷类作物[①]。此外，在蛋白质含量上，超过谷类作物，接近于豆类。此外，油菜无氮浸出物较多、适合用来青贮。菜籽饼也是优良的饲料，菜籽饼中含有 35%～39% 的蛋白质、30%～40% 的碳水化合物、2%～7% 的粗脂肪、10%～14% 的粗纤维等成分。20 世纪 60 年代以来，"双低"油菜加工而成的菜籽饼可以直接作为畜牧业和渔业的饲料蛋白源。

花生是大宗的优质蛋白原料，发展花生产业有助于满足中国食物和饲料蛋白不断增长的需求。花生茎叶是优质的家畜饲料，可为中国畜牧业生产肉、蛋、奶提供保障。

---

① 豌豆消化率为 69%～80%，三叶草为 65%～70%，黑麦草为 75%～77%，玉米为 60%～68%。

二、我国油料作物发展现状

（一）发展规模

1. 油菜

油菜是十字花科作物，原产我国，是我国播种面积最大、地区分布最广的油料作物。油菜是喜凉作物，对热量要求不高，对土壤要求不严。

我国是油菜生产大国。2012 年全国油菜总产 1350 万 t，占全球油菜总产量的 21.52%，油菜总产位居全球第二。2012 年油菜种植面积 770 万 hm²，占全球油菜总面积的 21.42%，种植面积仅次于加拿大，位居全球第二（表 2.1）。2012 年全国油菜单产 1884kg/hm²，高出全球平均单产 0.5%。

表 2.1　我国油菜的种植面积和产量

年份	种植面积/万 hm²	产量/万 t
2000	749	1138
2001	709	1133
2002	714	1055
2003	722	1142
2004	727	1318
2005	728	1305
2006	598	1097
2007	564	1055
2008	659	1210
2009	728	1366
2010	737	1308
2011	735	1343
2012	770	1350

资料来源：历年《中国农村统计年鉴》

如表 2.1 所示，油菜的种植面积在 2007 年达到最低，为 564 万 hm²，随后开始逐步回升，2012 年的种植面积为 770 万 hm²，为近年来最高值，较最低年份增加 36.52%。2012 年油菜籽产量为 1350 万 t，相比 2009 年的最高值 1366 万 t，减少了 16 万 t，产量基本趋于稳定。

2. 花生

花生是豆科植物，是一年生草本植物，起源于南美洲热带、亚热带地区，约于 16 世纪传入中国，19 世纪末有所发展。在各种油料作物中，花生的单产高，含油率高，是喜温耐瘠作物，对土壤要求不严，以排水良好的沙质土壤为最好。

我国是花生生产大国。2012 年全国花生总产 1650 万 t，占全球花生总产量的 40.93%，位居全球第一。2012 年花生种植面积 470 万 hm²，占全球花生总面积的 19.12%，种植面积仅次于印度，位居全球第二（表 2.2）。2012 年全国花生单产 3568.6kg/hm²，高出全球平均单产水平的 114%。

表 2.2　我国花生的种植面积和产量

年份	种植面积/万 hm²	产量/万 t
2000	486	1444
2001	499	1442
2002	492	1482
2003	506	1342
2004	475	1434
2005	466	1434
2006	396	1289
2007	394	1305
2008	425	1429
2009	438	1471
2010	453	1564
2011	458	1605
2012	470	1650

资料来源：历年《中国农村统计年鉴》

如表 2.2 所示，花生的种植面积在 2000～2005 年基本保持稳定，平均为 487 万 hm² 左右。而在 2006～2010 年有较大波动，花生的种植面积在 2007 年达到最低，为 394 万 hm²，随后逐步回升。2010 年之后，花生种植面积呈现稳中有升的趋势，2012 年的种植面积为 470 万 hm²，较最低年份增加 19.29%。

花生产量在波动中稳步增长，2012 年花生产量为 1650 万 t，为 13 年来最高产量，较 2006 年最低产量 1289 万 t 增加 361 万 t，增幅为 28.01%。

（二）区域布局

1. 油菜

油菜根据播种期的不同，可分为春油菜和冬油菜。我国以种植冬油菜为主，在北方地区和西北高原地区种植春油菜。油菜主要在我国的上海、江苏、浙江、安徽、江西、河南、湖北、湖南、广西、四川、重庆、贵州、云南、陕西、甘肃、青海、新疆、内蒙古、西藏等 19 个省（自治区、直辖市）进行种植，种植区域非常广。

根据资源状况、生产水平和耕作制度，油菜主要分布于下列产区（表 2.3）。①长江上游优势区：该区包括四川、重庆、云南、贵州。该区气候温和湿润，相对湿度大，云雾和阴雨日多，冬季无严寒，利于秋播油菜生长，加之温、光、水、热条件优越，油菜生长水平较高，耕作制度以两熟制为主。②长江中游优势区：该区包括湖北、湖南、江西、安徽和河南信阳地区。该区属亚热带季风气候，光照充足，热量丰富，雨水充沛，适宜油菜生长。主要耕作制度：北部以两熟制为主，南部以三熟制为主。该区是长江流域油菜面积最大、分布最集中的产区。③长江下游地区：该区包括江苏、浙江、上海。该区属于亚热带气候，雨水充沛，日照丰富，光温水资源非常适合油菜生长。其主要不利因素是地下水位较高，易造成渍害。土地劳力资源紧张，生产成本高。其耕作制度以两熟制为主。该区是长江流域菜籽单产水平最高的产区。④西北高原春油菜区（包括青海、甘肃、内蒙古），是国家着力建设的高原春油菜特色农业区域（李娜和杨涛，2009）。

表 2.3 2012 年各省（自治区、直辖市）油菜播种面积和产量

项目	播种面积/万 hm²	占全国比例/%	总产/万 t	占全国比例/%
全国	743.2	100	1400.7	100
浙江	16.54	2.23	32.1	2.29
云南	28.12	3.78	53.5	3.82
四川	98.14	13.21	222.1	15.86
陕西	20.21	2.72	39.9	2.85
青海	16	2.15	34.5	2.46
内蒙古	27.07	3.64	30.7	2.19
江苏	42.13	5.67	109.1	7.79
江西	55.19	7.43	68.8	4.91
湖南	120.13	16.16	230	16.42
湖北	116.73	15.71	178.6	12.75
河南	38.04	5.12	87.6	6.25
贵州	49.7	6.69	78.2	5.58
甘肃	17.5	2.35	33.9	2.42
重庆	20.46	2.75	37.7	2.69
安徽	60.96	8.20	134.3	9.59

注：所列省份并不是全部的油菜生产省份，所以各省（自治区）数据加总并不等于全国数据
资料来源：历年《中国农村统计年鉴》

2. 花生

花生全国各地均有种植，主要集中在我国的河北、辽宁、江苏、安徽、福建、山东、河南、湖北、广东、广西、四川、云南、陕西等 13 个省（自治区）进行种植。根据我国各地的自然条件、耕作制度、品种类型，我国花生的产地主要有三大自然区域[①]。

（1）北方花生区

北方花生区花生面积占全国总面积的 49.8%，包括山东、河北两省和河南东北部、山西南部、陕西渭河流域及苏北、皖北地区，是我国花生最集中的产区。

（2）南方春秋两熟花生区

南方春秋两熟花生区栽培面积占全国总面积的 31.2%，是我国花生的第二个主产区，

---

① 2012 年这 13 个省（自治区）的花生面积占到全国总面积的 91% 以上、总产占到全国总产的 93% 以上，因此，对于产地的划分主要针对这 13 个省（自治区）。

包括广东、广西、福建东南部、湖南南部。

（3）长江流域春夏花生交作区

长江流域春夏花生交作区花生面积占全国的 16%，主要包括湖北、浙江两省和江苏、安徽、河南、陕西 4 省南部，湖南、江西、福建、四川等省北部地区（表 2.4）。

表 2.4　2012 年花生主产省（自治区）播种面积和产量

项目	播种面积/万 hm²	占全国比例/%	总产/万 t	占全国比例/%
全国	463.85	100	1669.16	100
四川	26.20	5.66	64.82	3.88
山东	78.71	17.00	348.65	20.89
江西	16.07	3.47	44.81	2.68
湖南	11.06	2.39	27.75	1.66
湖北	23.98	5.18	74.34	4.45
河南	100.71	21.75	454.03	27.20
河北	35.45	7.66	126.94	7.61
福建	10.03	2.17	26.22	1.57
安徽	18.75	4.05	86.86	5.20
辽宁	35.96	7.77	116.53	6.98
吉林	14.15	3.06	46.69	2.80
广东	34.32	7.41	95.52	5.72
广西	18.88	4.08	51.29	3.07

注：所列省份并不是全部的花生生产省份，所以各省（自治区）数据加总后不等于全国数据
资料来源：历年《中国农村统计年鉴》

（三）产品和品种结构

我国的食用植物油有三大来源，即草本油料作物、木本油料作物和兼用型油料作物。目前，我国的油料生产和消费以草本油料为主，其他兼用型油料和木本油料为辅，其中草本油料作物的榨油产量约占国产食用植物油总产的 78.2%，兼用型油料作物约占 19.3%，木本油料作物仅占国内食用植物油总产的 2.5%。因此本研究只分析草本油料作物。

草本油料为一年生油料作物，主要包括油菜、花生、大豆、芝麻、向日葵、胡麻等，其中油菜、大豆、花生三大作物面积、总产之和占油料作物的 90% 以上，是我国油料生产的主体（由于大豆在分类中属于粮食作物，因此本部分不对大豆进行分析）。

近年来，我国各油料作物的种植面积占油料作物总面积比例、产量占油料作物总产量比例等反映品种结构的指标变化较大，具体如表 2.5 所示。

如表 2.5 所示，总体来看，我国油菜的种植面积、产量占油料作物总面积、总产量的比例逐年增长，分别由 2007 年的 28.1%、27.5% 增长到 2011 年的 33.8%、28.2%；花生种植面积占比增加，由 2007 年的 19.7% 增加到 2011 年的 21.1%，产量占比先降后升，2011 年与 2007 年总体趋平；向日葵的种植面积、产量占比总体呈上升趋势，分别由 2007 年的 3.6%、3.1% 增加到 2011 年的 4.3%、4.9%；芝麻的种植面积和产量的占比变化较小，其他油料作物的种植面积和产量的占比变动也不大。

表 2.5　我国油料作物的品种结构变化情况　　　　　　　　　　　（%）

品种	占比情况	2007	2008	2009	2010	2011
油菜	面积	28.1	30	31.9	32.9	33.8
	产量	27.5	26.9	29.4	27.6	28.2
花生	面积	19.7	19.3	19.2	20.2	21.1
	产量	33.9	31.7	31.6	33	33.7
向日葵	面积	3.6	4.4	4.2	4.4	4.3
	产量	3.1	4	4.2	4.8	4.9
芝麻	面积	2.4	2.1	2.1	2	2
	产量	1.5	1.3	1.3	1.2	1.3
其他	面积	2.6	2.5	2.5	2.5	2.5
	产量	0.9	1.7	1.3	1.5	1.4

数据来源：相关文献（王汉中和殷艳，2013）

总体来看，在油料作物的品种结构变化上，油菜和花生均呈上升趋势，向日葵、芝麻等小油料作物的占比，也有所上升。

（四）进出口贸易

我国的农产品市场是一个开放市场，特别在加入 WTO 之后，我国的进出口贸易发展迅速，其中油料作物的进出口贸易情况见图 2.1。

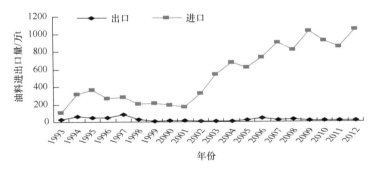

图 2.1　我国油料进出口贸易情况

如图 2.1 所示，我国的油料作物产品缺口很大，主要以进口为主，出口基本为 0，因此本研究只分析进口情况。在 2002 年以前，由于未加入 WTO，进口情况参考价值较小，因此本研究只分析 2003 年之后的进口情况。

1. 进口贸易数量

近年来，我国主要油料作物的进口数量整体上呈增长态势。如表 2.6 所示，2003～2012 年的 10 年中，2004 年大豆进口量最少，为 2023 万 t；2012 年进口量最多，为 5838 万 t，是 2004 年的 2.9 倍。油菜籽 2003 年的进口量最少，为 17 万 t；2009 年的进口量最多，为 329 万 t，是 2003 年的 19.4 倍。棕榈油 2003 年进口量最少，为 332 万 t；2009

年进口量最多，为 644 万 t，是 2003 年的 1.9 倍。豆油 2012 年和 2003 年的进口量基本一样。菜籽油的进口量由 2003 年的 15 万 t 增长到 2012 年的 118 万 t，增长了 6.87 倍。

表 2.6　2003～2012 年我国主要油脂产品进口数量　（单位：万 t）

年份	大豆	油菜籽	棕榈油	豆油	菜籽油
2003	2074	17	332	188	15
2004	2023	42	386	252	35
2005	2659	30	433	169	18
2006	2824	74	507	154	4
2007	3082	83	509	282	37
2008	3744	130	528	259	27
2009	4255	329	644	239	47
2010	5480	160	570	134	99
2011	5245	126	591	114	55
2012	5838	293	634	183	118

数据来源：联合国贸易统计数据库

2. 进口品种结构情况

我国进口的油脂产品主要是大豆、油菜籽、棕榈油、豆油和菜籽油。2012 年，我国共进口油料 6230 万 t，其中，大豆 5838 万 t，占比 93.7%；油菜籽 293 万 t，占比 4.7%；其他 5 种油料仅占比 1.6%。

2012 年，我国共进口植物油 1052 万 t，其中，棕榈油 634 万 t，占比 60.3%；豆油 183 万 t，占比 17.4%；菜籽油 118 万 t，占比 11.2%；其他 8 种植物油共占比 11.1%。

3. 进口来源地情况

我国主要油脂产品进口基本上集中在一两个国家，进口来源地的集中度较高。2012 年，我国大豆进口主要来自美国和巴西，进口量分别为 2601.3 万 t 和 2389.0 万 t，分别占进口总量的 44.6% 和 40.9%，少量来自阿根廷，进口了 589.5 万 t，占比 10.1%。油菜籽基本上都来自加拿大，进口量为 292.2 万 t，占进口总量的 99.7%。

我国棕榈油的主要进口来源国是马来西亚和印度尼西亚，2012 年从马来西亚进口棕榈油 343.1 万 t，占进口总量的 54.1%，从印度尼西亚进口了 287.3 万 t，占比 45.3%。豆油的主要进口来源国是巴西、阿根廷和美国，分别进口了 91.3 万 t、70.3 万 t 和 20.7 万 t，分别占豆油进口总量的 49.9%、38.4% 和 11.3%。菜籽油主要是从加拿大进口，进口了 98.8 万 t，占比 83.7%，少量来自阿联酋和荷兰，分别进口了 9.4 万 t 和 4.2 万 t，占比 8.0% 和 3.6%。

4. 进口依存度情况

进口依存度主要反映国内产业的生存与发展对进口的依赖程度，用进口量与国内消费量之比来表示。从表 2.7 可以看出，2008～2013 年我国油料的进口依存度基本上保持

在 50%左右，也就是国内消费的油料当中有一半都来自于进口。大豆的进口依存度在
80%左右。油菜籽的进口依存度波动较大，最低的 2010/2011 年度只有 6.3%，最高的
2008/2009 年度达到 22.1%。

表 2.7　我国主要进口油脂产品的进口依存度　　　　　　　　　　（%）

年度	油料	大豆	油菜籽	植物油	棕榈油	豆油	菜籽油
2008/2009	46.5	79.9	22.1	73.8	108.9	104.3	31.8
2009/2010	51.0	84.7	14.4	70.0	97.1	101.3	27.8
2010/2011	48.9	79.4	6.3	65.6	98.5	96.7	16.5
2011/2012	52.1	82.2	15.7	71.3	100.0	101.8	31.7
2012/2013	50.0	78.5	18.2	72.6	103.2	97.0	42.3

　　注：本表数据是根据美国农业部网站（http://www.fas.usda.gov/psdonline）计算出来的。其中，植物油的进口依存度是
将进口大豆和油菜籽分别折算成豆油和菜籽油，再加上进口植物油计算出来的；豆油的进口依存度是将进口大豆按照 18%
的出油率折算成豆油，再加上进口豆油计算出来的；菜籽油的进口依存度是将进口油菜籽按照 36%的出油率折算出菜籽油，
再加上进口菜籽油计算出来的

　　将进口大豆和油菜籽折算成植物油以后，植物油的进口依存度基本上在 70%左右，
最高达到 73.8%。由于我国不生产棕榈油，国内消费的棕榈油都来自进口，但是由于国
内库存的变化，进口依存度会在 100%上下波动。豆油的进口依存度基本上在 95%以上，
由于 2008/2009 年度国内库存比上一年度增加了 1 倍，进口依存度达到 104.3%。2008～
2013 年菜籽油的进口依存度波动较大，从 2010/2011 年度的 16.5%到 2012/2013 年度的
42.3%。由于 2012/2013 年度油菜籽进口量猛增到 320 万 t，菜籽油的进口依存度达到最
高的 42.3%（赵丽佳，2012）。

5. 在世界油料作物产品贸易中的地位

　　中国是大豆和豆油的全球第一大进口国；第二大棕榈油进口国；从基本不进口菜籽
和菜籽油，逐渐成为全球第二大菜籽和菜籽油进口国。中国大豆进口量占全球进口总量
50%以上；豆油、棕榈油、棕仁油、油菜籽、菜籽油进口量占全球进口总量均在 20%左
右（赵丽佳，2012）。

三、油料作物产业存在的问题及制约因素分析

（一）油料作物产业面临愈加复杂的外部环境

　　在美元流动性过剩的大背景下，2003 年以来石油价格上涨，同时大量资金涌入农产
品市场，农产品具有了明显的金融属性和能源属性。世界经济危机发生后，国际农产品
价格大幅度回落，影响国际农产品市场波动的各种力量暂时退却，但到目前为止，失衡
的世界经济并没有发生根本性的改变。

1. 世界金融市场变化影响我国油料作物产品供给安全

美元作为世界上的主要结算货币和储备货币，美元汇率的变化影响国际市场商品价格，美元汇率波动已经并且还会继续导致国际市场商品价格的大起大落。在美元流动性过剩的背景下，金融资本大量进入农产品市场，导致了农产品市场具有了很强的金融属性，农产品价格已经不仅仅是由农产品本身的供求状况所决定，国际农产品市场价格具了更大的不确定性。美元走强，国际市场以美元计价的农产品价格将走低，大量食用油料涌入我国，对我国油料作物产业形成冲击（张文飞，2009）。美元走弱，增加我国进口食用油料等的支出成本，造成我国居民的福利损失。因此，国际农产品的金融属性对于我国农产品供给，尤其是对外贸易依存度高的油料作物产品供给提出了巨大的挑战。

2. 发达国家能源战略影响油料作物产品价格与供给安全

石油作为基础性能源，其价格上涨影响巨大。在传统能源价格受到多种因素影响大幅度上涨之后，生物能源生产在近几年有了较快的发展。一些主要的出口国在全球需求增长，供给越来越不稳定的情况下，从自身的利益出发，扩大本国供给充足的农产品消费，必然会推动世界油脂油料价格上涨。欧盟油菜籽产量占世界产量的33%，提出了强制性生物柴油使用规定，目前生物柴油已经由传统的出口国变为了进口国；加拿大是世界第一大油菜籽生产大国，提出了使用生物柴油的最低添加标准，减轻供给压力，提高油菜籽贸易话语权的意图明显；马来西亚是目前我国棕榈油的最大进口来源国，正在积极发展生物柴油；美国奥巴马政府上台后，提出了新能源战略，现在有超过1亿多吨的玉米——占其玉米总产量的1/3，用于燃料乙醇生产（张文飞，2009）。

美国、加拿大等均是世界上主要的油料作物产品出口大国，谷物和油料用于生物能源后可能会危及世界粮食安全与经济作物产品供给安全，对国际市场上油料作物产品价格造成较为明显的影响。

3. 少数跨国粮商主导国际贸易的格局难以在短期内打破

我国进口的食用油籽及食用植物油大多来自美国、巴西、阿根廷、印度尼西亚及马来西亚，这些国家正是跨国粮商传统的经营区域。跨国粮商在上述国家有稳定的原料生产基地和先进的仓储设施，拥有完善的海运、中转、接卸设备。美国嘉吉公司在60多个国家开展业务，在北美和南美大豆主产区均设有农产品加工基地，并控制着美国25%的谷物和油料的出口，是世界最大的农产品加工和粮食、食品贸易商，并在金融服务等领域具有强大实力。嘉吉公司是美国第三大大豆加工商，是巴西第二大大豆加工商，是阿根廷最大的大豆加工商。嘉吉公司还拥有1600万t的谷物仓储能力。近年，嘉吉公司在全球快速扩张，尤其扩大了在新兴市场如阿根廷、巴西、中国、印度、罗马尼亚、俄罗斯和乌克兰的业务。美国邦基公司竞争优势的核心在于强大的物流能力，公司自有港口的实时船运管理也能够大大提高物流效率，在美国、巴西、阿根廷和欧洲，美国邦基公司均拥有自己的港口，港口码头的投资也使跨国粮商在农产品运输中占据有利地位。

美国邦基公司还在巴西、阿根廷等国为种植大豆的农民提供贷款、种子及农业资料，在农产品收购中占有优势。法国路易达孚公司在运输物流方面拥有及经营着大量的战略性资产。在美国拥有众多的内河粮食和油籽装运设施，以及沿海港口的装运设施；在巴西经营着遍布港口与储存设施的物流网络；在阿根廷拥有并经营巴拉那河工厂和港口设施。在印度尼西亚及马来西亚，跨国粮商拥有大面积的棕榈树种植园，并有大量的加工厂及精炼厂。

跨国粮商主导国际贸易的格局减弱了我国对于进口油料作物产品的控制力，增加了我国低成本获得油料作物产品的难度。

（二）未来生产制约因素

未来，制约我国油料生产的因素有很多（徐雪高，2012）, 但总的来看有以下几种。

一是土地资源匮乏，难以扩大油料作物播种面积。据有关部门分析，近年我国粮食种植面积的预警区间为 1.0 亿～1.1 亿 hm²，而 2011 年我国粮食种植面积为 1.11 亿 hm²，接近预警红线。为保障国家粮食安全，我国 70% 的耕地面积必须种植粮食作物。我国油料作物除油菜为冬季作物外，其他均为夏季作物。如果通过扩大夏季油料作物种植面积填补我国食用油 60% 以上的缺口，需增加占用耕地面积约 700 万 hm²（以单产和出油率最高的花生计算），约占粮食播种面积的 7%，这在国家保证粮食安全的大背景下显然不可行。我国油菜籽播种面积的历史最高纪录是 2000 年的 749 万 hm²，与 2011 年相比，扩大的面积仅 10 万 hm²，空间十分有限。

二是科技成果转化低，难以大幅提高单产。我国油料作物科研成果较多，但大部分未转化应用，导致油料作物良种良法推广较慢，单产难以大幅提高，与国外差距较大。主要表现为突破性高产品种少，解决季节矛盾的早熟高产油菜品种急缺，大豆抗病性和丰产性尚有待提高，花生抗病性和抗逆性急需改善等。2010 年油菜单产为 1775kg/hm²，比 2000 年增长 16.9%，年均增长 1.57%；花生单产 3457.5kg/hm²，比 2000 年增长 16.2%，年均增长 1.51%；大豆单产 1890.0kg/hm²，比 2000 年增长 14%，年均增长 1.32%。其中油菜籽和大豆产量明显低于国外水平，如加拿大油菜籽平均单产为 2272.5kg/hm²，美国大豆平均单产为 2790.0kg/hm²。

三是比较效益较低，农民缺乏种植积极性。以黑龙江省为例，2008～2011 年，大豆平均净利润为 1413 元/hm²，远低于玉米的 3214.5 元/hm² 和水稻的 4618.5 元/hm²；大豆成本利润率为 20.1%，低于玉米的 33.1% 和水稻的 34.7%。因此，农民纷纷改种玉米和水稻，从 2008 年开始，黑龙江省大豆种植面积逐年连续下滑，特别是 2011 年和 2012年，更是以 20% 的速度递减。除大豆外，我国其他油料作物的播种、移栽、施肥和收获等配套机械设备和技术缺乏，劳动强度大，一般劳动力成本占生产成本的 60% 以上，大大降低了生产效益。例如，油菜用工达 11.4 个/亩，比同季的小麦多 3 个工；花生用工为 13.9 个/亩，比同季旱地作物玉米多 3 个工。在当前我国农村劳动力大量转移的情况下，留守的老弱劳动力无法承担繁重的劳动任务，限制了生产规模的扩大。

四、油料作物产品供求预测及供求缺口估算

油料作物产品的供求预测及供求缺口的准确把握是国家宏观政策制定的依据，是我国油料作物产业可持续发展研究的必备前提。

需求总量的预测，前提需要预测中国的人口。作为人口最多的发展中国家，我国在过去 20 年，人口总数从 1990 年的 11.4 亿增长到 2010 年的 13.4 亿，增幅达 17.5%。整合国内外权威机构和人口学专家对我国未来人口数量的预期可以发现：2010 年后我国人口数量还将处于增长态势，但增长率会持续放缓，在 2035～2040 年达到人口峰值，而后人口开始负增长（表 2.8）。综合各个权威机构的预测，2020 年我国人口将达到 14.15 亿左右，2030 年将达到 14.42 亿左右。

表 2.8　未来 20 年中国人口的预测　　　　　　　　（单位：亿人）

年份	世界银行	国家计生委（下限）	国家计生委（上限）	中国人口信息研究中心	联合国	权威机构预测平均值	增长率外推预测	调整后人口预测值
2020	13.82	14.34	14.54	14.72	14.46	14.38	14.25	14.15
2030	13.84	14.51	14.83	15.25	14.85	14.66	14.62	14.42

油料作物产品的消费用途主要有种用、榨油、加工制品、直接食用、生物柴油、损耗和其他[1]。在三大油料作物中，大豆用途以压榨为主[2]，油菜籽基本全部用于压榨，花生食用压榨基本各半，因此，三大油料作物中，其产品多数用于压榨。另外，进口大豆基本上全部用于压榨，并且中国的食用油的来源相当复杂（包括一部分木本油料、兼用油源和相当一部分国内没有的棕榈油），因此，分析中国食用油的供求与缺口相比于分析油料作物产品的供求与供求缺口更为合理一些。本研究以食用油的供求分析代替油料作物产品供求分析。

结合未来 15 年人口增长状况、消费结构升级及人均食用油消费增长率的情境估测，测算得出 2020 年和 2030 年我国食用油消费情况，在此基础上估算了几个关键时点的供求缺口和自给率水平。

（一）食用油供给预测

我们以 2010 年作为预测的起点。2010 年食用植物油产量以大豆油、菜籽油、棕榈油和花生油为主，4 个品种产量达 1984.8 万 t，占食用植物油实际总产量的 88.5%，其中大豆油产量为 1160.2 万 t，占总产量的 51.7%；菜籽油产量为 512.5 万 t，占总产量的 22.9%；棕榈油产量为 181.6 万 t，占总产量的 8.1%；花生油产量 130.5 万 t，占总产量

---

① 因本研究只分析大豆、油菜籽和花生 3 种作物，所以，生物柴油的用途不包括在内（世界各国生产生物柴油所用原料不尽相同。欧洲用菜籽油、大豆油和葵花籽油，美国用转基因大豆油，马来西亚用棕榈油，菲律宾用椰子油，日本利用餐饮废油和农林废弃物，印度用棉籽，韩国用米糠和回收食物油。我国也采用菜籽油加工生物柴油，但由于食用油大量短缺，目前用于加工生物柴油的油菜籽较少）。

② 大豆压榨一直是大豆消费的最主要用途，平均维持在总消费的 75%，近年来维持在总消费的 80%～85%。

的 5.8%；其他油品的产量和所占比例是：玉米油 86.2 万 t，占 3.8%；棉籽油 76.8 万 t，占 3.4%；葵花籽油 21.3 万 t，占 1.0%；米糠油 21.1 万 t，占 1.0%；芝麻油 12.7 万 t，占 0.6%；油茶籽油 7.7 万 t，占 0.3%；其他油脂 32.2 万 t，占 1.4%（表 2.9）。

表 2.9　2010 年我国食用植物油产量和国内压榨量　　　　（单位：万 t）

品类	总产量	国内压榨量
大豆油	1160.2	202
菜籽油	512.5	366.2
棕榈油	181.6	0
花生油	130.5	130.5
玉米油	86.2	86.2
棉籽油	76.8	76.8
葵花油	21.3	21.3
米糠油	21.1	21.1
芝麻油	12.7	12.7
油茶籽油	7.7	7.7
其他	32.2	32.2
合计	2242.8	956.7

2010 年我国大豆产量 1500 万 t，按 75%用于榨油，出油率为 18%计，国产大豆油产量为 202 万 t。2010 年进口油菜籽 130 万 t，折油 46.8 万 t，进口菜籽油 99 万 t，国产部分 366.2 万 t。棕榈油全部为进口，其他油全部国产。2010 年我国国产食用油总量为 956.7 万 t（表 2.9）。

情境 1：假定产量按 5%速度递增

如果我国食用油生产技术不断进步，包括油料作物的生产种植技术、遗传育种、杂种优势利用、生物技术及机械化装备推广使用、食用油玉榨技术升级等，面积可以稳定增长（主要是油菜冬闲田的利用），并且考虑兼用油源开发（表 2.10），我国食用油生产量保持年均增长速度 5%递增[①]，则 2020 年供给为 1500 万 t 左右，2030 年供给为 2500 万 t 左右（表 2.11）。

表 2.10　中国兼用油源开发前景

油料名称	主要措施	预期增加的植物油产量
玉米油	出油率提高 5%	4000 万 t×5%=200 万 t
米糠油	促进产业深加工，提高米糠的利用量	1400 万 t×10%=140 万 t
棉油	出油率提高 10%	700 万 t×10%=70 万 t

---

① 2000～2013 年中国食用油年均增长速度 6%，考虑到未来增长速度的下降，以及国家对于油料生产的补贴及促进政策的出台，我们的研究以年均增长速度 5%比较合适，当然这个速度可能相对乐观。为了计算的方便并且不影响说明问题，本研究进行了取整处理，下同。

表 2.11　2020 年、2030 年中国食用油供给预测

年份	国内供给量/万 t
2020	1500
2030	2500

情境 2：假定油料作物种植面积稳定，技术水平进步

假定技术水平进步，油料作物单产以 2%的速度递增，同时油料作物种植面积稳定，2020 年供 1100 万 t，2030 年供给为 1400 万 t（表 2.12）。这个预测相对容易达到。

表 2.12　2020 年、2030 年中国食用油供给预测

年份	国内供给量/万 t
2020	1100
2030	1400

（二）食用油需求预测

本研究采取消费总量预测法预测未来 2020 年与 2030 年中国食用油消费量状况。消费总量预测根据总人口数乘以人均消费量计算得出，其中，总人口数预测借鉴现有研究者的预测数值，人均消费量根据人均消费量增长率进行预测。

1. 2020～2030 年我国人均食用油需求量估计

随着我国居民人均可支配收入的逐渐提高，人均食用油需求量也随之提升。2011 年我国食用油的消费量达 2515 万 t，工业及其他消费量为 250 万 t，合计为 2765 万 t，人均年消费量已达 20.5kg，已经达到世界人均 20kg 的水平。依据规律，食用油消费呈现先快后慢的态势，因此本研究认为未来 2014～2030 年我国人均食用油消费量保持 2%的年均增长水平，并且达到人均 26kg 的峰值相对较为合理。

根据该增长率，2020 年人均食用油将达到 24.5kg，2030 年人均食用油达到 26kg。

2. 预测结果

基于人口和人均食用油需求量的预测，得到我国食用油消费总量的预测（表 2.13）。根据预测结果，我国食用油总消费量 2020 年将达到 3470 万 t 左右，2030 年将达到 3750 万 t 左右。

表 2.13　未来 15 年中国食用油需求总量预测

年份	人口数量/亿人	人均需求量/（kg/人）	需求量/万 t
2020	14.15	24.5	3470
2030	14.42	26	3750

（三）食用油供求缺口

情境 1

如果我国食用油生产技术不断进步，包括油料作物的生产种植技术、遗传育种、杂

种优势利用、生物技术及机械化装备推广使用、食用油压榨技术升级等，面积可以稳定增长（主要是油菜冬闲田的利用），并且考虑兼用油源开发，我国食用油生产量保持年均增长速度5%递增，则2020年我国食用油供需缺口为1970万t左右，自给率为43%；2030年供需缺口为1250万t左右，自给率为67%（表2.14）。比种情况出现的主要原因在于，近年来，食用油的自给率将基本稳定，远期，随着人均食用油消费的增长放缓，再加上国家对于油料作物发展的政策支持，自给率将会稳步上升，食用油市场的风险将大大降低。

表2.14　未来15年中国食用油供求缺口及自给率预测　　（单位：万t）

年份	情境1				情境2			
	供给量	需求量	供求缺口	自给率/%	供给量	需求量	供求缺口	自给率/%
2020	1500	3470	1970	43	1100	3470	2370	32
2030	2500	3750	1250	67	1400	3750	2350	37

情境2

假定技术水平进步，油料作物单产以2%的速度递增，同时油料作物种植面积稳定，则2020年供求缺口为2370万t左右，自给率为32%；2030年供求缺口为2350万t，自给率为37%。中国未来仅仅依靠国产油料作物的内生增长，未来的供求缺口较大，蕴含着较大的市场风险（表2.14）。

五、油料作物可持续发展的国际经验借鉴

世界各国油料产业的政策制定目标主要是增加种植者收入、刺激生产、促进出口和进口替代。目前多数国家的调控进口的政策手段主要为关税。尽管发展中国家的约束关税率较高，但是实际征收的低于约束税率，而发达国家一般针对植物油及油料的进口征收较低的关税。总的来说，油料及植物油相较于粮食等其他农产品，其贸易障碍较小。

（一）美国油料支持政策

1. 补贴

自1933年以来，美国一直实行高强度的农业补贴政策，纳入补贴的农产品包括油料在内的20多种农作物。美国对农产品的补贴涉及生产、储存、销售、贸易和生产等全过程，属于全过程全环节补贴，并于20世纪90年代以后实现了由主要依靠价格支持到收入支持的补贴方式的转变。

美国1996年《农业法》对农业支持政策做出了重大调整，取消了目标价格支持，引入了直接补贴政策。2002年的《新农业法案》进一步加大了补贴力度，设置了"直接补贴""营销贷款补贴"和"反周期补贴"三重防线。该法案的实施为从事油料作物种

植的农场主提供了严密的收入安全保护。营销贷款补贴则以当期产量和价格作为补贴依据。而直接补贴与当期的产量和价格都不挂钩，反周期支付也仅与当期价格挂钩。直接补贴和反周期补贴这两项补贴措施在执行过程中主要以历史产量作为补贴依据（周建华和胡跃红，2006）。

此外，为帮助农户应对气候和灾害风险，减少因气候和灾害造成的损失，美国政府为农户提供特殊灾害补贴、目标价格及差价补贴、农作物收入保险、减耕计划等保障措施。随着美国农业支持政策的演变，价格支持的重要性已经下降，但是目前仍被保留着，并仅对食糖、烟草和奶制品适用。

2. 增加农业综合开发支持力度

农业综合开发是一个系统工程，在注重对农业资源的合理开发和应用的同时，更要注重自然资源的保护，维护农业生产和人类及其生物的生存环境。美国政府通过有效的行政和立法措施，推动发展绿色农业，反对对水、土等资源的破坏性利用。同时通过农业科研、教育和推广及三者的有机结合，促进科技创新和成果转化应用，以提高包括油料产业等农业领域的生产效率。

3. 实行对油料制品的出口促进政策

美国还实行了对油料制品的出口促进政策。2002 年的《新农业法案》和 2004 年的"市场推进计划""海外市场开发计划"和"质量样品计划"三项出口促进计划以项目方式为油料制品出口提供保障和支持；加大促进油料产品出口的投资，主要是用于海外市场的开拓，并加强国内市场的流通；出口策略进行适时调整，出口地区向发展中国家和中等收入国家拓展；通过政策措施迫使别国降低进口关税，减少农业补贴等，使本国在贸易中获利（辛佳临和陈永福，2006）。

4. 扶持龙头企业

政府不仅在税收和信贷上给予企业大量支持，还通过政治、外交等各种手段，为企业开拓全球市场提供帮助。持续的高强度的政府支持，既提高了美国油料产品的市场价格优势，进一步开拓了国际市场，又使农业产业结构更趋合理，为油料生产提供了稳定的产业环境，使美国农民和油料产业大受其益。

5. 生物质能源政策促进油料的需求

生物质燃料是美国一向重视的发展方向。目前，在美国生物燃料中占主导地位的是利用玉米生产的乙醇，其次是利用大豆和牛油等生产的生物柴油。而纤维素生物燃料等高级生物质燃料是未来美国生物质燃料长期发展的重点，但目前技术还不成熟，尚未达到商业推广的水平，且产量较少。近年来，美国出台了包括《2005 年能源政策法案》《2007 年能源独立与安全法案》《2008 年农业法案》，以及《2000 年生物质研究与发展法案》和《2004 年美国创造就业法案》等在内的一系列鼓励性政策，重点推动以玉米为原料的乙醇和以大豆为原料的生物柴油的发展。这些政策措施带动了生物质燃料的生产和消费，同时推动了国内油料的需求。以大豆为例，随着生物柴油的发展极大地增加了大豆的国内消费量。最近几年以大豆为原料的生物柴油的比例占到 50%。未来随着生物柴油需求和产量的提升，大豆的消费量将有所增加。

6. 提供一般服务支持

美国油料政策的特点是对油料产业采取多样化的补贴工具，除了对油料作物生产提供直接补贴，还为油料生产提供一般服务支持。政府的一般服务支持涉及全产业链的多个方面，主要包括对油料生产的研究、技术推广、检测检验、病虫害防治、基础设施建设、环保等。

（二）加拿大油料支持政策

1. 研发支持及优惠税制促进油料生物技术发展

20 世纪 80 年代初，加拿大设立"国家生物技术咨询委员会"，采取产官研联合，政府提供研究费用补贴和优惠税制支持和促进生物技术研究与生物产业的发展。加拿大油菜籽协会与加拿大生物技术研究所配合，推广利用转基因油菜籽技术；研制出多抗性和高含油量的油菜籽新品种，投入生产后可获得高产和低投入的优点，提高了榨油企业的产品质量与经济效益，促进了加拿大油菜籽产业的新发展。

2. 以需求为导向推动产业发展

世界范围的生物柴油热在推动油菜籽价格的同时，为加拿大油菜籽产业带来了历史性的发展机遇，使来自欧美市场的需求激增。20 世纪 70 年代初，加拿大培育出了低芥酸油菜籽新品种 'Canola'。该品种经过改良，多含单不饱和脂肪酸（以甘油三油酸酯为主）。近年来，由于多含单不饱和脂肪酸菜籽油被认为有利于健康，因此引发了健康的 'Canola' 油热潮，给加拿大油菜籽产业带来了新的发展契机。

为满足世界市场需求，特别是新兴生物柴油市场的需要，并进一步巩固加拿大世界油菜籽与菜籽油第一出口大国的地位。加拿大油菜籽委员会（CCC）于 2007 年 3 月制定了宏伟的《扩大油菜籽生产计划——2015》（*Growing Great 2015*），计划 2015 年油菜籽产量目标为 1500 万。该计划鼓励继续转基因技术的普及应用，并使之产生均衡效率，同时注重品种改良和设计创新，拓展增加转换脂肪酸构成、杂交高产等附加新功能的油菜籽新品种的种植面积。

3. 发挥行业协会的组织管理职能

在政府的指导下，加拿大油籽种植户协会、加拿大油籽加工商协会等油菜籽生产者和经营者的行业协会在保护国内产业、支持国内企业增强国际竞争力方面起着重要的协调作用。加拿大油菜籽协会是其中一个有着广泛影响力的全球性非营利性和非政府的机构，由整个行业的整个利益相关方共同组建，涵盖了整个供应链，包括诸多种植企业、饲料企业及出口商、加工商，为提高整个行业水平和效益，以及向全球的消费者提供高质量的油菜籽服务。该协会为加拿大油菜籽产业发展制定了整体发展规划，制定措施并加大投资，努力提高加拿大油菜籽的产量和含油量及整个行业的压榨能力，以满足全球对菜籽油需求的不断增加，提高了加拿大油菜籽行业的整体水平。

（三）日本油料支持政策

1. 国内支持政策

（1）大豆差价补贴项目

政府首先根据豆农的成本收益状况来确定大豆的目标价格，然后对照市场价格，如果市场价格低于目标价格，那么政府将补贴市场价格和目标价格的差额。到 2000 年，该项目在实行两年后就被大豆直接补贴所取代（沈琼和刘小和，2005）。

（2）大豆直接补贴项目

政府根据估算的大豆生产成本，制定一个固定补贴额，然后与大豆的市场价格相比较：若市场价格高于生产成本和固定补贴额，豆农将没有任何补贴；若市场价格低于大豆生产成本，政府将给予固定补贴；若市场价格介于生产成本和生产成本加固定补贴额之间，豆农将得到部分补贴。

（3）豆农收入稳定性项目

该项目以大豆前 3 年平均市场价格设立标准价格，并作为豆农与政府为当年收获的大豆缴纳保证资金的依据，二者按照标准价格分别拿出 3% 和 9%。若当年大豆平均市场价格低于标准价格，参与稳定性项目的豆农将获得 80% 的补偿。该项目的实施大大提高了豆农应对市场风险的能力。日本油菜产业也有类似的稳定性项目，但是数量很少。

（4）食品安全储备和农作物保险

为保证大豆供应安全，大豆安全供应协会在日本政府授权下为日本国内食品需求建立 5 万 t 的紧急储备。该储备相当于日本大豆年食品需求量的 5%。此外，日本政府还为豆农分担灾害风险，将大豆纳入农作物灾害保险计划中。一旦大豆生产因灾减产 20% 以上，政府将负担保险额的 55%。

2. 边境贸易政策

为保护国内油脂加工企业，日本实行关税保护政策，并对花生实行关税配额管理，而对大豆及其他油料作物没有实行边境保护措施。一直以来，日本对油料作物的进口实行零关税，但对大豆进口实行了一定的关税措施。采取的关税措施主要是为了保护国内的油料加工企业，以高额的关税来控制植物油的进口，避免了对国内油脂生产企业的冲击，保护了油脂企业的发展。花生在日本优良贸易中有其特殊性，一直实行配额制管理（刘小和和沈琼，2006）。

油料进口零关税政策大大刺激了日本的大豆、油菜籽的进口，为油脂生产企业提供了充足的压榨原料。而同时大量的进口并未给日本国内油料生产带来严重冲击。由于日本政府强有力的支持，油料种植者的收益有了保障，使得近年来油料作物（尤其是大豆）的种植面积不断增长。

（四）巴西油料支持政策

1. 价格支持政策

为支持国内油料产业的发展，从 1995 年开始巴西实现了由补贴向价格支持的政策转变，以支持和保护农民收入。价格支持的手段有两种：营销贷款和联邦政府的直接购买。巴西政府在 1995 年后对政策进行了调整，实行了新的价格支持政策，即产品售空计划和期权合约补贴。该政策减少了对大农场的价格支持，有效地缓解了政府巨大的财政压力。遗憾的是补贴政策在实际运作中并未被很好地实施，油料作物基本没有享受到补贴。

2. 差异化的信贷政策

巴西政府针对大农场主、中农和小农实行差异化的贷款利率政策。依据政策，按照不同的上述规模等级，贷款利率依次降低 2～3 个百分点。

3. 农业保险政策

巴西的农业保险政策主要有两种：全额保险和分段保险，具体形式为由政府和农民各负担 50% 的险金。该政策提高了农民参保的积极性，有效降低了油料种植的风险。但大多数农民认为 12% 的当前保险费率过高。由于地区的发展不平衡和政府财力有限，该政策很难全面推行，目前主要在发达地区实施。

4. 税收政策

巴西有很多对农业部门的优惠政策，如针对用于出口的原材料和半加工产品的免税政策。大豆是巴西种植的主要油料作物，此外还有少量的油菜、花生及棕榈。巴西是世界第二大豆生产国和出口国，并且产量和贸易量呈现快速增长趋势。为促进大豆出口，政府对农场用于出口的大豆实行免交税率为 20% 的所得税。随着巴西大豆产业的快速发展，大豆及其制品的出口贸易额已经占到农产品出口贸易总额的近 1/3，成为巴西最大的创汇农产品。

（五）国际经验借鉴

综合上述各国促进油料产业发展的政策可以看出，目前各国已经对产业链的各个环节采取了行之有效的政策措施，主要涉及油料种植、销售、价格、流通、税收、信贷、保险、贸易及长期规划，基本构建起了成熟的油料产业政策体系，能够为我国提供借鉴与启示。

1. 支持政策制度化和体系化

与发达国家相比，我国油料支持政策一直以来存在着以下问题亟待改善：政策目标短期性、政策手段模糊性、政策对象随意性等。政策的不够完善导致其效果难以集中体现与发挥。例如，美国对政策制定有着长期的规划和周密详尽的设计，并形成每 5 年修订和完善立法的制度，使美国油料产业发展具有稳定的制度保障。我国应借鉴美国的做法，做好政策的长远规划，不断地完善和发展油料支持的政策法规，使国家对油料的支持成为一项长期、稳定的制度。

我国在《关于促进油料生产发展的意见》中进一步明确了直接补贴和奖励政策。意见同时涉及了科技创新、基地建设、培育期货市场、保险试点、储备制度、培育期货市场、控制油料转化等促进产业发展方面。但针对行业协会发展、信贷优惠政策、进出口关税措施、税收优惠政策等国外的政策实例，该意见尚未提出相应的意见和措施。我国应依据具体国情，有选择地借鉴国外相对成熟的油料产业政策体系和措施，使我国的油料产业政策体系日臻完善和灵活，以增进我国油料产业发展的广度和深度。

2. 价格支持和直接补贴兼用

从国际上来看，以直接收入补贴取代或部分取代价格支持成为各国农业支持政策调整的主要取向，但价格支持仍然得以保留，尤其是发展中国家。目前，我国油料供求矛盾突出，增加供给的任务艰巨，应在实施直接补贴政策的同时，适度实施价格支持政策。此外，扩大绿箱补贴的范围和质量，政府在不对农产品价格直接提供支持的情况下，可以重点改善服务、粮食安全、农业环保等产业环境，并配合政府的财政支出和税收减免，逐步构建我国的农业绿箱政策支持体系。

3. 政策的制定统筹兼顾各方利益

近年来，印度鼓励的食用油进口、抑制油料进口的贸易政策对本国压榨企业带来了极大的冲击，并引起了印度植物油加工企业的强烈反对。印度植物油工业协会已多次呼吁政府降低油料进口关税。而日本实行的鼓励油料进口、抑制植物油进口的贸易政策一方面使国内的压榨企业获益，但另一方面损害了消费者的一定利益（许良，2007）。由此可见，各国推行的贸易政策很难兼顾各方利益，常常使各国的政策制定者陷入矛盾的境地。建议我国应对我国植物油产业发展方向做出正确把握，深入、系统地进行综合评价，统筹兼顾，制定长远的发展规划，以促进利益相关各方持续而稳定的发展。由于油菜产业的产业链条较长，涉及的利益面较广。政府在制定政策时更应慎重，不能以牺牲任何一方的利益为代价来实现发展。

4. 适当进口油料、抑制成品油进口的贸易政策

我国油料生产一直以来满足不了国内日益增长的需求，油料及植物油需要大量进口。若采用与印度相同的抑制油料进口的贸易政策，植物油和油粕进口必然大幅增加，这将会给国内油企带来极大冲击，使大量产能闲置，致使大量企业面临停产，甚至停产的危险。因此，建议政府继续实行适当进口油料、抑制成品油进口的贸易政策，以达到既满足国内对食用油需求又保护油脂生产企业的目的。另外，适当进口油料可降低植物油和油粕进口量，某种程度上可提高我国油菜产业的国际竞争力。

5. 对油料生产进行国内支持

我国压榨企业大量依赖进口油料的直接原因是国产油料供给不足和品质欠佳。而最根本的原因是农业生产、流通方式落后。因此，促进国内油料生产和流通成了我国政府亟待解决的问题。这将在根本上解决国内油料供应不足的难题。在 WTO 规则允许的范围

内，我国可以借鉴日本等国的经验，对油料作物生产进行全方位的扶持，努力提高我国油料作物的产量和品质，改进生产流通方式，以提高我国油料产业的国际市场竞争力。

6. 鼓励和推动技术革新

一直以来，加拿大占据着油菜籽第一出口大国的位置，其出口量呈现稳步增长的趋势。这一方面得益于政府十分注重支持生物技术研究和生物产业发展。加拿大政府设立"国家生物技术咨询委员会"，以加强政府、科研机构与企业的协作，致力于油菜籽品种的改良，以提高油菜籽品种的附加值和科技含量。在该机构的指导下，相关研究机构及企业面向市场需求，开展包括生物技术和转基因技术的技术革新，增强油菜籽品种的环境适应能力和抗病、抗虫、抗灾害能力，努力提高油菜单产和含油率，使油菜籽产业取得了良好的经济效益。

我国油料产业应积极支持和鼓励研究开发与能源、健康等相关的高附加值的油料作物技术、品种及产品，实现科技与贸易的相互促进，推进油菜籽产业的持续发展。此外，我国还应制定油料加工装备和工艺的科技发展规划，重点推进油料加工成套设备的研发，提高关键设备大型化、智能化和机电一体化水平；特别是注重油料加工大型、高效、节能、节水设备研发，以提高油料加工能力和深度，创造额外附加值及收益，实现油料产业的效益增值。

7. 以专业的行业协会促进行业整体水平提高

目前，我国油料产业主要是在中国粮油学会油脂分会、中国植物油协会等行业协会组织、指导和规划下向前发展，尚缺乏专业的、有影响力的专业协会的统筹和规划。借鉴加拿大菜籽油产业的经验，建立专业的油菜籽行业协会，发挥其信息和组织优势，增强农户的博弈能力，促进农产品品质和产量的提高，指引行业不断开拓新的市场领域，增强行业的国际竞争力，提高我国油料产业的整体行业水平。

六、油料作物产业可持续发展战略定位、战略目标与战略重点

（一）战略定位

油料作物产业的战略定位：加大油料作物产业的政策支持与资金投入力度，以技术进步为突破口，以提高农民油料作物种植的经济效益为中心，以保障基本供给能力为核心，努力构建油料作物现代产业技术体系，提高油料作物综合生产能力，合理利用 WTO 规则调节进出口，保持油料作物产品供求总量的基本平衡。

（二）战略目标

1. 面积目标

（1）油菜
2012 年中国油菜种植面积为 11 025 万亩，若能采取保障农户正当经济利益、土地

规模化流转、轻简化技术等多项积极措施开发的冬闲田，中国油菜种植面积在 2020 年有望达到 16 000 万亩（现有 11 000 万亩＋南方冬闲田 5000）、2030 年有望达到 18 000 万亩（现有 11 000 万亩＋南方冬闲田 5000＋北扩 2000 万亩）。

（2）花生

2012 年我国花生种植面积为 6900 万亩，通过稳定和恢复花生种植规模，未来 2020 年、2030 年总体保持在 7500 万亩左右。

2. 生产能力目标

（1）油菜

2012 年全国油菜平均单产 121.8kg/亩，比上年增 2.96%；1978～2012 年中国油菜单产年均增长率为 2.78%，通过遗传育种、病虫害防控、田间生产管理等多种措施提高油菜单产，力争到 2030 年单产保持年均 2% 的增长率。按此预测，2020 年全国油菜单产将达到 140kg，2030 年将提高到 170kg。

（2）花生

2012 年全国花生平均单产 230kg/亩。全国范围内花生中低产田占的比例很高，一些地方花生基本种植在不能种植其他作物的边际性土壤上。总体上看，提高花生单产具有较大潜力，例如，利用优良新品种、开展平衡施肥等一般都可增产 10% 以上，采用地膜覆盖栽培可增 30% 以上。只要加强花生生产新技术的研发和推广应用，我国花生单产水平可望年均提高 2%，2020 年单产可以达到 270kg/亩，2030 年可以达到 320kg/亩。

3. 技术目标

（1）油菜

技术手段是保障油菜产业可持续发展的有力支撑，可有效推动优质油菜新品种繁育及其产业化示范工程建设。加快"双低三高"（高产、高抗、高效）的新品种培育，加强相关配套技术集成创新，加快新品种新技术推广。

（2）花生

积极开展花生高产、优质、高效、安全、生态友好的生产技术体系研究，重点培育高产高油的油用型品种，含油量达到 55% 以上，积极推广双料覆盖、全层施肥、硼肥施用等技术。

4. 经济目标

保证整个产业链不同环节的参与者有合理的利润，保持整个产业的经济活力。在种植环节，在按市场用工价格核算的情况下，油料作物每亩净利润不低于粮食作物和其他作物；在加工环节，确保食用油等加工企业的利润率不低于其他工业企业。

（三）战略重点

1. "提高一个能力"

油料作物产业可持续发展可以理解为持续、稳定提供给人类安全、健康、优质的油料作物产品的能力，包括资源上的可持续性、技术上的可持续性、经济上的可持续性、宏观政策上的可持续性，概括为油料作物综合生产能力上的可持续性。

油料作物综合生产能力的高低，直接关系到油料作物的有效供给，也关系到国家的粮食安全，稳定和提高油料作物综合生产能力对于确保全国粮食与食物安全、促进我国种植业结构优化调整、扩大出口、增加社会就业等都有着重要的战略意义和实践意义。"提高一个能力"，即提高油料作物综合生产能力。

2."利用两种资源"

"利用两种资源"，一是充分利用空闲土地和非耕地资源，大力促进油料作物产业的发展。充分利用沙壤地，发展花生产业；充分利用冬闲田，发展油料产业；合理利用山坡地，发展木本粮油产业。这是扩大食物供给、保障我国粮食安全乃至食物安全的重要补充。二是合理利用国际市场资源。巴西、阿根廷、东南亚等地的土地开发费用和种植成本都较低，进行油料作物的种植、加工投资或直接贸易的潜力非常大。因此，我国应加强国际合作，制定发展规划，利用国际市场，支持企业建立稳定可靠的进口油料作物产品保障体系，加强进出口调节。

3."完善四大体系"

一是完善油料作物产品流通体系。重点是健全市场体系，完善物流设施建设，培育和提高市场主体的竞争力。

二是完善油料作物产品储备体系。这是国家调控棉、油、糖等经济作物产品市场、稳定棉、油、糖价格和应对突发事件的主要手段，重点是完善储备调控体系，优化储备布局和结构，健全储备管理体制。

三是完善油料作物产品加工体系。这是满足日益多样化的消费需求、推进油料作物产业结构升级、提高油料作物产业效益、促进农民增收的必要途径，重点是大力发展棉、油、糖等经济作物产品加工业，积极发展饲料加工业，适当发展深加工业。

四是完善进出口贸易调控体系。这是国家调节农产品品种余缺、保障国内供给的重要补充。重点是根据国际国内油料作物产品供求和价格变化趋势，建立健全科学、安全、灵活的油料作物产品进出口调节机制，探索将进出口贸易、储备运作与棉、油、糖市场调控有机结合，实行有度有序的进出口战略。

七、我国油料作物产业可持续发展的战略措施

从供需变动及前景看，未来我国油料生产的制约因素和潜力因素并存。针对当前油料行业发展的变化和未来趋势，我国必须及时完善产业发展支持政策，建立健全调控机制，促进国内油料行业健康发展。

（一）加大对国内油料作物的财政补贴和奖励制度，调动农民和地方政府的种植积极性

1）加强对油料作物良种培育和使用的支持。设立专项资金，对大豆、油菜籽和花生育种产业重点扶持，加快品种更新换代。提高良种补贴的标准和范围，改进补贴方式，进一步发挥良种补贴引导农民采用优良品种的作用。

2）加强补贴和奖励力度，提高政府和农民种植积极性。加大对产油大县的资金奖励力度，扩大产油大县奖励范围，提高地方政府生产积极性，增强他们支持和服务油料生产的综合能力。在油料主产区，逐步把相应的油料作物列入粮食直接补贴和农资综合直补的范围，提高农民种植油料作物的积极性。

3）创新油料作物产业经营模式。推行适度规模经营，通过土地流转、种植托管等方式，大力培育和发展规模在50~100亩的专业种植大户、家庭农场等新型生产主体，通过大力推进机械化、专业化和集约化，降低成本，提高单位面积的产出率和产值率。通过财政补贴、税收优惠等方式，鼓励工商资本对荒地、盐碱地、贫瘠地及南方冬闲田进行改良、开发与季节性租地经营。

4）加快油料作物机械化发展，缓解劳动力资源约束。把油菜、花生等油料作物生产涉及的直播机、移栽机和收获机等机械尽快全部列入农机具购置补贴目录，提高油料作物的机械化水平。

5）支持木本油料和其他兼用型油源的发展。利用我国林业资源优势，充分利用山地、丘陵等非农用地，大力支持开发油茶、油橄榄、文冠果和核桃等木本食用油料。重视发展棉籽、米糠和玉米胚产业，有效利用兼用型油源生产棉籽油、玉米油和米糠油，增加食用油供应（徐雪高等，2010）。

（二）实施"走出去"战略，建立海外油料基地

从国际油料资源分布看，巴西、阿根廷、东南亚和非洲等地的油料资源非常丰富，土地开发费用和种植成本都较低，进行油料种植、加工投资或直接贸易的潜力非常大。因此，要将南美的大豆和东南亚的棕榈油作为开拓海外油料来源的重点，制定发展规划，支持企业建立稳定可靠的进口油料保障体系。鼓励我国企业在这些国家购买或租用土地，自建加工厂或参股这些国家的油料生产、加工或流通企业，兴建或租用仓库、港口、码头和运输系统，建立完善的海外油料产业链。开拓与巴西、阿根廷等主要油料进口国的直接贸易渠道。这些国家与我国的关系较好，开展经济领域合作，可以较好地回避政治和外交风险。

（三）重塑市场调控和关税配额相结合的市场调控体系

（1）探索油料作物产业目标价格政策

积极创造条件，逐步实施油料作物产业目标价格政策，直接补贴农民。可选择东北

地区实行大豆目标价格、长江流域实行油菜目标价格、黄淮海平原实行花生目标价格政策试点，稳步推进，并逐步向全国推广。

（2）完善油料作物产业贸易救济措施

低关税、成本差异导致的巨大价差，引起大豆、油菜籽大量进口。巨大的进口量，对国内油料作物产业发展空间造成巨大挤压。应该持续保持针对美国、巴西、阿根廷的大豆，加拿大的油菜籽，巴西的糖等产品的反倾销和反补贴调查及通过征收反倾销税和反补贴税等方式，减少进口大豆、食用油对国内相关产业的冲击。必要时，及时启动针对进口大豆、油菜籽等产品紧急保障措施，通过提高关税、实行关税配额及数量限制等方式，防止国内相关经济作物产业进一步受损。

（四）加大宣传传统食用油，引导居民科学消费

加强食用油营养与食用油知识的市场宣传，提高我国居民对食用油的科学认识，大力宣传国产食用油的品质，为国产食用油拓展发展空间。尽快出台相关法律法规，要求转基因食用油需在特定位置、用特定字码明确标识。引导居民合理消费，避免油脂过度摄入。

主要参考文献

国家发改委宏观经济研究院公众营养与发展中心. 2005. 应重新认识花生和花生产业. 农民日报, 2

李娜, 杨涛. 2009. 我国油菜籽产业发展现状与策略. 粮油食品科技, 17(2): 34-38

刘小和, 沈琼. 2006. 日本油料发展政策及其对我国的启示. 国际商务: 对外经济贸易大学学报, (2): 41-45

沈琼, 刘小和. 2005. 日本油料发展与保护政策. 世界农业, 319(11): 14-17

王汉中, 殷艳. 2013. 我国油料产业形势分析与发展对策建议. 油料作物专业委员会第七次代表大会暨学术年会综述与摘要

王晓辉. 2011. 中国植物油产业发展研究. 北京: 中国农业科学院博士学位论文

辛佳临, 陈永福. 2008. 国外促进油料产业发展的经验与启示. 世界农业, 356(12): 17-19

徐雪高, 曹慧, 刘宏. 2010. 中国油料作物及食用植物油供需现状与未来发展趋势分析. 农业展望, (11): 9-13

许良. 2006. 印度、日本和韩国植物油产业政策及其对我国的启示. 重庆工商大学学报(社会科学版), 23(3): 36-38

张文飞. 2009. 石油价格波动对油菜籽供求影响的均衡分析. 武汉: 华中农业大学硕士学位论文

赵丽佳. 2012. 当前我国油料产业安全形势分析与政策建议. 农业现代化研究, 33(22): 135-137

中国工程院院士. 2009. 油料专家鼓励消费者多吃菜籽油. 粮食问题研究, 12(24): 1-6

周建华, 胡跃红. 2006. 美国农业补贴政策的调整及启示. 求索, (2): 44-46

周振亚, 李建平. 2011. 中国植物油产业发展现状、问题及对策研究. 中国农学通报, 27(32): 92-97

专题三　我国糖料作物产业可持续发展战略研究

摘要

21 世纪以来，在糖料种植面积稳中有增的基础上，通过要素投入、品种改良和栽培技术等科技投入及体制机制创新，我国糖料与食糖综合生产能力稳步提高，中国食糖产业由"产不足需"向"产需紧平衡"转变，有力支撑了国家对于食糖的消费需求，为居民消费结构升级奠定了坚实的基础。研究表明：①从生产状况来看，中国食糖消费刚性增长的同时，糖料与食糖生产方面成就显著，与 2000 年对照，糖料和食糖产量分别增长了 77% 和 67%（历史最高分别增长 76% 和 116%）；②从生产区域和品种结构来看，食糖生产日趋集中到桂中南、滇西南、粤西琼北 3 个优势产区，广西、云南食糖产量占比高达 80% 左右，并呈现"蔗糖为主、甜菜糖为辅"的格局，蔗糖占比高达 90% 以上；③从价格形成机制来看，食糖价格完全由市场形成，而糖料则采取"糖蔗联动、二次结算"的价格政策，建立糖料生产者与制糖企业利益共享、风险同担的机制；④我国糖料与食糖市场当前的突出问题是，在我国食糖供需紧平衡的背景下，4 年来低价进口糖大量涌入我国市场，进口急剧攀升，4 年食糖进口量等于一年的食糖消费量（1470 万 t），过度进口改变了国内食糖市场的供需格局，严重冲击了整个产业链利益主体，蔗农不赚钱、企业严重亏损。该问题出现的主要原因是我国糖料与食糖的竞争力趋弱，同时缺乏将廉价糖挡在国门之外的有效政策闸门，多头管理的体制也在一定程度上影响了市场调控的效果。要想扭转这种困局，根本出路在于提升我国糖料与食糖的竞争力。

然而，从现实来看，我国糖料与食糖竞争力的提升面临着下列障碍：①分散小农经营模式下糖料成本居高不下，成为食糖成本的硬约束；②把糖料制成食糖的加工效率不够高，也抬高了食糖成本；③当前糖料与食糖生产，是通过高投入、高产出、较为粗放的生产方式实现的，土地过度"掠夺"、化肥利用率不高与过度施用并存、有效灌溉率不足、劳动力短缺与"三八五零"现象突出，糖料与食糖生产方式面临着自然生态系统"透支"过多问题，亟须转变为集约化、规模化、轻简高效的生产方式；④综合生产成本持续攀升，生产扶持较少，而价格大起大落，市场风险较大；⑤气候异常波动加大，生产基本"靠天吃饭"，产业抵御自然灾害的能力较低；⑥国际市场和国际影响对于我国糖料与食糖市场影响日益加剧，中国成为全球食糖市场的"泄洪池"。当前我国经济进入新常态，未来中国食糖产业的可持续发展，是未来我国人口、经济、资源环境相协调发展的必然要求。

本研究提出，解决上述问题的主要视角：①贯穿全球化、全产业链和绿色环保三大发展要求，依托广西、云南、广东等主产区和糖业大县，进一步促进资源、环境和现代生产要素的优化配置，加快推进形成与当前土地规模相适应、生产布局与资源环境承载能力相适应的、基于当前和未来发展的糖料空间开发格局；②必须依靠科技进步，扩大生产经营规模，节本增效，提升糖料与食糖的比较效益；③必须推进高标准农田建设，以重大工程为抓手，确保糖料综合生产能力稳步提升所需的规模经营资源基础；④贸易调节需"适度、有序"，避免盲目无序的进口对于国内市场的冲击，合理利用国外资源和国际市场调剂国内食糖的供给。

本研究认为：到 2020 年、2030 年，我国食糖供给能力可以达到 1650 万 t、1850 万 t，食糖市场主要以自给为主，适度进口就可以满足市场缺口。通过权衡社会效益、经济效益和生态效益三者平衡，在稳定原料价格、保障蔗农比较收益的基础上，大力改善水利等基础设施，在备用土地范围内适当增加种植面积，通过改进种蔗技术，通过良种、机械化、土壤改良和田间管理改良等栽培技术的提升来提高单产和出糖率，从而降低吨糖成本，这才是解决市场供需的最可行之路。

本研究提出实现糖料与食糖产业可持续发展的三大保障是：通过资源整合和创新驱动，主要依托品种改良、机械化规模化推进、轻简高效的栽培技术，以水利基础设施作辅助配套，促进科技进步，转变增长方式，保证 200 万 hm² 种植面积。因此，品种改良、农机农艺相配套的机械化生产、轻简高效的栽培技术是三大保障。

在此基础上，提出了尽快出台《中华人民共和国农业法》、构建单一部门主导的食糖产业管理体制、探索以目标价格为核心的市场调控政策等 10 条对策建议。

一、我国糖料作物产业基本现状

糖料作物主要包括甘蔗和甜菜。甘蔗生长于热带和亚热带地区，多年生草本植物，属禾本科甘蔗属；甜菜生长于温带地区，二年生草本植物，属藜科甜菜属。糖料加工出来的食糖，与粮、棉、油同属关系国计民生的大宗农产品。

中国糖料与食糖市场发展的现状与特点可以总结如下（刘晓雪等，2013a）。

（一）发展规模

1. 糖料与食糖产量波动中增长

我国糖料种植面积、糖料与食糖产量均呈波动中增长态势（表 3.1）。糖料种植面积由 2000 年的 151.42 万 hm² 增至 2012 年的 203.04 万 hm²；糖料产量由 2000 年的 7635.33 万 t 增至 2012 年的 13 485.43 万 t（2008 年糖料产量达到 13 419.62 万 t）；食糖产量由 1999/2000 制糖期的 686.86 万 t 增至 2007/2008 制糖期的历史最高水平（1484.02 万 t），后连续 3 年减产，2011/2012 制糖期开始恢复增长，2012/2013 制糖期第二年恢复性增长至 1306.84 万 t。

糖料与食糖产量的波动呈现明显的周期性，往往是 2～3 年增产、2～3 年的减产，呈现每 5～6 年一个周期的变动（简称"增 3 年、减 3 年"），而且每轮增产后的产量水平高于上次增产时的产量高位。1999/2000 制糖期至 2012/2013 制糖期期间，2002/2003 制糖期到 2007/2008 制糖期为一个周期，呈先减后增的发展规律，之后 2008/2009 制糖期至今尚未完成一个完整周期，先 3 年减产，在 2011/2012 制糖期出现恢复性增长，2013/2014 制糖期处于减产之后的增产周期（表 3.1）。

表 3.1　糖料作物的种植面积、产量和食糖产量

年份	糖料种植面积/万 hm²	糖料产量/万 t	制糖期	食糖产量/万 t
2000	151.42	7 635.33	1999/2000	686.86
2001	165.42	8 655.13	2000/2001	620.00
2002	187.15	10 292.68	2001/2002	849.70
2003	165.74	9 641.65	2002/2003	1 063.70
2004	156.81	9 570.65	2003/2004	1 002.30
2005	156.44	9 451.91	2004/2005	917.40
2006	156.70	10 459.97	2005/2006	881.50
2007	180.17	12 188.17	2006/2007	1 199.41
2008	198.99	13 419.62	2007/2008	1 484.02
2009	188.38	12 276.57	2008/2009	1 243.12
2010	190.50	12 008.49	2009/2010	1 073.83
2011	194.78	12 516.54	2010/2011	1 045.42
2012	203.04	13 485.43	2011/2012	1 150.26

资料来源：糖料种植面积和糖料产量来自《中国统计年鉴》，为自然年度数据，中国食糖产量来自中国糖业协会，为年制糖期（榨季）数据，这样表述更符合产业习惯

2. 食糖消费持续稳定增长

中国食糖消费量总体呈稳定增长态势，大致经历了较快上涨—稳中有增—较快上涨略有波动的发展历程。1980～1991 年是较快增长时期，全国食糖消费量由 1980 年的 453.7 万 t 增长到 1991 年的 761.5 万 t；1992～2000 年是稳中有增的阶段，消费量基本维持在 800 万 t 左右，约占世界食糖消费量的 6.2%；2001～2013 年食糖消费量较快增长并略有波动，由 915 万 t 增长到 2008～2009 年的 1390 万 t，2009/2010 制糖期至 2010/2011 制糖期因高糖价制约，以及淀粉糖、果浆糖等替代品的发展，食糖消费量略有减少，分别为 1379 万 t 和 1358 万 t，2012/2013 制糖期因糖价低位刺激消费增至 1390 万 t，2013/2014 制糖期消费量预估为 1390 万～1420 万 t。

中国人均食糖消费量由 1980 年的 4kg 增加到 2009 年的 10.41kg，2011 年我国人均食糖消费水平约为 10.03kg，为全球平均水平（24kg）的 42%，也明显低于亚洲国家的平均水平（12.75kg）。即使在这种消费水平下，我国已成为全球食糖的第三大消费国。考虑到膳食文化、饮食习惯，随着我国经济的持续快速发展，人均可支配收入的提高和城镇化进程的加快，居民消费结构升级会带动食糖人均消费需求持续扩大。我国食糖消费水平将进一步保持增长态势。

（二）区域布局

全国糖料作物分布在 18 个省（自治区），主产区集中在东北、西北和西南的沿边境

地区，与糖料种植相关人员达 4000 万人左右。其中甘蔗主要集中在广西、云南、广东、海南、福建等地；甜菜主要分布在新疆、黑龙江和内蒙古等地。

从区域布局来看，我国食糖生产呈现"东蔗西移"的变化特点。即甘蔗与食糖生产日益朝桂中南、滇西南和粤西琼北优势区域集中，甜菜朝新疆集中。2012/2013 制糖期，中国食糖总产量为 1306.84 万 t，其中，蔗糖和甜菜糖分别占食糖总产量的 91.70%和8.30%。从各省（自治区）来看，广西、云南、广东、新疆、海南 5 个省（自治区）分别位居全国食糖总产量的前 5 位，其各省（自治区）产糖量占全国产糖量的比例依次为60.57%、17.16%、9.28%、4.18%和3.81%。随着传统种蔗大省广东和福建劳动力、土地成本不断提高，以及 2002 年农业部开始制定并实施"甘蔗优势区域布局规划"，我国蔗糖从南方 11 个省（自治区）通过"东蔗西移"逐步向桂中南、滇西南、粤西琼北这 3个优势产区集中，三大产区产糖量占食糖总量的 85%以上（表 3.2）。自 1992 年广西甘蔗面积、蔗糖产量超越广东位居全国第一开始，就确立了广西在我国甘蔗生产中的地位。截至 2012/2013 制糖期，广西食糖产量已连续 20 个年位居全国首位，约占全国产糖量的60%。与此同时，云南蔗糖生产得到迅速发展，约占全国产糖量的 17%。云南产糖量于1998 年超过广东，跃居我国第二甘蔗大省，随后稳定发展，并一直保持全国第二的位置。在甜菜糖的生产中，自 2003/2004 制糖期后新疆甜菜糖平均产量占全国甜菜糖的 57%。新疆甜菜单产、总产和产糖量自 1994 年一直位居全国甜菜产区第一位。

表 3.2　2012/2013 制糖期主产省食糖产量及占全国比例

食糖种类	主产省（自治区）	食糖产量/万 t	占全国比例/%
甘蔗糖	广西	791.5	60.57
	云南	224.19	17.16
	广东	121.25	9.28
	海南	49.78	3.81
	福建	1.62	0.12
	其他	10	0.77
甜菜糖	新疆	54.66	4.18
	黑龙江	23.69	1.81
	内蒙古	16.28	1.25
	其他	13.87	1.06
食糖	合计	1306.84	100.00

资料来源：中国糖业协会

（三）品种结构

中国糖料作物呈现蔗多甜少的特征，形成了蔗糖为主、甜菜糖和淀粉糖等为辅的格局；从内部品种结构来看，甘蔗以新台糖系列为主，品种多系布局仍待进一步发展。

糖料作物的品种结构呈现如下几个特点。

一是"蔗多甜少"，即蔗糖和甜菜糖之间呈现以蔗糖为主、甜菜糖为辅的格局。从糖料作物的角度来看，甘蔗产量占糖料作物总产量的比例由 1980 年的 80%增长到 2012

年的 92%左右（图 3.1）。从食糖的角度来看，自 2003～2004 年以来，蔗糖产量占食糖产量的比例均在 90%以上，因此，我国食糖生产形成了以蔗糖为主、甜菜糖为辅的格局，2012/2013 制糖期蔗糖产量为 1198.34 万 t，占食糖总量的 91.70%，甜菜糖产量占 8.30%。甘蔗与蔗糖之所以得到快速发展，主要是因为甘蔗是一元多倍体，实行无性繁殖，具有 C_4 光合途径，CO_2 补偿点比稻、麦作物低 10 倍，净光合效率高 6～10 倍，光合作用强、效率高，综合利用率高，而且能够适应热带与亚热带地区的气候生长，具有更强的增产潜力和适应性。

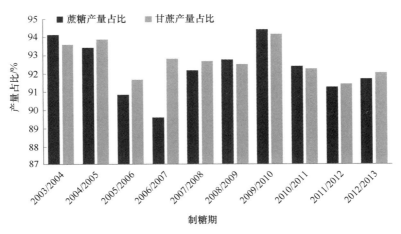

图 3.1 甘蔗产量和蔗糖产量占比
资料来源：中国糖业协会

二是甘蔗以新台糖系列为主，甜菜品种则为国外控制。从甘蔗内部品种结构来看，2000 年以后，我国种植的甘蔗品种主要是'新台糖 22 号'，形成了秋植、冬植、春植和宿根的种植格局。2012 年，新台糖系列品种占全国甘蔗种植面积的 85%左右，占我国最大甘蔗产区广西种植面积的 92%；甘蔗体系近期育成的新品种总计占 15%左右。品种单一化和重茬种植，导致原料蔗成熟期过于集中，平均出糖率不能达到合理水平，而且易造成病虫害大面积传播，加大了甘蔗生长的自然风险。甜菜种植过程中，主要选用德国、瑞典等国家的品种，其中德国品种种植面积最大，主要是因其丰产性好，但德国品种抗病性较差、含糖率偏低的特点对工业制糖不利。以第一大甜菜种植区新疆为例，德国品种占全区总面积的 80%，瑞典等其他国家的品种为 15%，国产品种占 5%。

（四）进出口贸易

中国食糖贸易在全球食糖贸易中居重要地位。从独立国家来看，中国是仅次于印度尼西亚的全球第二大食糖进口国。

在国际上，政府往往将食糖作为"高度敏感性商品"或"战略物资"进行管制。在中国，根据中国加入世界贸易组织的有关协议规定，中国对粮、油、糖等大宗农产品进口实行关税配额管理。1999 年以前，我国食糖市场主要通过政府进口来弥补缺口，随着入世谈判过程的推进，我国做出食糖关税配额管理承诺。从 1999 年开始发放 160 万 t 进口食糖关税配额，5 年内配额数量每年增加 5%，到 2004 年进口食糖关税配额增长到 194.5 万 t。在该项配额内，进口原糖关税为 20%，白糖为 30%，到 2004 年降低至 15%；配额外进口关税到 2004 年从 76% 降低至 50%，同时打破国家对食糖进口的垄断。

我国进口糖主要以原糖为主，从贸易性质看，配额内进口中，一部分为政府间贸易（我国与古巴签订有40万t长期进口原糖协议），这部分进口原糖大都直接转为"国储糖"，以竞卖形式投放市场，经精炼厂加工成成品糖后进入国内市场自由流通；另一部分为一般贸易，即获得进口配额的食糖加工企业在国际食糖市场进口原糖，经过精炼糖厂加工成成品糖进入国内市场自由流通；另外，我国一般贸易进口糖中还有一部分为成品糖，这部分成品糖直接进入国内市场自由流通。从贸易主体要求看，配额内进口中，约70%为国营贸易，大多为中粮集团有限公司、中糖等国企获得，剩下30%可由获得配额的非国营贸易企业或终端用户实现。配额外进口属自由贸易，企业按照市场化原则进口和销售。中国食糖现有关税水平远远低于全球97%的食糖平均关税水平，因此，中国食糖市场是开放度较高的市场。

在 2010 年之前，尽管中国每年发放 194.5 万 t 的食糖进口配额，但除 40 万 t 签订长期战略合作协议的古巴糖外，真正进口的食糖并不多，配额没有被完全使用。2011～2013 年，中国食糖进出口形势发生新的变化，使得中国食糖进口贸易备受瞩目。

1）进口量急剧攀升，连续 3 年超配额进口。近几年中国食糖进口量大幅增长，2011～2012 年，食糖进口量占国内食糖消费量的比例分别为 21.5% 和 27.8%，严重冲击国内食糖产业安全。2011～2013 年，中国食糖进口量分别为 291.94 万 t、374.72 万 t 和 454.59 万 t，分别为关税配额的 1.5 倍、1.93 倍和 2.34 倍。我国长期食糖供需形势不容乐观，未来大规模进口可能成为常态。

2）中国食糖进口来源国高度集中于巴西（刘晓雪，2015）。2013 年，巴西、古巴、危地马拉和韩国分别是中国食糖进口的主要来源国（图 3.2），进口量分别为 329.4 万 t（占食糖进口总量的 53.1%），43.6 万 t（占食糖进口总量的 9.6%），34.1 万 t（占食糖进口总量的 7.5%）和 22.6 万 t（占食糖进口总量的 5.0%）。

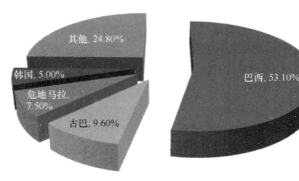

图 3.2　2013 年中国食糖进口来源国所占份额

资料来源：海关总署

3）食糖重点进口企业以国企为主，私企进口数量猛增。从进口企业类型来看，2012

年，中国食糖进口中，国企、私营企业和外资企业进口比例分别为 60.3%、36.5% 和 3.2%。从中国食糖进口前 10 位企业来看，中粮集团有限公司、日照凌云海糖业集团有限公司、中国糖业酒类集团公司分别居全国食糖进口的 39.90%、28.15% 和 16.09%，前三家企业占比为 84.14%（段立君等，2014）。

4）价格冲击显著，进口糖替代了国产糖的消费。历史上，食糖大幅进口往往与国内食糖供给大量短缺有关，然而 2012 年和 2013 年中国食糖进口形势发生显著变化（表 3.3）。2012 年国内食糖大幅进口是在国内供给进入增产周期且增产 10% 的背景下发生的，2013 年食糖大幅进口是在国内供给增产 18%，以及国内市场产量和需求大致均衡的情况下出现的（2012/2013 制糖期产量为 1306.84 万 t，消费量为 1390 万 t）。因此，中国食糖大量进口主要与国际糖价低位运行有关。在国际食糖进口后完税到岸价持续明显低于国内食糖价格的情况下（图 3.3），不仅配额内进口有利可图，配额外进口有利可图的机会也大量存在，进口糖出现较大利润。2012/2013 制糖期价差多数在 700 元/t 以上，激发了食糖大量进口。

表 3.3　2004 年后中国食糖关税配额、税率、进出口量及占配额比例

年份	进口关税配额/万 t	配额内关税率/%	配额外关税率/%	进口量/万 t	出口量/万 t	净进口/万 t	进口量占配额比例/%
2004	194.5	15	50	121.43	8.52	112.91	62.43
2005	194.5	15	50	138.97	35.83	103.14	71.45
2006	194.5	15	50	136.54	15.45	121.09	70.20
2007	194.5	15	50	119.34	11.05	108.29	61.36
2008	194.5	15	50	77.99	5.84	72.15	40.10
2009	194.5	15	50	106.45	6.39	100.06	54.73
2010	194.5	15	50	176.61	9.43	167.18	90.80
2011	194.5	15	50	291.95	5.94	286.01	150.10
2012	194.5	15	50	374.72	4.71	370.01	192.66
2013	194.5	15	50	454.59	4.78	449.81	233.72

资料来源：关税配额及关税税率来自商务部；进出口量数据来自中国海关总署

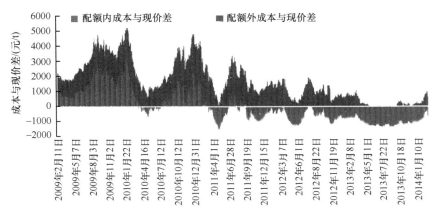

图 3.3　巴西配额内进口与配额外进口价差变动（彩图请扫封底二维码）

资料来源：根据 BRIC 数据整理计算而成

二、我国糖料作物产业近 30 年的发展历程

（一）生产发展历程

1980～2015 年，我国糖料与食糖生产进入改革、开放、技术发展与实践应用的较快发展期，种植面积由 84.33 万 hm² 发展到 2012 年的 190.28 万 hm²，种植面积增长了 1.26 倍；糖料产量由 1980 年的 2911.3 万 t 增长到 2012 年的 13 485.4 万 t，是 1980 年的 4.63 倍；食糖产量由 1980 年的 257 万 t[①] 增长到 2011/2012 制糖期的 1150.26 万 t 和 2012/2013 制糖期的 1306.84 万 t。回顾历史，我国糖料与食糖生产经历了 1980～2001 年以经营体制变革为主要特征的稳步发展阶段，以及 2002～2015 年以科技大幅进步和入世开放程度加大为主要特征的波动中较快发展阶段。

1. 1980～2001 年以经营体制变革为主要特征的稳步发展阶段

随着农村联产承包责任制和技术要素的效果初步显现，糖料面积、糖料与食糖产量出现较快增长。糖料面积由 1980 年的 84.33 万 hm² 增至 2001 年的 138.2 万 hm²（图 3.4），糖料产量由 2911.27 万 t 增长至 1998 年的 9790.4 万 t（该阶段最高水平），后略有波动，2001 年为 8655.13 万 t；食糖产量由 1980 年的 257 万 t 增长至 1998/1999 制糖期的 882.6 万 t，后周期性波动明显，2001/2002 制糖期为 849.7 万 t；人均食糖占有量由 1980 年 2.60kg 增长到 1998/1999 制糖期的 7.0kg，2001/2002 制糖期达到 6.66kg。在这一阶段，中国食糖生产体制和经营机制发生重大变革。20 世纪 80 年代蔗区从广东、福建等东南沿海大规模地向广西、云南西移；1992 年，食糖购销体制发生重大变革，由商业部负责销售食糖转向工商多元化销售食糖；2000 年根据国务院的统一部署，对我国糖业进行史无前例的结构调整，国家拿出 120 多亿资金关闭破产 150 家制糖企业，全国糖厂由 539 家减少到 359 家，并强强联合，提升了食糖产业集中度，调整与优化了食糖加工能力。科技方面，"七五""八五"国家科技攻关育成的粤糖 65-237、桂糖 11 号和闽糖 70-611 等自育新良种替代了 F134 等老品种；福建农林大学等科研院所通过"九五"国家科技攻关、农业部"948"项目引进了大批种质资源，储备了 ROC10、ROC16 和 ROC22 等新品种并开始第三次品种更新（徐广涛，2002）。经营体制的变革、区域布局的调整和甘蔗品种改良，明显促进这一时期的产业升级，改善了市场供应短缺的局面，但仍处于世界人均占有量较低的国家之一。

2. 2002～2013 年较高水平波动中增长阶段

2002 年农业部开始制定并实施"甘蔗优势区域布局规划"，我国蔗糖从南方 11 个省（自治区）逐步向桂中南、滇西南、粤西琼北 3 个蔗区集中，集中度达到 90% 以上。种

---

① 本研究糖料产量来自国家统计局《中国统计年鉴》和中国糖业协会。

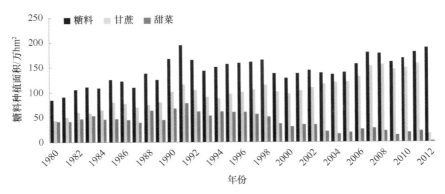

图 3.4　糖料种植面积变动状况

资料来源：国家统计局

植面积由 2002 年的 144.5 万 hm^2 增长到 2012 年的 190.2 万 hm^2[①]，糖料产量从 2002 年 10 292.7 万 t 增加到 2012 年的 13 485.4 万 t，食糖产量由 2002/2003 制糖期的 1063.70 万 t 增长至 2011/2012 制糖期的 1151.75 万 t，2012/2013 制糖期进一步增至 1306.84 万 t。2002/2003 制糖期以后，我国食糖产量和消费量双双超过 1000 万 t，直至 2007/2008 制糖期，食糖总产量达到 1484 万 t 的历史最高水平，当年食糖自给有余。这段时间糖料总产和单产的快速提升与品种全面更新、食糖工业结构的调整密不可分。ROC16、ROC22、ROC25 等新台糖系列品种全面替代了桂糖 11 号、粤糖 65-237、闽糖 70-611 等品种，新良种种植面积占全国甘蔗种植面积的 85%，这些无疑都提升了甘蔗单产。该阶段还形成了民营企业占主导、具有一定产业集中度的食糖工业格局，食糖工业结构的调整优化提升了食糖加工能力。2008 年以来，由于南方冰雪灾害、低温干旱等异常气候频发，前期食糖供给宽松、糖价低位运行导致甘蔗种植的比较效益偏低，以及国际金融危机的影响，造成连续 3 年减产，直到 2011/2012 制糖期和 2012/2013 制糖期连续两年恢复性增产，2012/2013 制糖期恢复增长到 1306.84 万 t，至今仍然未能恢复到 2007/2008 制糖期的水平（1484.02 万 t）。这表明我国甘蔗产业抵御自然灾害的能力不足，国内生产扶持保护力度不够，调控效果不够明显，市场的不确定性明显增加，产量在年度间波动较大。需要指出的是，在该时期，随着肥沃土地更多用于保障粮食供给，糖料种植更多向中等、贫瘠土地和坡地转移，糖料产业中优良品种、田间管理、要素投入等同时跟进，糖料与食糖产量才能保持增长势头。但是，入世后，随着国际市场的影响日益加大，食糖产量的波动加大。

从两个发展阶段来看，不同阶段推动糖料和食糖生产发展的主要驱动力是有差异的。1980～2001 年主要是通过家庭联产承包责任制、食糖流通体制改革理顺了体制、搞活了机制，提高单产的同时扩大面积提高了产量；2002～2015 年主要是对内优化区域布局、对外开放，依靠科技提高产量。现在，我国仅靠规模扩张、搞活机制的方式已难以明显提高单产，科技成为保障糖料和食糖供给的重要元素。

① 中国糖业协会 2012～2013 年种植面积。

（二）产业政策发展历程

1991 年前，中国食糖产业采取严格的计划经济。1991 年底至 2015 年，中国启动食糖流通体制改革、放开食糖市场以来，政府针对食糖产业与市场面临的新形势、新问题，不断探索和完善宏观调控政策。根据主要调控政策手段性质的不同，食糖宏观调控政策与贸易政策的建立与完善大致可分为 3 个时期[①]。

一是 1991～2000 年以行政命令为主要调控手段的时期。该时期的最主要特征是，食糖市场虽然放开，但政府仍以行政命令为主要手段实施对食糖市场供需平衡和食糖产业规模的调控（表 3.4）。

二是 2001～2004 年由以行政命令为主向以市场调控为主的转变时期。该阶段的主要特征是：一方面，行政命令式调控手段部分退出但依然存在，如取消了国家对糖料和食糖的指导性价格，大幅减少了政府对制糖企业的行政干预，但仍然用行政命令手段干预农民种植行为；另一方面，市场化、制度化调控手段逐步形成。国家继续实施工业企业短期临时储存食糖制度，完善了国家储备糖制度，取消了食糖出口关税配额制度，建立了食糖进口关税配额制度，出台了糖料管理办法（表 3.4）。

表 3.4　1992～2000 年国家食糖宏观调控的主要政策措施

政策名称	主要实施部门	主要内容	政策性质
调整糖料与食糖指导价格	国家计委	1994 年和 1995 年连续两次调高糖料与食糖价格，1999 年调低糖料与食糖价格	行政命令式
限制食糖进口	国家计委	不安排一般贸易进口计划，对食糖进口严格实行配额和许可证管理	行政命令式
打击食糖走私	海关总署	依法没收走私食糖，追究走私罪刑事责任	行政命令式
监管加工贸易	对外经贸部	严格核定从事食糖加工贸易的经营单位与贸易合同	行政命令式
压缩产能，关停制糖企业	国家经贸委	直接关停、破产亏损严重的制糖企业 150 多家	行政命令式
严格控制糖精生产	国家经贸委	关停一批糖精企业，限制糖精内销数量	行政命令式
工业企业食糖临时储备	国家计委	安排食糖主产区制糖工业企业临时储备食糖，财政给予贴息贷款	市场调控手段
收购或抛售国家储备糖	国家计委等	一次收储食糖 120 万 t，两次抛储共 48 万 t	市场调控手段
糖料收购政策性贷款支持	中国人民银行	将糖料收购资金纳入主要农副产品收购资金政策性贷款渠道	市场调控手段

三是 2005～2015 年以政府市场调控为主要手段的时期，期间仍有一些行政命令存在。2006 年以后，随着加入 WTO 后过渡期结束，中国食糖已经初步构建了以关税和配额管理为主的进出口贸易政策。与此同时，制糖工业的新一轮结构调整基本完成，制糖企业所有制发生重大变化，以民营企业为主体的所有制格局基本形成。糖精限产限销已基本完成，进入常规化管理阶段。糖料价格与食糖价格挂钩联动，糖农与糖厂利益共享、风险共担的机制在大部分产区初步建立。

[①] 部分资料来自国家甘蔗产业体系《经济调查与研究》2012 年第 11 期，总第 30 期。

（三）进出口贸易发展历程

在 20 世纪 90 年代初之前，中国食糖一直靠进口来弥补国内供给的缺口，因而成为世界食糖进口大国。在 1993 年之后，随着中国食糖产量迅速提高，食糖供应大致满足了市场需求，有时还能做到丰年有余，对食糖进口的依赖度明显减小。为稳定供应，中国与古巴签订了长期进口原糖协议，每年 40 万 t 的古巴原糖直接进入国家储备库，不直接进入当年的国内消费市场。由于 1993 年后总体上中国仍是以进口为主的国家，因此，根据食糖进口贸易与产需缺口之间的变动状况，可将之划分为两个阶段。

一是 1994～2011 年（准确地说是 2010～2011 年），该阶段进口规模与产需缺口之间存在高度相关关系，即当产需缺口较大时大量进口，当产需缺口较小时，少量进口，当产需基本平衡时，微量进口。

二是 2012～2013 年（或者说 2011～2012 年和 2012～2013 年），该阶段进口规模与产需缺口无关，而是与国内外糖价价差有关。由于国际糖价明显低于国内价格，进口到国内后的税后到岸价与国内糖价之间仍存在 1000 元/t 的差价，进口动机激发了企业大量进口。最明显的证明是当价差扩大时，进口规模加大；当价差缩小时，进口规模缩小（图 3.5，图 3.6）。

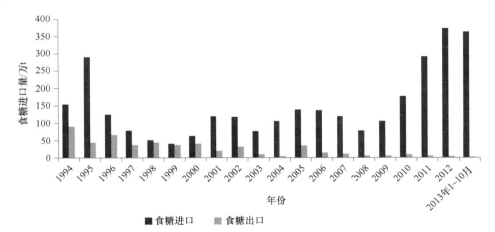

图 3.5　1994～2013 年中国食糖进口状况

资料来源：1992～1993 年数据来源于 usda，1994 年及之后数据来自海关总署

不同进口动机下中国食糖进口状况。

1）1994～2011 年进口动机是以平衡国内市场为主的阶段。这段时期，1995 年、2001 年、2005 年、2010 年和 2011 年是阶段性进口较大的年份。1995 年，中国食糖进口高达290.70 万 t，出现了第一个食糖进口高峰。这是由于 1992 年食糖市场放开后，商业系统不承担销售任务将库存大量投向市场，市场供过于求出现"卖糖难"，糖厂打白条现象严重，挫伤了农民种蔗的积极性，之后 3 年产量连续下降，1994～1995 年降至 541.78万 t，产不足需通过大量进口进行调节，1995 年食糖净进口量为 246.22 万 t（进口 290.70万 t，出口 44.48 万 t）。2001 年是中国食糖的第二个阶段性进口高峰，净进口 100.31 万 t

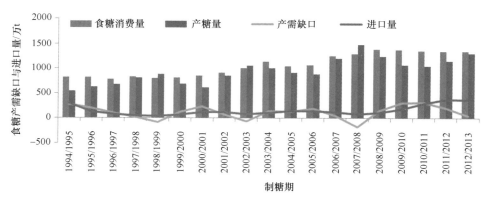

图 3.6　食糖产需缺口与进口量变动之间的关系
资料来源：中国糖业协会、海关总署。产需缺口=消费量−产量计算而成

（进口 119.87 万 t，出口 19.56 万 t）。究其原因，1999 年年底南方主要产糖区受灾，糖产量 2000 年有所下降，国储糖出库补足供需缺口，以及 2001 年自然灾害影响，食糖产量下降导致全年食糖产需缺口 230 万 t（占需求量的 27%），因而大量进口了 119.87 万 t。2005 年是中国食糖的第三个阶段性进口高峰，该年净进口 103.14 万 t（进口 139.97 万 t，出口 35.83 万 t）。这次进口高峰与食糖产量 2002 年、2003 年的食糖产量增长有关，随着产量和消费量在 2003 年双双突破 1000 万 t 大关（食糖产量 1063 万 t，消费量 1030 万 t），食糖供给充足、糖价下滑导致糖料作物比较收益偏低，2004 年和 2005 年食糖产量下滑，2005 年出现 132.6 万 t 的产需缺口且同时糖价大涨，通过快速的大量进口以补充国内供需的不平衡。2010 年和 2011 年是中国食糖的第四个阶段性进口高峰，2010 年和 2011 年分别净进口了 167.18 万 t（进口 176.61 万 t、出口 9.43 万 t）和 286 万 t（进口 291.94 万 t、出口 5.94 万 t）。这两年的食糖大量进口，主要是因为 2008～2011 年 3 年连续减产，产不足需，库存耗尽，2009/2010 制糖期和 2010/2011 制糖期的产需缺口分别为 305.17 万 t 和 312.58 万 t，同时糖价从 2009 年 1 月的 2860 元/t 一路上涨至 2011 年 8 月的 7800 元/t（杨莲娜，2013）。为补充产需缺口和平抑食糖价格，2010 年和 2011 年分别巨量进口了 176.61 万 t 和 291.94 万 t。

2）2012～2015 年市场紧平衡下的大量进口的阶段。2012 年和 2013 年，是中国食糖市场的第五个进口高峰。此阶段出现的矛盾现象是：一方面中国食糖恢复性增产，产需缺口缩小甚至接近平衡，另一方面从国际市场大量进口食糖，2012 年进口 374.72 万 t，2013 年进口 454.6 万 t（刘晓雪等，2013a）。这种矛盾现象的出现，主要是国际糖价低于国内糖价、进口食糖有利可图而带来的，利润动机激励食糖贸易企业进口大量食糖。非常值得注意的现象是，由于国际糖价明显低于国内糖价，不仅配额内进口有利可图，配额外进口也出现明显的盈利机会。

在 2010 年之前，尽管中国每年发放了 194.5 万 t 的食糖进口配额，但除古巴糖外，真正进口的食糖并不多，配额没有被完全使用，这说明进口糖受国内糖价和国际糖价之间价差的影响较大，只有当国内价格高出国际价格一定程度并有合理利润时贸易进口才会大规模发生。

（四）我国糖料作物产业近 30 年发展的主要经验

中国糖料作物产业近 30 年发展的主要经验包括以下几方面。

一是通过要素投入、品种改良、栽培和田间管理技术等方面 30 年的发展，带来糖料作物单产的大幅提升，甘蔗农业单产由 1980 年的 47.56t/hm^2 增长到 2012 年的 68.6t/hm^2，2007 年最高曾达到 71.228t/hm^2，甜菜农业单产由 1980 年的 14.242t/hm^2 增长到 2012 年的 49.79t/hm^2，为历史最高水平。与 1980 年相比，2012 年甘蔗和甜菜农业单产分别增长了 44.23% 和 49.63%。

二是通过体制机制创新、要素投入、扩大种植面积和科技投入，中国食糖产业实现了从产不足需到产需紧平衡的转变。食糖产量由 1980 年的 257 万 t 增长至 2012/2013 制糖期的 1306.84 万 t，形成了以"甘蔗糖为主、甜菜糖和淀粉糖为辅""民营化制糖企业为主、国营和外资企业为辅"的食糖产业格局，满足了本国局面的基本食糖消费需求。

三是通过 30 年的发展，育种、机械化、栽培、病虫害等方面均取得显著成果，育种和机械化方面仍需加快完善。

从育种来看，1999~2013 年，我国大陆通过省级以上审（鉴、认）定和登记的甘蔗品种 128 个，其中国家甘蔗产业技术体系建立以来育成新品种 48 个。在国家甘蔗产业技术体系 15 个综合试验站自育新品种系三轮近 40 个品种集成示范中，已筛选出'福农 38 号''福农 39 号''粤糖 55 号''粤糖 69 号''桂糖 29 号''柳城 05-136'等 8 个自主创新品种的高产高糖抗黑穗病或梢腐病或花叶病或抗寒性优良性状聚合良种，目前栽培面积最大的品种是'新台糖 22 号'。蔗区迫切需求是实现主栽品种蔗区良种多系布局；通过加强适宜机械化作业的品种种性研究与筛选，也初步筛选出几个明显好于'新台糖 22 号'的自育品种。通过加强野生种质抗逆基因的利用，已经把甘蔗近缘属植物斑茅和新的割手密野生种引进了优良的现代栽培种中，所创制的新种质已经用于我国甘蔗生产性杂交利用并共享。

从栽培技术来看，在糖料作物较优种植期、行距和密度、施肥技术、间套作技术、缓控施肥、轻简技术方面取得较大进展。可以结合土壤养分与甘蔗营养生长，分析土壤成分形成适合于某块土地的合理肥料配方，指导当地甘蔗复合肥企业进行大规模生产，提高肥料的利用率。

病虫害方面的研究，随着品种和不同病虫害的变化而变化。2000 年以后，随着新台糖系品种逐渐成为我国蔗区的主栽品种，甘蔗病害的研究重点围绕甘蔗黑穗病、宿根矮化病、花叶病等几种病害展开。在抗病育种方面，人们主要针对甘蔗黑穗病和花叶病开展了抗性材料的鉴定及抗性评价体系的建立，并使甘蔗抗黑穗病和花叶病的指标成为选育甘蔗新品种的考核指标，从而使我国甘蔗选育种进入抗病育种的新时期。在病原分子检测方面，人们针对甘蔗主要病害如甘蔗宿根矮化病、花叶病等，以及检疫性病害如白叶病等，开展基于 PCR 技术的检测技术研究（张显勇等，2008），并建立标准化的分子检测技术体系，从而为甘蔗健康种苗的质量监控及检疫性病害的快速检测奠定坚实基础。此外，基于热水消毒和茎尖组培脱毒技术相结合的健康种苗生产技术得到不断完善，为甘蔗健康种苗的生产与推广奠定良好基础。

我国甘蔗耕整地及田间管理机械化发展比较快，种植机械化近几年得到迅速发展，收获机械化在关键技术研究方面取得一些突破。

四是通过结构调整和产业升级，中国制糖企业集中度和规模化显著提高。2000年以来，中国糖业进行了史无前例的结构调整，国家拿出120多亿资金关闭破产150家制糖企业。国家还决定以发展规模制糖为重点，以资产为纽带和项目联合为基础，通过兼并联合、股份制改造、中外合资等方式，引导大型制糖企业实行强强联合，组建糖业大型集团，提高产业集中度，大大加快了制糖工业的发展。一是制糖企业数量减少，规模有所扩大。截至2012年9月，全国共有制糖企业（集团）48家，开工糖厂270间，企业（集团）数量远少于2000年。其中，甜菜糖生产企业（集团）5家，糖厂37间；甘蔗糖生产企业（集团）43家，糖厂233间；另有炼糖企业11家；产量超过40万t的企业集团已经发展到10家，占全国产糖量的67%。二是生产能力扩容，销售收入增长。以广西为例（徐雪，2004），糖厂的甘蔗日榨能力已从2000/2001制糖期的27.6万t增加到2010/2011制糖期的65.7万t，全行业销售收入也增至444.15亿元。三是市场集中度进一步提高，海南和广东制糖企业已完成改制，8家制糖企业（集团）完全控制了占广东产量80%的湛江食糖生产；广西产糖超过10万t的17家糖企产糖量占全区产糖量的91%。

五是"糖蔗"价格联动机制在主产区基本建立、利益分配机制初步形成。我国糖料主产区均采取"糖蔗联动、二次结算"的价格政策，即糖料收购价格与食糖销售价格挂钩联动、糖料款二次结算的办法，建立糖料生产者与制糖企业利益共享、风险同担的机制，一旦低价卖蔗后糖价大幅上涨时，就起到有效维护蔗农利益的目的。

六是形成了包括现货、电子批发市场、期货市场在内的市场体系，食糖流通新格局初步形成。自1992年我国食糖流通体制改革以来，食糖流通领域市场化程度不断提高，多元、开放、顺畅的食糖流通新格局已经形成，主要表现为：食糖流通主体实现了多元化，社会投资介入食糖流通，非国有食糖流通企业比例为95%；食糖流通渠道日益丰富，形成食糖现货市场、电子批发市场、期货市场三者相互促进、相互补充的市场体系。广西糖网、昆商糖网、中国食糖网等食糖电子批发市场逐步建立健全，白糖期货交易2006年在郑州商品交易所上市后并成功运行，这些流通渠道在我国食糖流通中发挥着重要的作用；形成现货交易、远期交易、期货交易等多元交易方式；建立了中央和地方政府食糖储备制度，储备糖管理部门可通过收储或放储的方式，影响市场的供求关系，调节食糖价格变化，避免和减轻价格大幅波动给经济与行业发展造成的负面影响。这些措施极大地促进了食糖和糖料生产的发展。

七是在糖料作物种植、育种、栽培、机械化、病虫害防治、产业经济等领域培育形成了大量的实践人才、试验基地、高产创建平台和行业专家，成为该产业长远发展的重要支撑。

三、我国糖料作物产业存在的主要问题

通过国际与国内甘蔗与食糖产业的发展现状、中国甘蔗与食糖产业政策状况的分析

发现，近几年，干旱、雪灾、暴雨等异常气候频发，农资、劳动力价格上涨，给糖料种植与生产带来较大的不良影响，导致糖料食糖生产年度间波动较大。鉴于中国糖料生产扶持异常薄弱、糖料技术研发和服务明显不足、农民和糖厂的利益联结关系仍不完善、政策宏观调控的手段单一，有效应对复杂的国内外食糖市场形势的难度加大，中国食糖产业 2008 年后经历了"过山车"行情，产业受冲击较大。总体来看，中国食糖产业当前面临下列严峻问题。

（一）四部门"多头管理"体制难以适应食糖产业发展需要

中国涉糖管理部门包括国家发改委、农业部、工业和信息化部、商务部这 4 个部门，中国糖业协会对糖企实行行业管理，其中，国家发改委负责中长期发展规划、市场总量平衡和宏观调控平衡；农业部负责种植；工业和信息化部负责制糖行业规划和产业升级；商务部负责食糖流通领域，四部门以"多头管理"为主要特点的管理体制难以适应市场发展的需要。

首先，从管理体制的框架来看，农、工、商业 3 个群体形成了糖料与食糖产业的完整产业链，然而多头管理和环节管理将糖料种植与制糖企业、生产与流通环节人为分割，各自基于自身环节利益出发，无法基于农、工、商业全产业链发展的共同利益进行统筹。

其次，从产业政策的初衷与实施效果来看，农业部糖料处分管糖料管理职能，以种植面积和增产为目标，工业和信息化部以制糖产业发展为目标，商务部以稳定物价为目标，国家发改委以总量平衡和结构平衡为目标促进产业发展，增产、稳定物价与产业发展等多元目标之间容易出现不协同问题，这就导致各部门出台政策时"头痛医头脚痛医脚"，难以把握最有利时机，也受政策制定人员话语权限制，无法形成合力，增加了政策调控的成本。以 2012 年收储政策为例，在国际糖价持续低于国内糖价时，国内食糖收储政策收效不大。当国际食糖市场供过于求时，国内外食糖价格处于低位，出于稳定国内糖价而出台的收储政策，由于至少超出同期市场价格 300 元/t（最高时高出 640 元/t）（表 3.5），加剧了国内外糖价价差差额，增加了进口糖的利润和数量，收储的结果是短期价格高位，长期导致进口量大幅增加，改变了国内供需的格局，价格下滑幅度更为严重，长期来说加剧了国内食糖市场供求的失衡程度，相当于以高价补贴了国际市场。因此，在国际市场供过于求、国内制糖成本偏高时，收储政策并没有显著效果。

表 3.5 收储价格与市场价格的关系状况

收储时间	收储价格/（元/t）	南宁价格/（元/t）	收储价格与南宁价格差/（元/t）	收储数量/万 t
2012/9/18	6200	5900	300	50
2012/12/27	6100	5655	445	80
2013/1/22	6100	5600	50	70
2013/5/20	6100	5460	640	30

最后，从食糖市场发展趋势来看，食糖国内外价格联动、期现货价格联动、食糖-石油-美元价格联动等特征日益显著，食糖价格不仅受国内供需影响，还受全球供需及利率、汇率和相关商品等影响，食糖产业发展趋势需要国内涉糖管理部门从战略和政策的角度统一认识、统一管理，提高调控政策的实施效果，尽快构建将已有生产支持政策、市场流通政策、贸易政策、宏观政策与货币政策、期货市场等融为一体的协同统一的政策体系框架。

（二）分散小农经营模式下中国糖业基础竞争力趋弱，国内外同类产品替代增强

由于资源禀赋好、种植规模大、机械化程度高，加上产销一体化模式，以及政府所给予的优惠支持政策，巴西、泰国和澳大利亚生产成本仅为 1950～2350 元/t、2080～2310 元/t 和 1900～2100 元/t，不到我国的一半，我国食糖国际竞争力不断下降。

与之对照，我国糖料主产区地处桂、滇等不发达地区，人多地少矛盾突出，耕地分散、细碎，实行分散经营的小农模式。糖料（蔗）户均经营规模仅为 0.4hm²，而巴西、泰国、澳大利亚户均经营规模分别为 40hm²、25hm² 和 80hm²，我国户均经营规模约为巴西的 1%、泰国的 1.6%、澳大利亚的 0.5%。规模小决定了我国糖料基础竞争力与巴西等产糖大国存在着巨大差异，生产成本高、效率低。在劳动力、土地和农资成本快速增长的推动下，以及甘蔗种植日益向立地条件较差的土地转移，我国主产区与世界其他产糖国每吨甘蔗生产者价格差距不断拉大，中国甘蔗基础竞争力趋弱。国际粮农组织生产者价格数据显示，近 20 年来，我国每吨甘蔗生产价格与巴西、泰国、澳大利亚的差距越来越大，2000 年我国每吨甘蔗生产价格仅比巴西、泰国、澳大利亚高 9.2 美元、8.5 美元和 6.2 美元，2011 年这一差距已达到 32.5 美元、33.8 美元和 24.4 美元，是 2000 年的 3～4 倍，与国际产糖国的生产者价格之间差异扩大（表 3.6）。甘蔗户均规模和单产不高、吨糖生产成本偏高、人地矛盾突出和生产成本快速提升唯有通过规模化、专业化和机械化发展解决，但机械化、规模化的发展又受到分散小农经营模式的制约。

表 3.6　中国与巴西、泰国和澳大利亚的生产者价格差距　　　（单位：美元）

年份	中国-巴西	中国-泰国	中国-美国	中国-澳大利亚
1991	17.2	11.0	−2.4	1.7
2000	9.2	8.5	−9.5	6.2
2011	32.5	33.8	11.5	24.4

资料来源：FAO

由于资源禀赋好、种植规模大、机械化程度高，加上产销一体化模式及政府所给予的优惠支持政策，巴西、泰国和澳大利亚生产成本仅为 1950～2350 元/t、2080～2310 元/t 和 1900～2100 元/t，不到我国的一半，我国食糖国际竞争力不断下降。在这种情形下，出现了进口糖和走私糖、淀粉糖替代国产糖的现象。

一是进口糖替代国产糖现象日益严峻，2013 年进口糖占中国食糖消费总量的 30.70%，产业安全严峻。国内外价差居高不下是导致近年我国超配额进口食糖的主要因

素。2001～2009 年，中国每年食糖进口量在 100 万 t 左右，但除古巴糖外，真正进口的食糖并不多，配额没有被完全使用。2010～2011 年，由于国内食糖大幅减产，国内糖价明显高出国际糖价，利润驱动食糖进口量猛增，年进口量分别达 176.6 万 t 和 291.94 万 t（关税配额的 1.5 倍）。2012 年开始我国食糖进入增产周期，供给过剩背景下国际糖价下滑而国内糖价明显高于国际糖价，进口量猛增至 374.72 万 t（关税配额的 1.93 倍），2013 年国内外食糖价差继续推动进口糖进入国内市场，全年累计进口食糖已达 454.59 万 t（关税配额的 2.34 倍）。制糖企业受原料成本上升和糖价下滑双重挤压，2012/2013 制糖期广西糖业亏损总额在 30 亿元左右（徐雪，2004），2012/2013 制糖期全国糖业亏损额将在 100 亿元左右。

二是以淀粉糖为主的代用甜味剂成为短期应对国内糖市供需缺口的重要补充（图 3.7）。随着关键技术和设备国产化，生产成本下降促使淀粉糖产量不断增长，2010 等年份为补充食糖供需缺口，政府适当放松了淀粉糖及用作食品配料的多元醇（糖醇）的产能扩张审批条件，产能进一步增长，对国内食糖市场产生较大冲击。但是近年在高糖价刺激下，淀粉糖产能急剧上升导致严重过剩，加上白糖价格开始回落，原料玉米价格却居高不下，替代优势逐渐减弱。

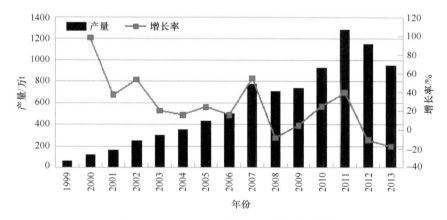

图 3.7　1999 年以来中国淀粉糖产量及增速

数据来源：1999～2010 年（2007 年除外）数据来自《中国轻工业年鉴》，2011 年数据来自中国发酵工业协会，2007 年、2012 年和 2013 年为市场估算数据

经济作物产品国际、国内的价差是导致近年我国大量进口经济作物产品的主要因素，也给国家宏观政策靠提高农产品价格来保证农民收益、提高农民种植经济作物的积极性提出了相当严峻的考验。

（三）甘蔗综合生产成本持续上升背景下糖价持续下滑，产业链遭受沉重打击

随着人工、农资、土地价格的上升，甘蔗综合生产成本寺续上涨，由 2000 年的 11 348.4 元/hm² 增至 2007 年的 15 697.50 元/hm²，2011 年和 2012 年进一步增至 24 398.10

元/hm²、29 684.40 元/hm²，甘蔗和甜菜的综合生产成本 12 年来分别增长了 161.57%和 182.66%（表 3.7）。其中，人工成本急剧上升，近 5 年上涨了 116.89%（表 3.8，图 3.8）。

表 3.7　糖料的综合生产成本

年份	甘蔗生产成本/（元/hm²）	甜菜生产成本/（元/hm²）
2000	11 348.40	6 747.15
2001	11 786.70	6 574.05
2002	11 811.15	7 167.15
2003	11 717.10	7 076.10
2004	12 081.30	6 528.60
2005	12 409.95	7 284.75
2006	14 021.55	8 957.40
2007	15 697.50	9 517.65
2008	16 672.35	11 083.35
2009	17 530.50	11 351.10
2010	20 730.15	13 150.95
2011	24 398.10	16 051.65
2012	29 684.40	19 071.30

资料来源：国家发改委

表 3.8　甘蔗总成本、物质与服务费用、人工成本、生产成本、
土地成本变动状况　　　　　　　　　（单位：元/hm²）

项目	总成本	物质与服务费用	人工成本	生产成本	土地成本
2000	11 348.40	6 120.75	4 276.80	10 397.55	950.85
2001	11 786.70	6 260.70	4 373.40	10 634.10	1 152.60
2002	11 811.15	5 871.60	4 633.20	10 504.80	1 306.35
2003	11 717.10	5 209.80	5 330.85	10 540.65	1 176.45
2004	12 081.30	5 622.00	5 067.45	10 689.45	1 391.85
2005	12 409.95	5 419.35	5 483.70	10 903.05	1 506.90
2006	14 021.55	6 362.25	6 084.30	12 446.55	1 575.00
2007	15 697.50	6 906.00	7 007.55	13 913.55	1 783.95
2008	16 672.35	7 695.60	7 064.55	14 760.15	1 912.20
2009	17 530.50	7 742.85	7 697.70	15 440.55	2 089.95
2010	20 730.15	8 770.95	9 545.40	18 316.35	2 413.80
2011	24 398.10	9 966.90	11 762.55	21 729.45	2 668.65
2012	29 684.40	11 475.60	15 322.20	26 797.80	2 886.60

资料来源：国家发改委

与此同时，2012/2013 制糖期食糖价格处于下滑通道，尤其是 2013 年糖价长期在 5500 元/t 以下运行，2014 年 1 月进一步跌至 4600 元/t。根据中国糖业协会的估计，2012/2013 制糖期全国食糖综合价格指数为 5532 元/t，较上一年下降 366 元/t，跌幅 6.2%；全国重点制糖企业成品白糖累计工业平均销售价格 5532.4 元/t，较上一年下降 839 元/t，跌幅 13.2%。"蔗糖联动、二次结算"制度将糖价传导到原料蔗环节，对蔗农和制糖企业均带来沉重打击。一方面，蔗农利润下滑，影响种蔗积极性；另一方面，制糖企业受原料

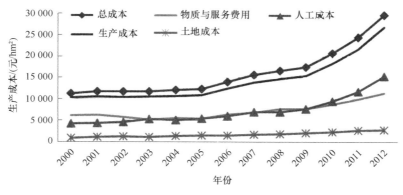

图 3.8　糖料作物生产成本生长状况

资料来源：国家发改委成本收益数据

成本上升和糖价下滑双重挤压，食糖加工商处境艰难，本制糖年相当长时间糖价处于成本线以下，多数糖企面临生存危机，2012/2013 制糖期广西有约六成制糖企业面临亏损局面（徐雪，2004），云南 2/3 以上糖企面临亏损，海南、黑龙江等地糖业企业则几乎全部亏损，糖业陷入行业性亏损局面。2012/2013 制糖期广西糖业亏损总额在 30 亿元左右。2013/2014 制糖期全国糖业亏损额将在 100 亿元左右。受此影响，2013/2014 制糖期由于制糖企业亏损，信用评级降低，获得银行贷款将更为艰难。从代表性企业来看，中粮屯河 2013 年 1 月 21 日发布业绩预告称，受番茄酱、甜菜糖业务亏损拖累，公司 2012 年亏损达 7 亿~7.7 亿元；2013 年上半年，估计食糖和番茄亏损 7000 万元和 6000 万元，公司上半年的利润增长即新增食糖贸易业务的并表（利润 7600 万元）和出售资产收入（7677 万元），因此上半年是盈利的。2014 年 1 月 28 日发布 2013 年公告结果表明，2013 年经营业绩与上年同期相比，将实现扭亏为盈，实现归属于上市公司股东的净利润为 6000 万~11 000 万元。扭亏为盈的原因在于 2013 年公司贸易糖及海外糖业务盈利；番茄业务同比大幅度减亏；出售非经营性资产及处置子公司中粮屯河和田果业有限公司股权获益等。南宁糖业股份有限公司 2013 年 1 月 25 日业绩预估公告数据显示，公司主营业务机制糖、机制纸出现不同程度的亏损，2012 年亏损 3.1 亿~3.53 亿元（谢良俊，2013）。2013 年中报数据显示，南宁糖业股份有限公司净利润亏损 1.19 亿元，同比降幅高达 268.70%。2014 年 1 月 28 日业绩公告显示，2013 年扭亏为盈，盈利预估为 0~9300 万元。扭亏为盈的主要原因是：白砂糖销量同比大幅增加及第四季度白砂糖的毛利率有所增加；公司通过产品结构调整，严抓成本控制，2013 年控股子公司整体同比大幅减亏；公司直属厂蒲庙造纸厂对外转让并确认资产处置收益；公司直属厂制糖造纸厂、蒲庙造纸厂收到资源综合利用增值税退税款。8 月 22 日，贵糖股份盘后发布中报数据显示，受市场需求不足、产品销售价格持续下跌等因素影响，公司经营困难、效益下滑，1~6 月，公司亏损 4843.21 万元。糖厂的亏损也导致了 2013 年糖料-收购价的普遍下滑（代斌，2015）。2014 年 3 月 7 日贵糖股份年报数据显示，2013 年公司实现营业收入 110 774.67 万元，比 2012 年同期增加了 1.15%；实现归属于上市公司股东的净利润-10 612.59 万元，2012 年盈利 1401.89 万元。

总体而言，2012～2013年由于进口糖大量涌入中国市场，改变了国内食糖供给状况，压低国内糖价至糖厂生产成本之下，糖厂普遍出现亏损，糖料收购价也被迫压低，对我国食糖产业安全形成很大冲击。食糖作为关系国计民生的战略物资，在国民经济中占有特殊的重要地位。食糖产业的健康发展不仅涉及国内食糖基本供给能力的保障，还涉及4000万糖农和35万制糖工人的生活和生计。这种大规模进口的发生，不仅没有发挥调剂中国食糖市场余缺的作用，反而加剧了市场风险。在开放条件下，面对不确定性日益加剧的国际市场，必须要统筹考虑进口增长、食糖产业发展、农民增收及农业可持续发展等方面的关系。

（四）生产扶持力度有限，产业链波动风险较大

全球食糖主产国，无论是食糖出口导向国、净进口国还是基本平衡国，均将"食糖"作为战略物资实行严格的管制，并配套实施了一系列生产扶持政策，稳定国内食糖价格，保障产业发展。即使巴西和澳大利亚等食糖产业高度发达的国家，对于蔗农的生产方面也提供了一系列的生产扶持政策，构建蔗糖利益联合体。从我国市场运行现状看，产业链剧烈波动风险较大。一是糖价剧烈波动，很短时间经历"过山车"行情，大起大落现象显著。从2008年以来经历大半年下滑态势后该年10月到达谷底（2650元/t），之后3年持续上涨并高位运行，至2011年8月达到7810元/t的价格顶峰，之后两年价格一路下滑，至2013年12月跌至5015元/t，2014年1月跌至4600元/t，产业大起大落，转换成本和转换风险较大；二是国内外食糖价格传导之间缺乏"风险闸"，两者趋势一致且高度联动。与国内对照的是，美国等通过一系列生产扶持政策，使得国际原糖价格处于352.42美元/t时，美国国内糖价可大致稳定在460.34美元/t的目标价格。从2012/2013制糖期来看，农民收益骤减1/3，糖价长期在5300元/t徘徊，甚至跌破了5100元/t，糖企大范围亏损影响生存，2012/2013制糖期全国糖业亏损额将在100亿元左右，其中广西亏损约是全国亏损额的1/3，只有13家糖厂实现了盈利（贺贵柏，2012）。农民、糖企收益下滑，导致农民种植意愿下滑，产需形势发生变化，影响产业稳定发展。这些结果间接表明了中国生产扶持政策较为有限，国内外市场价格联动机制下亟须构建糖价上涨和糖价下跌时糖业的可持续发展机制，通过学习国际经验完善已有的生产扶持政策，基于稳定甘蔗产业链发展的视角建立管理框架和政策体系来调控价格波动状况，避免国内食糖价格的"过山车"行情。

（五）防灾减灾能力较弱，"靠天吃饭"仍是蔗区主流

基层干部和农户反映，"阴雨、干旱等异常气候变动"是影响甘蔗生产的突出问题。异常气候变化仍是甘蔗种植中的较大的不确定性因素（图3.9，图3.10）。2013年12月蔗区出现大范围低温降雪霜冻灾害天气，对云南蔗区甘蔗原料生产造成严重灾害，截至12月25日受灾面积320万亩，成灾面积已经达153万亩，预计甘蔗产量下降10%，含糖量下降2%～5%，经济损失超过20亿元。除此之外，由于大多数蔗区水利化程度较

图 3.9　云南红河雪灾情况

干旱致甘蔗产量锐减近半　　滇甘蔗受旱超200万亩　　临沧市永德县甘蔗受灾严重　　云南临沧蔗区旱灾日益加重

云南凤庆县蔗区出现明显　　德宏州梁河糖厂甘蔗干旱　　甘蔗成"干蔗"云南为何三年干旱　　保山市蔗区旱灾严重

图 3.10　云南四年连旱专题

低，部分县市有效灌溉面积仅 20% 左右，旱灾也是影响蔗区生产的一个顽疾。为此，弱化异常气候对甘蔗生产的影响程度，培养产量高、抗逆性强的种苗，构建早、中、晚熟品种搭配且适应当地地形地貌特征的甘蔗品种，改善农田水利基础设施，已成为当务之急。

（六）关税配额保护力度有限，低价下超配额进口成为常态

在食糖的进出口贸易方面，中国对进口食糖实施关税与配额管理。依据中国加入

WTO 时的承诺，从 1999 年发放 160 万 t 进口食糖关税配额，5 年内配额数量每年增加 5%，到 2004 年，进口食糖关税配额增长到 194.5 万 t。2004 年进口原糖配额内关税为 15%、配额外关税为 50%，并同时打破国家对食糖进口的垄断（表 3.9）。目前中国进口配额和关税水平维持在 2004 年的水平上。商务部公布 2013 年食糖进口关税配额总量为 194.5 万 t，其中 70% 为国营贸易配额。

表 3.9　2001 年以来中国食糖关税配额及关税税率

项目	2001	2002	2003	2004
进口关税配额/万 t	168	176.4	185.2	194.5
配额内关税率/%	30	20	20	15
原糖及白砂糖配额外关税率/%	71.6	65.9	58	50

数据来源：中国糖业协会

食糖作为 20 多个大宗农产品中价格波动最剧烈的品种之一。除个别国家外，全球食糖市场并没有实现真正意义上的开放，一直是扭曲的，食糖价格没有反映全球平均成本，而主要反映了 5000 万 t 可自由贸易食糖的平均生产成本。从全球来看，中国食糖市场的开放程度已经相当高，WTO 成员方食糖平均关税为 97%，澳大利亚为 16%、泰国为 90%、巴西为 36%、欧盟为 88%、印度为 110%、美国为 86% 和日本为 280%。中国 15% 关税水平下食糖关税配额为 194.5 万 t，配额外关税 50%（李艳君，2011），而从中国 2012～2013 年的运行现实来看，只要国内制糖成本明显高于国际市场，中国食糖的国际市场竞争力不足就会导致下述情形：一旦国际原糖价格下滑到低位或者国内外糖价价差足够大时，50% 的关税抵挡不住食糖的自发进口。因此，中国糖料与食糖产业在糖价下滑背景下，进口糖利润动机的进口使得中国食糖市场直接承受全球食糖市场的影响，无法在国际与国内糖价之间建立有效的稳定器或提供适当的"风险闸"，进口糖将在一定程度上替代国产糖的消费。2013 年，进口糖占国内食糖消费量的 32.71%，占国内食糖产量的 34.79%，相当于替代了国产糖产量的 1/3 强一些，考虑到走私糖的存在（保守按 200 万 t 估计），进口糖和走私糖替代了国产糖的一半。在此背景下，唯有依靠出台持续性的生产扶持政策与严厉打击走私来实现产业的可持续发展。

（七）品种单一化严重和机械化滞后亟须科技创新的支撑

2002 年后，国家先后启动了甘蔗优势区域布局规划、高产高糖创建、农机、水利等补贴、国家甘蔗产业技术体系和国家甜菜产业技术体系，进行了大量的科研支持和应用支撑，对于解决当前糖料与食糖产业中的突出问题起到了积极的推动作用。但是，当前存在两个核心问题需要攻克：一是品种单一化问题依然严重。新台糖系列品种占全国甘蔗总面积的 80% 以上，品种单一化问题导致原料蔗成熟期过于集中，且易造成病虫害大面积传播，加大了甘蔗生长的自然风险；二是人工成本大幅提高，甘蔗收获机械化需求强烈与进程滞缓之间的矛盾日益凸显。据调查，目前蔗区砍蔗成本已从几年前的 40 元/t

涨至 150～180 元/t，且由于甘蔗收获劳动量大、环境恶劣，砍蔗工人越来越短缺，同时，我国甘蔗种植大户日益增多，种植规模日益提升，3000 亩以上和万亩以上的大户受成本上涨的刚性制约使得他们对甘蔗收获机械化的需求强烈，而我国甘蔗收获机械化又面临着农户地形地貌限制、现有栽培技术与大型收获机械不适应、农机农艺配套、品种与机械化配套等问题，甘蔗收获机械化亟须解决。如何有效整合遍布全国的科研人员，将分散在不同部门的资金整合起来，真正形成"全国一盘棋"的科研投入与支持，加快品种创新、应用步伐，推进解决机械化尤其是机收环节的难题，成为摆在糖料与食糖产业当前的重点难题。

（八）主产区已初步建立起糖蔗联动机制，但利益分配机制仍需优化

2002 年以来，广西、云南等糖料主产区均采取了"糖蔗联动、二次结算"的糖蔗价格联动机制，即糖料收购价格与食糖销售价格挂钩联动、糖料款二次结算的办法，建立糖料生产者与制糖企业利益共享、风险同担的机制，一旦低价卖蔗后糖价大幅上涨时，可在一定程度上起到维护蔗农利益的目的。

"糖蔗联动、二次结算"政策对于稳定农民收益、保障农民利益起到了积极的作用，对于糖价上升时维护农民利益发挥了一定的推动作用。但在具体实施过程中，也显现出一些需要优化的地方。第一，甘蔗收购价与食糖挂钩价格之间的标准、原则和计算法则不明晰（表 3.10）；第二，蔗农难以了解企业真实的销售价格，在二次结算中处于弱势地位，糖价大幅上涨时，二次结算后农民所获收益不大，二次结算联动系数有待斟酌；第三，"糖蔗联动、二次结算"时，糖业协会可作为制糖企业的代表参与政府每年糖料收购价格政策的制定过程，但农民缺乏强有力的蔗农合作经济组织代表表达农户的话语权。此外，有时还存在糖厂对原料蔗含杂率克扣现象严重，对副产品的收入有不完全统计的嫌疑等。

表 3.10　甘蔗收购价与食糖价格挂钩关系　　　　　　　（单位：元/t）

甘蔗收购价	食糖挂钩价格	挂钩系数
350	4800	6%
410	5800	6%
475	6580	6%
500	7000	6%

资料来源：据广西壮族自治区物价局制糖期甘蔗收购价公布数据整理

四、我国经济作物产业可持续发展制约因素分析

（一）劳动力资源制约

"蔗工荒"问题严峻，成为困扰甘蔗产业发展的中长期瓶颈。本课题组调研结果表明，60.11%的蔗农认为"劳动力雇工短缺，种植砍收出现蔗工荒"是甘蔗生产过程中面临的

突出问题。由于砍蔗工紧缺形势日益严峻，2012 年还催生了"黑中介"群体。从行业总体来看，我国蔗农平均种蔗年龄为 45 岁，10 年内若不能有效实现全程机械化，则蔗农平均年龄将达 55 岁，甘蔗产业面临劳动力年龄偏大及人工费用限制种植收益等问题，这将成为甘蔗产业可持续发展的不稳定因素。以中国第一糖都崇左市为例（图 3.11），全市 16 家糖厂按照日榨能力运行的话（日榨能力约 20 万 t），大约需要 34 万名砍蔗工人，从越南等地输入大量人群后，甘蔗收获期间仍有 6 万名左右的缺口。除此之外，劳动力资源方面还存在明显的"三八五零"现象，即留守农村进行糖料种植和管理的以老人、妇女为主，青壮年劳动力多数出去打工。而甘蔗产业对于劳动力的要求和其他产业差异：劳动强度大，收获时间比较集中，因此，对于强、壮、重劳动力的需求就更为强烈。

（二）水资源制约

糖料作物受水利等基础设施制约严重，大部分蔗区仍然"靠天吃饭"。在我国，80%以上的甘蔗种植在旱地上，大多数蔗区水利化程度较低，甘蔗生长期间所需要的水分，主要依靠自然降雨供给，蔗区的有效灌溉率低。广西、云南、广东和海南 4 省（自治区）是我国糖料蔗的主产区，全国蔗地平均有效灌溉率低于 20%，其中广西蔗区的有效灌溉率为 14.12%（2012 年），而发达国家蔗田灌溉率一般在 50%～80%。蔗区道路等级低，80% 由制糖企业修建、维护，多数路段晴通雨阻。由于糖料作物"靠天吃饭"，基层干部和 86.76% 的农户反映，"阴雨、干旱等异常气候变动"成为影响甘蔗生产的突出问题，为此，改善农田水利基础设施，培养产量高、抗逆性强的种苗，构建早、中、晚熟品种搭配且适应当地地形地貌特征的甘蔗品种，已成为当务之急。

（三）土地资源制约

中国糖料作物种植立地条件差，多为红、黄壤旱坡地、沙洲地等贫瘠土壤；蔗区地处亚热带，雨量分布不均，甘蔗种植季节的冬春两季多干旱，受气候的影响较大。再考虑到糖料种植日益向着立地条件较差、土壤贫瘠的丘陵、坡地转移，灌溉率低，轮作少，以及三旱两寒的气候状况，劳动力和地租的低廉优势逐渐丧失，适宜种植甘蔗的土地往往受到其他比较收益高的作物的竞争，一些原本不甚理想的土地经过改善水利条件后，又不得不让位于其他更高经济附加值的作物。即使贫瘠的土地，也处在甘蔗最大可用面积 166.67 万 hm² 的边界，受种植面积、土壤肥力、立地条件等因素的影响，稳定糖料作物比较好的选择是将糖料作物种植面积稳定在现有的水平，通过技术等条件的改善，通过品种优化、田间管理的改良、合理的缓释肥，减少对于气候等因素的依赖，提高糖料单产。

（四）加工能力制约

糖料与食糖产业中，制糖企业的日榨蔗能力明显高于实际榨蔗数量，开工日不足，在固定成本既定的情况下制糖企业生产成本居高不下，也限制了食糖的生产成本。以 2011/2012 制糖期为例，其从 2011 年 10 月 25 日中粮屯河北海华劲糖业公司率先开机生产，至 2012 年 4 月 25 日广西农垦糖业集团昌菱制糖有限公司最后收榨结束，历时 184 天，实际榨蔗量 5767 万 t。按照企业的日榨蔗能力推算，由于全区总日榨能力为 66.7 万 t，184 天按照日榨能力推算，则应榨甘蔗量为 12 272.8 万 t，期间的差额 6505.8 万 t 就是没有有效运行的标志。而且，一年中糖厂开工天数达到 184 天已经算历史上的较高水平，因此，和中国糖料生产现状相比，制糖行业存在着明显的加工能力过剩，可以进一步推动以经济化的手段推动其兼并、重组，提升行业集中度。

（五）环境压力制约

在糖料种植与食糖生产过程中，环境压力日益显著。

首先，我国蔗糖产业发展受到土壤资源的限制，必须提高土壤利用率，主要采取连作的耕作方式。据调查，广西、云南和广东的大部分划为原料蔗优势区域的糖料蔗生产基地的蔗区，几乎都实施连作的耕作方式，例如，广西 1000 多万亩连续 10 年种植甘蔗，而且多数蔗地的连作年限 10 年以上，甚至有的达到 30 年以上。甘蔗地没有轮作，缺乏休养生息，导致土壤肥力较低、病虫害严重，过去几十年中，不少蔗地根据土壤养分状况指导蔗农提倡推广测土配方施肥技术，推广甘蔗专用复合肥，并增施了肥料，特别是氮肥和磷肥，甘蔗产量得到了明显的提高。

其次，肥料利用率过低与化肥过度施用并存，提升成本并造成化肥资源浪费。肥料的利用率与甘蔗品种、气候和土壤自然条件、肥料类型、施肥方式等相关。肥料施入土壤以后经 3 个方向流动，一是被作物当季吸收利用；二是残留于土壤中，三是离开土壤和作物系统而损失。通常所说的肥料利用率是指当季的肥料利用率。我国甘蔗施用量，高于巴西、美国、澳大利亚等国家 1~3 倍，也高于其他产糖国家如泰国、印度。施肥量过大的问题近年来已引起专家的关注。据测算，我国甘蔗作物对氮、磷、钾肥料的利用率一般为 20%~40%、8%~20%、40%~60%，这一水平均低于其他作物 10%~15%（黄振瑞，2015），比世界上主要产蔗国家如巴西、美国、澳大利亚等低 20%~30%。利用率过低的原因主要有：一是开垦年代较久及土壤利用强度高的耕地，造成土壤中的有机质偏低，土壤肥力利用较低。我国土壤有机质大多为 1.0%~2.0%，土壤全氮仅为 0.07%~0.15%。而巴西、美国、澳大利亚蔗区土壤有机质一般为 2.5%~5.0%，土壤全氮为 0.20%~0.40%。二是施肥不均衡、表层施肥方法容易造成肥料损失，为提高效果往往施肥过量、造成浪费，最佳的做法是学习美国、澳大利亚等国已全面采用的测土施肥法，甚至部分采用精准施肥法，确保合理的肥料组配利用。三是肥料品种结构促进利用率提升。硝态氮肥和铵态氮肥配合施用，配合施用比单施可使农产品（玉米）增产了 8%~25%，小麦增产了 21%~67%。

再次，焚烧蔗叶和地膜覆盖现象仍然存在，对环境污染较大。多方试验数据证明，蔗叶是一种营养全面的有机肥源，直接还田可以有效地改善土壤的粒度结构，改善土壤保水、黏结、透气、保温等性能；可以有效提高土壤自身调节水、肥、温、气的能力，增加土壤有机质含量，达到改善土壤的理化性状、培肥地力的目的，为甘蔗持续增产打下良好的基础。根据崇左市扶绥县进行的蔗叶粉碎还田试验表明，第一年新植蔗亩增产

185kg，第二年宿根蔗亩增产 245kg，第三年宿根蔗亩增产 312kg，3 年平均亩增产 245kg，增产增收效果明显。即使这样，在我们实地调研过程中，仍然能够发现小块蔗田因蔗叶还田的麻烦而直接焚烧蔗叶，形成滚滚浓烟不仅会造成环境污染，还容易引发火灾。中国甘蔗种植中，地膜覆盖较为普遍，而地膜覆盖后，大量的白色污染形成中国糖料产业严重的后续环境问题。

最后，糖料与食糖产区蓬勃发展的制糖工业也给本地的环境保护带来了不小的压力，制糖工业废水中含有的总磷和氨氮已成为当地水环境的主要污染源之一。为此，广西为首的食糖产区已经发布《甘蔗制糖工业水污染物排放标准》，从八大指标限制总磷和氨氮污染。

（六）经济效益制约

糖料作物立地条件实际上是农产品作物之间比较效益选择的结果，其之所以日益朝着贫瘠、坡地等转移，是因为更好的田地被竞争性作物抢占了，这是很自然的市场选择的结果。云南很多糖料优势区域在产业结构调整中面临着来自水果、蔬菜、马铃薯、香料、烟等竞争性作物的压力，它们的面积不断扩大，甘蔗等糖料种植面积有下降趋势。广西很多糖料优势区域也面临着来自香蕉、玉米、桑蚕等作物的竞争，因此，对于糖料作物来说，"唯稳"即稳定糖料作物面积成为当前保障作物生产能力的重要因素。

（七）国外同类产品的竞争制约

如前所述，中国食糖产业主要受到来自巴西、东盟、韩国等国进口糖产品的竞争，巴西以其低廉的价格、优良的品质近几年一直稳居中国原糖进口第一位；泰国等东盟国家因为地理位置优势、生产成本较低最近两年增长较快；韩国主要满足了咖啡、食品等高端糖的消费需求。

五、我国糖料作物产品供求预测及供求缺口估算

（一）中国食糖供给预测

食糖生产具有一定的周期性，以 5～6 年作为一个大的生产周期。最近 6 个制糖期的食糖生产量平均值（1217.5 万 t，即近似为 1220 万 t）能够客观地反映食糖供给水平。结合未来 15 年人口增长状况、消费结构升级，以及人均食糖消费增长率的情境估测，测算得出 2020 年和 2030 我国食糖消费情况，并在此基础上估算了几个关键时点的供需缺口和自给率水平。

1. 主要方法

本研究糖料供给采取 HP 滤波与时间序列回归结合法，以及总量情境预测两种方法估测未来 15 年中国糖料与食糖产量状况，然后在此基础上对食糖产量结果进行修正，

得出食糖供给预测的相关结论。

第一种是 HP 滤波与时间序列回归结合法，通过 1978/1979 制糖期至 2012/2013 制糖期的数据，通过 HP 滤波法寻找周期性波动和单产提升趋势等方面的运行规律，进而通过单指数平滑、双指数平滑、HW 无季节、HW 加法模型、HW 乘法模型预测，寻找拟合现实数据最好的时间序列方法进行预测。

第二种是总量情境假设法，即假定某些指标保持不变，根据情境预测未来食糖供给状况。

2. 供给预测结果

（1）HP 滤波与时间序列回归结合法

HP 滤波分析表明，我国食糖产量的周期性非常明显，一般而言 5～6 年为一个生产周期，产量呈先升后降的周期性波动规律。从图 3.11 来看，趋势性增长（2 号线）明显，这主要由单产提升带来；循环因素近似于正弦波（3 号线），但波动有逐渐增大态势，这主要由生产的周期性波动带来。因此，我国食糖生产总体趋势是递增的，但随着时间推进，在不同生产周期中，产量波动幅度日益增大（图 3.11）。

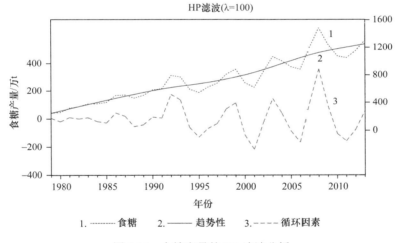

图 3.11　食糖产量的 HP 滤波分析

运用单指数平滑、双指数平滑、HW 无季节、HW 加法模型、HW 乘法模型（5 年为一个周期）、HW 乘法模型（6 年为一个周期）对时间序列进行预测，拟合后发现，HW 乘法模型预测的样本内预测结果最好，平均预测误差率小于 10%，而将 5 年作为一个生产周期的预测效果最好，因此，本研究最终选取 HW 乘法模型（5 年为一个周期）的预测结果。

结果表明，未来 2～3 个年将处于周期性减产阶段，预计 2015 年产量在 1100 万～1200 万 t；2020 年处于周期性减产阶段，产量估测为 1200 万～1300 万 t；2030 年处于周期性减产阶段，产量估测为 1500 万～1600 万 t。

由于上述假定是在产糖率不变和糖料作物播种面积没有太大变化的前提下进行（年

度间播种面积的周期性变动肯定是有的），结合了单产稳步提升的趋势性因素，因此，假定产糖率不变，单产稳步提高，糖料作物播种面积无重大变化：2020 年和 2030 年中国食糖产量分别为 1200 万～1300 万 t（刘晓雪等，2013）和 1500 万～1600 万 t。值得注意的是，2020 年和 2030 年因为处于减产周期，生产能力在 2018 年和 2028 年分别为 1465 万 t 和 1782 万 t 的水平，本轮周期的生产能力在 2023 年和 2033 分别为 1624 万 t 和 1820 万 t 左右的水平。

（2）总量情境假设法

1）假定中国糖料和食糖产量恢复到历史最高水平。如果我国糖料与食糖产量恢复到历史最高产量水平，则中国食糖产量达到 1484 万 t（2007/2008 制糖期为历史最高水平）。

2）假定甘蔗和甜菜种植面积得到充分利用，2020 年单产等无重大变化，2030 年单产朝国际技术水平接近。

若 2020 年甘蔗和甜菜备用面积全部利用，糖料种植面积达到 200 万 hm^2，单产等保持当前水平，在气候无重大突变的情况下，2020 年食糖产量为 1375 万 t；若 2030 年在糖料备用面积全部利用的前提下，技术水平朝着国际技术水平接近，则 2030 年食糖产量约为 1550 万 t。

综合上述两种方法，食糖供给的预测结果大致可以估算为：2020 年食糖产量处于 1200 万～1300 万 t 的可能较大，若面积充分利用且不考虑周期性波动影响，有可能达到 1375 万 t，最优可达 1484 万 t；2030 年食糖产量处于 1500 万～1600 万 t 的可能较大。由于糖料与食糖供给受规模化经营程度、气候、周期性变动、病虫害、技术水平等因素的综合影响，其预测存在较大的不确定性。

（二）中国食糖需求预测

1. 主要方法

本研究采取消费总量预测法和时间序列回归分析（王沈南等，2014；刘晓雪等，2010；刘晓雪等，2013）两种方法同时预测未来 15 年中国食糖消费量状况，然后在这两种方法的基础上对食糖消费量结果进行修正，得出食糖消费量预测的相关结论。

第一，消费总量预测法。消费总量预测根据总人口数乘以人均消费量计算得出，其中，总人口数预测借鉴现有研究者的预测数值，人均消费量根据人均消费量增长率进行预测。

第二，时间序列回归分析法。基于历史和现在的食糖消费量数据，运用时间趋势回归、1 次指数平滑、2 次指数平滑、Holter-Winter 方法、ARIMA、灰色关联 GM（1，1）6 种时间序列回归模型对未来食糖消费量进行外推预测，预测结果均值具有一定的参考价值，尤其在较短时期时。

2. 消费预测结果

（1）消费总量预测法

情境 1（保守估计）：未来 20 年我国人均食糖消费量保持 1.5% 的年均增长水平。

根据该增长率,2015 年我国人均食糖消费量将达到 10.89kg,2020 年将达到 11.70kg,2030 年将达到 13.52kg。

情境 2(乐观估计):未来 20 年我国人均食糖消费量保持 2.7%的年均增长水平。

根据该增长率,2015 年我国人均食糖消费量将达到 11.49kg,2020 年将达到 13.05kg,2030 年将达到 16.81kg。

基于人口和人均食糖消费量的预测,得到两种情境下我国食糖消费总量的预测(表 3.11)。根据预测结果,我国食糖消费量估计如下:2015 年,我国食糖总消费量将达到 1600 万 t 左右;2020 年将达到 1800 万 t 左右;2030 年将达到 2200 万～2450 万 t。

表 3.11　未来 20 年中国食糖消费总量的预测——基于人口和人均消费预测

年份	人口预测/亿人	人均消费量/kg		消费总量/万 t		总消费量估计均值/万 t
		情境 1	情境 2	情境 1	情境 2	
2020	14.15	11.70	13.05	1655.55	1846.97	1771.88
2030	14.42	13.52	16.81	1949.58	2423.53	2237.35

由表 3.11 的预测数据可知,2015 年、2020 年和 2030 年我国食糖人均消费量分别为 11.57kg(全球食糖消费平均水平的 48.2%),12.72kg(全球食糖消费平均水平的 53%)、15.5～17kg(全球食糖消费平均水平的 67%左右,接近于亚洲国家平均水平)。与国际市场发展速度相比,上述食糖消费量预测是客观偏保守的。

（2）时间序列回归分析法

本研究采用时间趋势回归、指数平滑模型(包括 1 次指数平滑模型和 2 次指数平滑模型)、Holter-Winter 方法、ARIMA 模型和灰色关联 GM(1,1)等 6 种模型对未来 20 年我国食糖消费总量进行预测。前 4 种模型属于经典时间序列模型,注重挖掘数据的统计特征;后两种模型属于较为前沿的现代计量模型,注重挖掘数据的随机性特征和微分属性。

6 种方法的预测结果(均值)表明(表 3.12):2020 年将可能达到 1800 万～1900 万 t;2030 年将可能达到 2200 万～2300 万 t。

表 3.12　未来 20 年我国食糖消费总量的预测——基于时间序列模型　　（单位：万 t）

年份	1 次指数平滑	2 次指数平滑	Holter-Winter 方法	时间趋势回归	ARIMA	灰色关联 GM（1，1）	预测均值
2020	1956	2107	1706	1529	1912	1787	1833
2030	2376	2713	1996	1819	2443	2240	2264

6 种方法的预测均值要略高于人口和人均消费预测方法的预测均值,但消费总量在各年度的误差均在 70kg 以内,这进一步增强了本研究预测结果的可靠性。因此,人口消费总量预测法和时间序列回归分析方法较为一致地预测了食糖消费量的发展趋势。

综合食糖需求预测的总量分析法和时间序列分析法,结果表明,保守来看,中国食糖消费量预测数值大致如下。

1）2020 年食糖消费量将可能达到 1800 万～1850 万 t,人均食糖消费量约为 12.90kg。

2）2030 年将可能达到 2230 万～2300 万 t，人均食糖消费量约为 15.71kg。

（三）中国食糖供求缺口估算

综合 2020～2030 年中国糖料供给与需求的预测状况（表 3.13），对中国糖料供求缺口进行估算。结果表明如下。

表 3.13　2020～2030 年中国糖料供给与需求的预测结果

年份	供给/万 t	供给能力/万 t	需求/万 t	供需缺口/万 t
2020	1200～1300	1623.69（2022 年）	1800～1850	500～600
2030	1500～1600	1820（2032 年）	2230～2300	650～800

资料来源：根据预测结果整理计算而出

1）2020 年中国食糖供需缺口处于 500 万～600 万 t 的可能较大，考虑到技术进步、糖料面积的充分利用、恢复到历史最好水平等情况，供需缺口会进一步缩小（300 万～400 万 t）。考虑到食糖替代品的发展等因素，供需缺口还会缩小。

2）2030 年中国食糖供需缺口处于 650 万～800 万 t 的可能较大，这一缺口估测已考虑了单产提升、糖料面积充分利用、技术水平朝国际水平靠拢等因素。如果技术水平不出现重大进步，即使糖料与食糖产量恢复到历史最好水平（1484 万 t），则供需缺口将达到 900 万 t。

本研究前面的食糖消费量估计整体仍偏保守，如果采取较乐观的国际水平估计，即假定经过 20 年的发展，2030 年中国人均食糖消费量水平达到 2013 年全球食糖人均消费量水平，那么未来 20 年的年均增速需保持在 4.4% 的水平。2020 年达到 15.59kg（2013 年亚洲国家食糖人均消费水平），2030 年达到 24kg。与之对应，2020 年中国食糖消费量将达到 2206 万 t，2030 年中国食糖消费量将达到 3461 万 t（刘晓雪等，2013）。这就需要品种、单产、经营模式等食糖供给方式出现根本性革命，食糖替代品快速发展，一定的食糖进口规模，这样才能保证上述乐观估计下的食糖安全供给，否则将出现较大的供给不足。

为促进市场发展，降低食糖供需缺口差距，必须考虑到气候等因素的不确定性，给自己留有余地。为此，我国糖料和食糖市场的可行做法是：兼顾社会效益、经济效益和生态效益三者平衡，在稳定原料价格、保障蔗农比较收益的基础上，大力改善水利等基础设施，在备用土地范围内适当增加种植面积，通过改进种蔗技术，通过良种、机械化、土壤改良和田间管理改良等综合技术的提升和全程管理的整合配套使用来提高单产，才是解决市场供需的最可行之路。

从中长期看，耕地减少、水资源匮乏的趋势难以逆转，糖料产业发展的资源和环境约束日益强化，中长期来看保证糖料与食糖供给稳定增长的压力日益增加。此外，近年来，受全球变暖的影响，我国灾害性极端天气增多，不仅旱涝、冰雪灾害频繁发生，病虫害、动物重大疫情也有加重之势，给糖料产业发展造成了严重威胁。

六、糖料作物产业可持续发展的国际经验分析与借鉴

（一）美国糖料作物可持续发展的经验与借鉴

美国作为世界第五大食糖生产国和重要的食糖净进口国（刘晓雪等，2014），既生产甘蔗糖又生产甜菜糖，其中甜菜糖产量约占国内食糖总产量的55%，甘蔗糖约占45%。美国食糖产业由农业部统一管理，长期以来，农业部主要通过价格支持政策、本国市场配额管理及关税税率配额等方式，来保护农产品价格、支持农户收入、稳定国内市场糖价、促进本国食糖产业健康发展。此外，美国糖业协会是管理美国食糖产业的一个非营利组织，协会由众多生产甘蔗和甜菜的农场主、加工商、精炼商、供应者和工人组成，旨在保证农场主和工人在外部高补贴的压力下能够存活，保证国内的食糖以一个合理的价格供应，通过向农场主提供支持，满足整个国家的需要。本研究在美国农场法案的基础上梳理和总结了近几年美国农业部的主要的食糖产业政策。

1. 食糖价格支持政策

美国采取无追索权贷款的方式来保障扶持价格，此项贷款直接支持对象主要是原糖加工商，间接支持对象是上游的甘蔗、甜菜种植户，以及下游的食糖精炼商、供应商等。美国农业部授权商品信贷公司（CCC）按某一固定贷款利率向糖厂（加工商）提供无追索权贷款，若贷款项目在特殊期限内申请，则糖厂应以糖及其附属品作抵押。2008农场法案允许美国农业部向糖厂提供贷款，原糖贷款利率在2009财政年是396.47美元/t，此后在2010~2012财政年，原糖（蔗糖）贷款利率每年将会上升22.03~88.10美元/t，2012财政年，原糖（蔗糖）贷款利率为每磅18.75美分。精制甜菜糖贷款利率在2009财政年是412.99美元/t，2010~2012财政年精制甜菜糖的贷款利率是原蔗糖贷款利率的128.5%。关于贷款利率的调整：如果美国农业部认为世界其他主要产糖国在出口补贴标准和国内生产补贴标准超过该国与美国政府签订的农业协议中的标准，美国农业部可调整贷款利率。调整后的美国农业对糖贷款不得低于国外主要产糖国对本国销售和出口的补贴额。同时，法案中规定：每个财政年开端农业部做出贷款批示，偿还期限为贷款批示有效日起9个月内。

在贷款的偿还方面，美国农业部也施行了许多优惠政策，例如，贷款利率最小化原则、当加工商加工成原糖、精炼糖后，加工商将其运输到商品信用公司，农业部相应给予加工商一定补贴。当供给过剩时，商品信用公司则通过适当条件和比例回收甘蔗和甜菜的原糖、精制糖（不允许进入市场，临时储备），并对存货的存储给予补贴，目的是保持食糖市场的供需平衡，可在未来市场紧缺时及时进行供应。在原糖进口方面也有类似的市场平衡政策，如当市场原糖过剩时，美国农业部将以再出口许可换取精炼糖厂加工原糖，与政府合作的精炼商将获得进口原糖并在美国境内加工成精炼糖的权利，这样将可以有效支撑过量供应而压低的价格，削减国内原糖供应过剩。

农业部也支持将低于保障价格的过剩糖用于加工乙醇，可以缓解国内高加糖过剩状

态。此外，种植户、加工商在享受各项贷款优惠政策的同时，也需要履行信息报告的义务（FFP）。加工商、精炼商的报告包括：甘蔗、甜菜糖料的收购数量，原糖和精制糖的生产量、进口量、存货水平及处理情况，进口商从墨西哥进口原糖或精炼糖的数量变动情况。种植户的报告包括：计划种植面积、单产。法案规定：任何个体和单位拒报或上报虚假信息，农业部将按情况给予上限为 10 000 美元的罚款。

2. 生产配额和销售配额

美国农业部对食糖市场实行灵活的生产配额制度，此制度的最大目的是平衡食糖市场的供给，进而保持国内市场价格的稳定。同时，销售配额制度保证了食糖贷款项目的实施不会给联邦政府和商品信贷公司带来过高资金成本，因为灵活的配额能防止糖价的过高或过低，即保障加工商能及时有效偿还贷款、政府部门减少食糖项目补贴。

每个年度，美国农业部往往是根据市场供需状况、库存消费比状况确定市场生产配额，用作国内消费的食糖销售额不允许太多偏离份额，之后，给予国内各加工商适当的市场销售配额，销售配额不适用于出口到国际的部分，而是国内消费的原糖或精制糖。任何加工商故意违反上述原则，都应该对商品信用公司负责并承担一定的民事惩罚，罚款金额等于相应食糖国内市场价格的 3 倍。其中，甜菜精制糖配额：甘蔗原糖配额=55%：45%。2008 年美国农业法案提出市场配额应该具有"全面性"，农业部应该定期对市场配额进行调整，目的和原则也是为市场服务。

市场配额的管理包括生产与销售配额、甘蔗、甜菜种植面积的配额双重管理。配额要定期按照市场实际情况做出有利的调整，目的是稳定国内市场价格，减少联邦政府的农业扶持成本。在向各州分配配额之前，美国农业部将首先判断各州的甘蔗产量是否超过了糖厂的销售配额总量和正常的隔年糖库存总量。假如甘蔗产量已供大于求，农业部将减少该州蔗农的种蔗总面积，之后将这一减法依法、均衡地分配到各甘蔗农场中去。

3. 关税税率的配额管理

在食糖贸易方面，美国农业部对食糖进口实行关税配额的控制管理，即对进口原糖和精制糖实行特殊的关税配额制度。配额之内的进口采用优惠税率，超过配额的进口采用较高的税率。美国食糖关税高低相差约 26 倍，普惠制国家和加勒比海国家在配额之内享受免税协议的优惠。根据乌拉圭回合农业协定（美国国会通过 AOA），美国同意每年进口最低数量的原糖和精制糖，进口量相当于 111.71 万公吨①原糖值，或 123.14 万短吨②原糖值，同时美国也对进口的含糖食品数量加以限制。对于配额内的食糖征收关税 13.77 美元/t，对超出配额的进口原糖征收关税 338.32 美元/t，对精制糖征收关税 357.04 美元/t。

从绝对量来看，美国食糖的关税配额量呈增长趋势，主要原因应归结为美国国内不断增长的需求量。正如"还债糖"存储补贴政策所反映，农业补贴度有进一步强化的倾向，此外，美国农业部在保护国内市场的前提下，其市场调控政策长期呈现灵活特点，

---

① 1 公吨=1000kg。
② 1 短吨=907kg。

维护价格稳定的调控中心没有改变，即价格调控与收入补贴将成为美国农业部调控食糖市场的兼用手段。

（二）澳大利亚糖料作物可持续发展的经验与借鉴

澳大利亚是全球第三大原糖出口国，而且该国拥有世界上最先进的食糖生产技术，其生产成本远低于其他国家，在出口方面具有明显的竞争优势。同时，其糖料收购政策和食糖价格政策都非常值得我国借鉴。澳大利亚甘蔗和食糖产业代表性组织有：甘蔗种植者协会、澳大利亚糖业委员会（ASMC）、昆士兰糖业公司（QSL）、糖业试验站管理局（BSES）、糖业研究与发展公司（SRDC）。澳大利亚的食糖产业政策基本沿袭《食糖工业法》的规定，但伴随着国内外形势的变化，食糖产业相关领域的政策也出现了一定的调整（刘晓雪等，2013b）。主要产业政策如下。

1. 生产支持政策

糖料生产配额制度。澳大利亚政府对糖业生产实行配额管理，对糖厂产品中内销及外销的比例进行控制。糖厂所在地的地方糖业管理局，依法做出关于甘蔗供应、交货等条件的规定，确定各个甘蔗农场的生产限额。当农场种植的甘蔗超过限额时，且超额生产的甘蔗加工的食糖无法在市场上销售出去，就要将这些多余的甘蔗销毁，或留待（在地里继续生长）下一个年度收割期（如果没有严重变质）再加工成食糖。

糖料收购政策，澳大利亚是世界上较早实施甘蔗按质论价收购的国家。在昆士兰州，每年甘蔗价格的制定都沿用一个经验公式，公式中包含了对工厂和蔗农的激励因素，蔗农交售的甘蔗价格直接与甘蔗含糖量挂钩，鼓励生产效率的提高。昆士兰糖业公司对所辖糖厂和蔗区实行甘蔗收购价格与原糖销售价格挂钩联动、糖料款二次结算，建立甘蔗种植户与原糖加工商利益共享、风险同担的机制。为避免各相关环节的利益风险，通常由国际市场的食糖均价反推甘蔗价格，并由蔗农协会公布国际市场食糖价格和与其挂钩的不同糖分的甘蔗价格（梁志婷，2015）。澳大利亚工农收入分配比较科学，充分调动了农户推广采用良种、提高甘蔗含糖分和单产，糖厂多榨蔗多产糖的积极性。

2. 市场价格调控政策

价格双轨制，即食糖销售到不同市场，食糖加工者和糖料种植者会得到不同的价格。一般来说，实行价格双轨制的国家，国内市场糖价相对稳定，一般不受世界市场糖价的影响。

3. 贸易政策

澳大利亚糖业很早就取消了进口限制。1996年澳大利亚食糖行业检查工作组织建议从1997年7月1日起废止食糖进口税（刘晓雪等，2013b）。与世界上许多食糖出口国不同，澳大利亚政府对原糖出口基本没有补贴或价格支持。当国际糖价较高，澳大利亚国内食糖消费已处于饱和状态时，大量食糖需要依赖出口，所以澳大利亚对全球食糖贸易自由化持非常积极的态度。

4. 2004 年澳大利亚食糖产业改革方案（SIRP2004）

2004 年澳大利亚推行了食糖产业改革方案，包括福利部分和改革部分，其中改革部分主要包括商业计划拨款、重建拨款、再教育拨款、代际转移方案等，福利部分主要包括可持续发展拨款、收入支持项目、危机咨询项目等。2004 年澳大利亚食糖产业改革方案的实施有很强的现实意义，虽然很多改革项目的资助周期较短，但极大地促进了澳大利亚食糖产业的发展，辐射周期较长。

澳大利亚食糖产业改革方案带来如下政策效果：一是区域生产集成化趋势明显，降低了生产成本。二是将区域社区扶持项目 44.6% 的资金用于优化长期成本、达到规模效益，也促进了农场继任机制和区域集中度。三是区域扶持项目（RCP）有效促成食糖产业范围经济和提高多元化投资领域增值的概率。据 IOG 调查结果显示：60 个 RCP 拨款项目的 51% 用来发展多元化的增值项目（图 3.12）。四是关注能力建设，区域商业计划是打算将传统农场式生产的种植户扶持成一个新型企业实体，这与创新、科技能力提升有关。五是关注可持续发展与环境保护。政府不仅一直重视糖业经济的可持续发展，设立专项基金来支持各种科研项目，旨在提高行业中各个环节的高效性和持续性，还主张保护生态环境和减少糖业生产过程中对其他生态系统的破坏。对食糖加工者和蔗糖种植者而言，保护土地和环境，恢复生态平衡，已成为每个人的责任。例如，在各甘蔗种植场，蔗农每次收割剩余的蔗叶时，会把蔗叶打成碎片覆盖在蔗地上，不仅有利于保护生态环境，同时可以提高土壤的保水和保肥能力，促进甘蔗生产的可持续发展（傅长明，1999）；各糖厂均设立专门的环保部门；国家环保部门则根据相关法律对糖业生产各环节进行全程监督。可持续发展成为澳大利亚长期生存和后代继续以盈利状态生产甘蔗的基础。

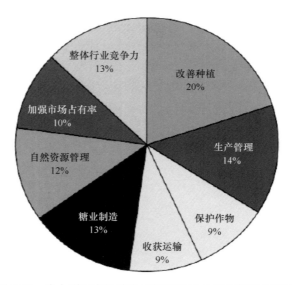

图 3.12　澳大利亚支持糖业可持续发展的资金预算分配图

资料来源：澳大利亚农业部 2010 年

（三）泰国经济作物可持续发展的经验与借鉴

甘蔗和食糖产业作为泰国的支柱产业之一，其稳定和发展对国民经济产生了巨大影响，泰国政府对甘蔗糖业高度重视，实行统一管理、大力扶持的政策。泰国糖业的管理依照 1984 年颁布的《甘蔗和蔗糖法案》，规定甘蔗与糖委员会（CSB）对全国甘蔗和蔗糖工业进行组织、协调和监察（刘晓雪等，2013c）。其下设执业委员会、甘蔗与蔗糖稳定基金管理委员会、蔗糖委员会及甘蔗委员会。其中，甘蔗委员会为甘蔗生产做计划、培育甘蔗品种、防治杀灭害虫、指定甘蔗种植面积，蔗农的注册管理制度使得委员会可知晓蔗农的情况，预知每年甘蔗的产量和分布状况，并通报各个糖厂。同时甘蔗委员会负责估算甘蔗生产成本，甘蔗成本经常变化，这关系到各种可控和不可控因素，协调各个部门的关系，进而提高甘蔗生产效率。蔗糖委员会的职责是为 CSB 和执行委员会为糖业做计划提供咨询和建议，包括行业每年食糖总产量、行业每日压榨量、每个糖厂的日榨量和食糖产量、品种、品质等。此外，蔗糖委员会还制定关于蔗糖生产过程和品质的标准，甚至包括蔗糖的包装、储藏、运输、化验和制糖副产品的生产等；它也控制蔗糖的供销，包括国内和出口贸易，通过制定蔗糖销售的标准、方法和条款，并代表糖厂利益管理国内外销售数量，进而影响蔗糖价格。蔗糖委员会力求在蔗农、糖厂和消费者之间建立平等的关系。主要产业政策如下。

1. 生产支持政策

生产配额制度。泰国糖业实行政府主导下的"订单农业"，参与主体是 20 多万蔗农和 46 家蔗糖加工厂，国家甘蔗与蔗糖委员会要求蔗农和糖厂在规定的网站注册。甘蔗生产实行严格的配额制度，若种植超出配额，种植户需要交付一定的罚款，这种制度既保证了甘蔗质量又控制了甘蔗供给数量。同时，对食糖产量也进行配额管理，以确保国内糖供应的安全并维护糖厂利益，配额分为三部分：A 类是国内白糖消费的配额，B 类是泰国蔗糖公司通过招标销售的原糖，C 类是出口的原糖或白糖。

补贴与贷款政策。泰国政府还通过加大补贴、直接支付等方式来保护蔗农的利益，进而增强其蔗糖在国际市场的竞争力。2008 年 5 月至今泰国政府频繁使用政策补贴手段来维持其对蔗糖的价格控制（刘晓雪等，2013c），泰国政府把本国蔗糖销售的税收收入作为甘蔗和蔗糖稳定基金的资金来源，并坚持价格支持项目和直接支付项目。2010 年 9 月泰国的政府向蔗农、糖厂拨付 30 亿泰铢的 3 年期"支持贷款"，购买收割和压榨机械来提高生产效率和克服人工技能短板，2012/2013 制糖期新设备使得泰国糖厂的压榨能力由原来 90 万 t/天提高到 100 万 t/天（侯薇薇和刘晓雪，2015）。

2. 贸易政策

泰国食糖出口补贴政策方面，由于泰国政府与 WTO 之间签有出口补贴方面的协议，从 2003 年开始泰国政府已终止了给食糖产业提供一揽子贷款（刘晓雪等，2013c）。由于各国均不同程度地对其糖业进行补贴，尤其是欧盟对其糖业的补贴额较高，泰国蔗糖管理委员会曾批准从泰国国有蔗糖基金中拨款 700 万泰铢（约 17.5 万美元）资助泰国蔗糖公司与澳大利亚、巴西开展合作，共同向世界贸易组织起诉欧盟的糖业补贴政策；此外，泰国同时还联合全球糖业联盟的 13 个产糖国共同推行食糖贸易改革和推动食糖贸易自由化。泰国食糖进口政策方面，泰国政府目前实行配额关税制度，即低于 13 760 的配额吨数征收 65% 的关税，而对于超出配额的征收 94% 的关税，较高的关税税率意味着泰国糖业贸易保护倾向明显。

（四）印度经济作物可持续发展的经验与借鉴

印度甘蔗和食糖产业的经营管理属于政府主导型，受印度联邦政府农业部下的农业研究理事会（ICAR）、印度农业合作社及印度糖业协会管辖（刘晓雪等，2013e）。主要产业政策如下。

1. 生产支持政策

农业信贷方面，印度农业信贷有 3 种形式：一是短期信贷，用于购买肥料、种子等生产资料，贷款期限 15 个月，无须担保抵押，利率优惠 10%；二是中期信贷，用于改善生产条件的投资，贷款期限 5 年以内；三是长期信贷，主要用于农田保护和农村电气化，期限 5 年以上。另外，印度政府对国内糖厂产糖征收 140 卢比/t 的税收用于糖业发展基金（SDF），该项基金主要用于有关印度甘蔗和食糖生产的各种研究、扩产及技术革新。

补贴方面，在市场化改革背景下，印度实施直接支付政策，根据 WTO 框架协议，印度政府对农业生产性补贴有所加强，政府通过给予生产者肥料补贴、电力补贴、灌溉补贴等生产性补贴进行保护，在把以收入支持为主要目标的间接补贴改为直接补贴的同时，要保留各种生产性补贴政策，造成了政府的财政压力（刘志雄等，2008）。印度对农业投入品进行的补贴主要包括化肥补贴，邦政府对农用柴油、灌溉用电等予以财政支持，农用机械补贴。

在税收方面，印度法律规定：耕种面积不超过 8 英亩[①]、年收入在 10 万卢比以下的农户，免交包括所得税在内的各项税收。同时，农业合作社是印度政府实现农业发展规划的重要手段，农民通过合作社组织起来保护自己的利益。

在技术支持方面，印度设有负责良种选育的甘蔗育种研究所和负责制糖工艺的甘蔗制糖（工业）研究所。

2. 市场价格调控政策

最低保护价政策。在印度，蔗农直接与糖厂交易，但印度联邦政府每年都会制定甘蔗最低保护价，各邦政府可在联邦政府定价的基础上把甘蔗收购价上调 20%～50%，糖厂必须按邦政府出台的甘蔗收购价来购买甘蔗。2012 年，印度经济事务内阁委员会上调

---

① 1 英亩=0.404 856hm²。

2012/2013 制糖期甘蔗公平报酬性价格（FRP），从每公担^①145 卢比上调至 170 卢比，使得印度甘蔗种植户的报酬上涨 17%，极大地调动了种植积极性，产量得以保障。公平报酬性价格是蔗农从法律上得到保障的最低市场价格，除北方邦和泰米尔纳德邦自行制定邦咨询价格（SAP）外，其他均由印度政府统一设立。

市场投放配额政策。印度食糖的生产和分配体系非常复杂，政府控制面较广。根据《食糖控制法》，印度糖厂将其生产的 10% 左右的食糖出售给政府，即所谓的"征税糖"，该部分食糖价格远低于市场价。政府通过其公共销售系统将这部分食糖以更低的价格出售给生活水平低于贫困线的消费者。糖厂按市场价来销售其余糖。为了稳定食糖的市场价，政府要求自由食糖销售和征税糖销售都不能脱离定期配额。当食糖市场供应偏紧、价格上扬时，政府以低于糖厂生产成本的价格收购糖厂 60%～70% 的糖，剩下的免税糖由糖厂在市场上自由销售。当市场食糖供过于求、价格下降时，政府不强制收购糖厂的糖，取消管制、允许其自由买卖。2000 年以前，政府征收食糖比例为 40%，2002 年 4月 1 日起为 10%。

3. 贸易政策

（1）取消进口配额，征收进口关税

印度食糖进出口贸易政策方面经历了限制性贸易政策到遵守 WTO 下的关税政策的转变。独立后的前 30 年，印度立足内向型发展战略，对食糖进出口实行限制性贸易政策。随着 1991 年开始推行市场化改革，几乎取消了所有产品的出口补贴，以及对大部分中间品和资本品的进口数量限制，进口关税水平也有所下降，但是包括食糖在内的农产品依然受到严格的进口数量限制。1995 年 WTO 市场准入承诺开始执行，要求印度将非关税壁垒关税化，并进行大幅削减，印度将农产品的关税约束在 150% 的高水平上。2004 年印度放弃食糖进口管制，并对食糖进口开始征收 60% 的税额。2008 年，印度食糖减产，印度政府食糖进口的政策是对以 CIF 条件进口的食糖（商品编码 1701）征收 60% 的从价税，再加征约 22 美元/t 的反倾销税。征收反倾销税后就不再征收 16 美元/t 的地方税和对国内产糖征收的其他费用，也不再征收当地税费 6 美元/t 的市场准入税。

（2）对最不发达国家实行免税免配额制度

印度糖厂主要从巴西和泰国进口食糖。当印度食糖价格大幅攀升时，该国为增加国内市场的糖供应量，抑制糖价上涨，往往允许 MMTC、STC、NAFED 和 PEC 等国有企业免税进口食糖。2010 年 3 月 25 日，印度向世界贸易组织宣布将确保免税免配额制度为最不发达国家提供有效的市场准入，其中可以享受免关税准入的产品包括蔗糖。共有 14 个最不发达国家获得这一便利措施。根据市场运行状况，印度企业可调整免税进口食糖的数量和期限，以增强该政策的效果（刘晓雪等，2013e）。

（3）出口鼓励与管制政策

为了扩大食糖出口，印度政府采取了许多鼓励食糖出口的措施，如免除食糖消费税、不再实施定期配额销售管制、免除 850 卢比/t 营业税等。在 2008 年 9 月 30 日前，印度

---

① 1 公担=1 公吨=100kg。

联邦政府和马哈拉施特拉邦政府一直对食糖实施出口运输补贴政策，但受减产及食糖出口国压力，该政策之后被废除。印度食糖出口仍将继续享受关税上的优惠政策：①免交地方税和对国产糖征收的其他费用；②进口商品复出口可退税（坤尚，2009）。2011 年4 月22 日，印度在批准50 万t 的食糖出口计划同时公布新规定，要求所有食糖出口加工企业在对外出口时一律需进行登记备案。该办法规定蔗糖出口企业应提前3 天向有关部门进行出口登记并在4 个半月之内完成出口。印度食糖出口份额将由印度粮食管理部门负责分配，依据企业前3 年的出口业绩或前2 年的生产量来核定。

（五）巴西经济作物可持续发展的经验与借鉴

巴西甘蔗和食糖产业涉及的主要机构包括巴西甘蔗行业协会（the Brazilian Sugarcane Industry Association，简称 UNICA）和巴西发展、工业和外贸部（刘晓雪等，2013）。UNICA 成立于1997 年，是目前巴西国内食糖、乙醇和生物能源方面最大的组织。目前已拥有130 多个会员，代表的蔗糖产量超过巴西总产量的60%，乙醇产量占巴西国内产量的50%，正在发挥巴西甘蔗产业整合的主导角色。同时该组织也向巴西及世界提供乙醇、食糖及生物能源，在甘蔗产业基础上发展甘蔗制乙醇和生物发电的技术，并着力推广应用，逐步成为一个具备较强竞争力的农工贸科综合组织（杰拉尔•库塔斯，2012）。巴西发展、工业和外贸部是政府推广使用生物燃料乙醇的主要职能部门，其他配合的相关部门还有农业部、能矿部和外交部。主要产业政策如下。

1. 生产支持政策

糖料收购政策。原料蔗收购实行按质论价和糖蔗紧密挂钩的机制，调动了蔗农提高含糖量的积极性。1997 年前，原料蔗收购价是由巴西政府评估和制定的，在政府干预淡出市场后，以圣保罗州为代表的主产州市在市场运作的基础上逐渐形成了"CONSECANA-SP"定价体系。与我国按品种论价不同，巴西糖厂对原料蔗的收购主要是按质论价，核心是含糖率 TRS，即吨蔗含糖量，还会综合考虑圣保罗州的甘蔗和酒精平均价格[①]；食糖、含水乙醇及无水乙醇的混产比例；巴西国内精炼糖和乙醇（包括含水及无水）的价格；以及世界原糖的价格等因素（陈树强，2011）。这些能最大限度地调动蔗农主动提高甘蔗含糖率的积极性，厂方也能减少甘蔗在砍、运过程中的糖分损失，提高出糖率，降低食糖生产成本。

产业链支持政策。巴西将甘蔗制糖和甘蔗制乙醇结合在一起，1975 年巴西政府启动"巴西国家乙醇计划""生物能源计划"和"全国实施发展燃料乙醇生产计划"，政府投入了几十亿美元的资金推动上述计划的实施，实现了工农业结合，优化了产业结构。在巴西甘蔗行业协会的推动下，该国推进甘蔗产品多样化，使甘蔗产业链的各环节运作价值得到充分体现。除了用于生产世界20%的食糖和20%的乙醇外，甘蔗还被广泛用作重要的再生能源，目前巴西能源中再生能源占比达60%，甘蔗作为重要原料进行生化发电，甘蔗发电已占巴西全国发电量的3%。由于糖厂废水不能直接排入江河，巴西的糖厂废

---

① 该价格为圣保罗州糖厂的卡车交货价，由当地的大学研究机构 ESALQ 统计收集。

水 100%作为肥水用于灌溉甘蔗地。此外，甘蔗将在生物塑料、化妆品、食品、第二代乙醇等领域有所发展。

农业保险政策。2004 年 6 月 29 日政府颁布政令，巴西开始实施农业保险保费补贴计划。2008 年 5 月，巴西政府当局向国会提交了一项"农业保险保费补贴计划"的补充法案，拟建立"巨灾保障基金"支持保险公司或再保险公司应对巨灾风险，推动对气候多变地区农业保险的供给。

融资支持政策。2007 年年底开始的金融危机导致巴西农业融资短缺（刘一砂，2012），巴西国家货币委员会变更农业贷款规定，为 2008/2009 制糖期增加了 55 亿雷亚尔的农业贷款。新增贷款额相当于原有全年农业贷款额的 6.75%，新增农业贷款来自于银行上交央行的保证金。除新的农业贷款规定外，巴西一直推行农业专项低息或无息贷款。

产业科技创新政策。巴西高度重视甘蔗生产、制糖和综合利用等一揽子的研发服务，将效率提升作为第一生产力。巴西对甘蔗生产技术的投入非常大，包括甘蔗种植、制糖工艺、甘蔗农机、制糖设备、综合利用和新产品开发等各专业领域的研究所，并且由所属行业管理部门直接领导，为解决生产中的实际问题提供有偿服务。此外，甘蔗农场也建立自己的实验室进行甘蔗育种及病虫害防治研究，既减少农药使用量，又降低生产成本（徐雪，2004）。

2. 市场价格调控政策

巴西政府对甘蔗和食糖价格不作任何市场干预，原料蔗的买卖完全实行市场化运作，蔗农可以把甘蔗卖给任何一家糖厂。糖厂根据当天的食糖市场价格及时报价和收购甘蔗。巴西甘蔗主要通过汽车和货船运输，运输及费用由蔗农自己负责，糖厂不设甘蔗储藏场，做到即到即卸即榨，砍、运、榨高速高效运行。但巴西乙醇的收购与销售价格均由国家控制。

控制汽油价格。巴西石油工业始于 19 世纪末期，政府于 1953 年颁布法令宣布巴西石油国家垄断，成立巴西国家石油公司（Petrobras），不仅参与石油政策的制定、执行，还统管巴西石油的勘探、开发、生产、运输及企业的经营管理。汽油作为石油主要加工品，处于政府管制之下。一直以来，政府强制规定巴西乙醇价格为国内汽油价格的 60%，1997 年石油管理政企分开，政策制定和行业监管由矿业能源部增设的巴西国家石油管理局（A Agencia Nacional do Petroleo-ANP）负责，而政府则通过巴西国家石油公司控制国内汽油市场。近年政府燃料定价政策有较大争议，为控制通货膨胀，巴西政府不同意国家石油公司提高国内汽柴油价格与国际价格接轨，人为压低汽油价格导致生物乙醇竞争力下降、甘蔗产量减少，生物乙醇价格因此飙升，混合汽油价格随之提高，巴西政府被迫在 2011 年年底决定将汽油中的乙醇含量降至 20%（李杨瑞等，2015），以防止其助长通胀率，这严重挫伤了巴西汽油及乙醇产业。

控制乙醇与汽油掺混比例。巴西糖厂基本均能生产乙醇，生产比例由企业根据巴西政府规定的乙醇与汽油的掺混比例，以及糖和乙醇市场的实际价格进行判断，自行决定。糖价下跌，政府将提高汽油中的乙醇掺混比例，乙醇需求增加，利润空间大，便降低糖市供给以促进糖价恢复，反之亦然。

政府收购。由于乙醇生产成本比汽油成本高 2/3 左右，为保障生产厂和消费者的利益，先由国家按市场价格（工业平均生产成本加合理利润）向工厂收购，再由国家补贴后按低于石油的价格销售给用户，这相当于变相对甘蔗和食糖产业进行补贴。当糖价下跌时，政府通过收购可降低乙醇的市场供给，提高乙醇的利润空间，引导糖厂转产乙醇，稳定糖价（刘晓雪等，2013d）。

3. 贸易政策

（1）出口免税政策

巴西糖市内贸市场放开，外贸则采用出口支持政策，形成了国内售价和出口价不一致的情形。对于国内市场，各州政府对本州内的甘蔗不收税，但对跨州收甘蔗征 9%～12%的税；同时对国内销售的食糖征收 12%的营业税（销售额的 12%），但对于国际市场，政府则免征一切出口税赋（徐雪，2004）。同时结合国内汽车市场的实际情况，巴西政府保留对无水乙醇进行税收减免而对含水乙醇进行征税，以保证国内乙醇需求和稳定糖价。

（2）进口许可

巴西对食糖和乙醇进口实行进口许可制度，没有进口配额管理。对南方共同市场 MERCOSUL（巴西、阿根廷、乌拉圭、巴拉圭是其成员国，智利、玻利维亚是该集团的联系国）以外的国家，食糖和乙醇进口关税率分别为 17.5%和 21.5%。巴西进口关税以 CIF（到岸价）计价，以巴西货币雷亚尔支付。同时，乙醇和食糖的进口都取决于巴西政府发放的进口许可，不实行进口配额。

（3）出口鼓励措施

为鼓励出口，巴西财政部宣布，自 2008 年 3 月 17 日起，取消出口结汇限制，出口企业需将出口外汇留在国内比例由当时的 70%降至 0，取消 0.38%的出口金融操作税（IOF）；对进入固定收益如基金和国债的外资征收 1.5%的金融操作税。

（4）贸易救济措施

根据巴西国内法律，美国每年分配给巴西的食糖优惠出口配额自动发放给东北部的贫困地区。

巴西是政府战略与一揽子产业政策积极推动的国家。1978 年巴西还没有乙醇，是贫油国家，糖业产量约为 400 万 t。三次石油危机给巴西经济带来了巨大冲击，后在美国能源委员会的帮助下巴西开始发展有水乙醇和无水乙醇。在 1978～2013 年这 30 多年发展成为食糖产量为 3800 万 t 的首屈一指的食糖主产国，2010 年，巴西甘蔗乙醇占全球总产量的 1/3。巴西生产两种乙醇，即无水乙醇和含水乙醇，分别占国内乙醇总产量的 27%和 73%。

（六）食糖主产国产业发展政策的经验借鉴

通过梳理主要产糖国家的产业政策的经验，我们发现，其有下述共同的规律。

第一，无论是发达国家还是发展中国家，无论是进口国还是出口国、贸易基本平衡国，均建立了符合本国国情的、高效率的产业管理体制，这种产业管理体制多是"单一部门"主导的或者"单一部门+行业协会"的食糖产业管理体制，有些国家还以法律为依托。

澳大利亚依照《食糖工业法》，建立了澳大利亚糖业委员会为主导、甘蔗种植者协会、昆士兰糖业公司、糖业试验站管理局、糖业研究与发展公司（SRDC）等组成的管理体系。泰国糖业管理按照 1984 年颁布的《甘蔗与蔗糖法案》，规定甘蔗与糖委员会承担全国甘蔗和蔗糖工业组织、协调和监察职能，并设置执行委员会、甘蔗与蔗糖稳定基金管理委员会、甘蔗委员会及蔗糖委员会进行专项管理。美国则建立了美国农业部统一管理、美国糖业协会保证工农利益协调的管理机制。印度甘蔗和食糖产业受印度联邦政府农业部下的农业研究理事会、印度农业合作社及印度糖业协会管辖，是政府主导型的管理模式，由农业部负责制定生产支持政策、市场调控措施、进出口贸易政策。

第二，各国均普遍重视构建生产扶持政策体系和合理的二农利益分配机制。美国构建了市场配额与关税配额的市场管理体制，并在此基础上实施贴息贷款调控美国食糖价格，美国曾经宣称，即使国际糖价跌至 352.42 美元/t 以下，美国国内糖价可以稳定在 440.52 美元/t，从而美国食糖产业维持相对稳定。为此，制定了包括目标价格、无追索贷款为主的生产扶持政策、生产与销售配额、关税配额等相配合的产业政策体系。澳大利亚是世界上较早实施甘蔗按质论价收购的国家，每年甘蔗价格的制定都沿用一个经验公式，蔗农交售的甘蔗价格直接与甘蔗含糖量挂钩，鼓励生产效率的提高。为避免各相关环节的利益风险，通常由国际市场的食糖均价反推甘蔗价格，并由蔗农协会公布国际市场食糖价格和与其挂钩的不同糖分的甘蔗价格，从而能够保障工、农、商等各个环节的利益。在这一点上，尤为值得各个国家借鉴学习。

第三，巴西和澳大利亚等国均将科技创新作为竞争力提升的重要支撑，高度重视科技投入及其成果应用。巴西对甘蔗生产技术的投入非常大，拥有甘蔗种植、制糖工艺、甘蔗农机、制糖设备、综合利用和新产品开发等各专业领域的研究所，并且由所属行业管理部门直接领导，为解决生产中的实际问题提供有偿服务。甘蔗农场也建立自己的实验室进行甘蔗育种及病虫害防治研究。澳大利亚联邦和昆士兰州政府对糖业技术研究十分重视，2004 年食糖产业改革方案中约 40%的资金直接或间接用于科技投入，糖业试验站管理局（BSES）主要负责协调与促进各个科研组织研发技术成果，糖业研发公司（SRDC）负责投资、管理各种科研成果并推动其经济效益最大化。

第四，善于发挥合作组织和行业协会的作用。巴西甘蔗行业协会会员的蔗糖产量超过巴西蔗糖产量的 60%，乙醇产量的 50%，是巴西甘蔗产业整合和政策制定的主导力量。澳大利亚甘蔗产业的各个环节几乎都有经济合作组织，各个组织代表不同群体的利益，相互联系、相互制约。如甘蔗种植者协会由蔗农资助和控制，代表所有蔗农的利益；昆士兰糖业公司属于国家财政列支的公共管理部门，代表七大食糖加工商和 3000 多蔗农的共同利益；还有负责技术研发和推广的糖业试验站管理局和糖业研究发展公司等。

第五，以保障价格为引导，通过市场化的手段引导食糖市场平衡和价格稳定。美国作为食糖进口国，为保障消费者、工农生产者的基本利益，通过利益各方协商，确定国内常年食糖销售的"保障价格"和目标价格上限。保障价格是贴息贷款里面的抵押价格，当国内价格在保障价格以上运行时，企业按照国内市场价格销售；当国内价格在保障价格以下时，糖厂可按照保障价格获得贴息贷款，将食糖按照保障价格交给有关管理机构，类似于政府在保障价格和市场价格间提供了补贴；当国内价格远高于保障价格，达到目标价格上限时，代表国内供给远远不足，采取临时增加进口等措施调控市场价格，希望市场在保障价格与目标价格上限之间运行。政府为了避免企业无法还款、大规模违约情况的发生，当国内价格在接近保障价格时，会启动一些调控措施，如通过金融手段抑制企业进口需求、启动食糖与相关商品的联动项目等。

第六，维护本国利益，坚持形成有利于本国的国际化政策。泰国是食糖的主要出口国，其对进口原糖和食糖实行配额管理和高额关税，对于食糖出口实行补贴政策，还专门批准推动食糖自由化进程的方案。2005 年，泰国蔗糖管理委员会曾批准从泰国国有蔗糖基金中拨款 700 万泰铢（约 17.5 万美元）资助泰国食糖公司与澳大利亚、巴西开展合作，共同向世界贸易组织起诉欧盟的糖业补贴政策（余显伦，2010），胜诉后，欧盟采取一系列削减补贴的政策，逐步从食糖净出口国演变为净进口国，增强了三大食糖出口国的出口规模。巴西对于食糖和乙醇实行进口许可制度，但采取出口支持和鼓励政策，如实施出口免税等措施，使巴西国内售价和出口价不一致，提升了国际竞争力。

第七，出台注重生态环境保护与农业可持续性发展的长远措施。澳大利亚等国在发展食糖产业的同时，重视生态环境的保护并形成先进环保生产经验，注意休耕的同时更重视农业长期的可持续发展，以充分利用比较优势的生产要素禀赋。可持续性不仅是成本的优化还是提高生产效率的潜在方式，最重要的是，可持续发展是长期生存和后代继续以盈利状态生产甘蔗的基础。此外，可以借鉴澳大利亚 2004 年产业改革方案中针对重点对象的扶持方式，包括商业计划拨款、重组拨款、再教育拨款、可持续发展拨款等。这些措施虽然实行周期较短，但效果辐射周期较长，能较明显地促进食糖产业持续发展竞争力的提高。

第八，形成应对糖价急剧波动的系列性稳定措施。2013 年食糖价格下跌对于美国、印度等食糖主产国带来了不同程度的影响，各国往往采取"连环"措施化解危机。美国 2013 年面临国际糖价下滑与国内供给过剩的问题，为了缓解国内糖厂销售压力及刺激食糖价格上涨，美国根据市场价格的变动和库存消费比指标进行了调控，推出系列政策。①在美国糖价接近借贷支撑水平时，从国内甘蔗厂买入原糖，然后亏损卖给精炼糖厂，换取再出口项目信用，减少精炼糖厂的原糖进口，将国内原糖出口国外。目的有两个，以国内原糖替代低价进口原糖，减少精炼糖厂原糖进口；提振糖价，避免制糖企业的贷款因为糖价低位无力偿还贷款而被没收食糖。②当 ICE 原糖期货价格低于 USDA 糖津贴项目保障价格时，启动原料弹性项目（Feed stock Flexibility Program，购买过剩原糖低价亏本销售给乙醇生产），将更多原糖用于生产生物燃料，从而减少原糖和食糖的供应。③增加再出口许可，减少国内食糖产量，并将再出口许可的发放与未来的原糖进口加工精炼糖的资格挂钩。④糖价进一步下滑时，强化原料弹性项目的规模，将大规模原糖转向生物燃料的加工，并强化宣传，将剩余食糖全部用于非食品生产。印度也面临着生产成本增加、政府应蔗农要求提高蔗价而糖厂因糖价下滑面临亏损，一度停产。面对这种状况，印度政府和各地政府采取了不同措施予以化解：一是给糖厂减税；二是给予农民补贴；三是印度向糖厂提供无息贷款，并在此5年后每年减少部分利息负担，同时提高乙醇混掺比例；四是印度进口糖关税由10%上调至15%。

七、我国糖料作物产业可持续发展的发展目标与保障措施

（一）中国食糖的发展目标、基本思路与三大保障

1. 发展目标

2020年食糖基本自给（1650万t）。关键指标为：种植面积200万hm^2，亩产4.7t，出糖率12.5%，吨蔗成本300～350元，吨糖原料成本3200元，加工成本500元；全行业扭亏为盈。

2. 基本思路

通过资源整合和创新驱动，主要以品种改良、机械化规模化推进、轻简高效的栽培技术为依托，以水利基础设施作辅助配套，促进科技进步，转变增长方式，保证200万hm^2种植面积。

3. 三大保障

一是品种改良。实行甘蔗成熟期（早、中、晚熟）和品种遗传多样性、优化多系布局，选育适合机械化生产的新良种和育种资源创新；推广脱毒种苗。

二是探索农机农艺相配套的机械化生产，制定甘蔗万亩耕、种、管、收机具配套的机械化、集约化、信息化生产规程。

三是推广轻简高效的栽培技术。引进、研发轻简（水肥耕作一体化）、高效（投入产出比为2：3）栽培技术，以现代农业增长方式取代传统农业，达到化肥和农药零增长，保护生态平衡。

（二）我国糖料作物可持续发展的政策建议

1. 尽快出台《中华人民共和国农业法》，构建稳定农业发展的法律基石

自1991年糖业流通体制改革以来，我国糖料与食糖产业逐渐形成了国家发改委、农业部、工业和信息化部、商务部4个涉糖管理部门为主的糖料与食糖产业的管理体制，同时，中国糖业协会对制糖企业实行行业管理。这种管理体制与政策体系"环节"管理特点显著，糖业管理"责权利"不够清晰，运行成本较高，政府有关部门在生产支持、市场流通、贸易政策、价格宏观调控政策和货币政策之间未能建立统一的战略框架和通盘考虑，越来越难以适应日益国际化的纷繁复杂的食糖市场形势。与此同时，食糖市场国内外价格联动、期现货价格联动、食糖-石油-美元价格联动等特征日益显著，食糖"泛金融化"趋势明显。面对处于整合和变革期的食糖市场，如何立足长远兼顾当前，将国

内形势与国际形势结合，完善兼顾短期与长期、将生产支持政策、市场流通政策、贸易政策、宏观政策与货币政策等统筹协调的产业政策体系，任重道远，亟须做好政策体系的"顶层设计"。但是政策体系顶层设计优化完善的前提目前无法避开体制障碍，有法可依，选择合适时机出台中国农业法案，成为理顺管理体制和机制的重要保障。

2. 加快政府糖业管理体制创新，构建单一部门主导的食糖产业管理体制

国际上，澳大利亚、泰国、印度等食糖主产国都无一例外地构建了单一部门主导的食糖产业管理体制，甚至构建了完善的法制体系，我国可参照国际经验（澳大利亚糖业委员会、泰国甘蔗与糖委员会、美国农业部等）构建以一个政府部门为主导（如农业部）的食糖产业管理体制，扭转当前分环节多头管理的不足，为糖料与食糖产业出台可持续发展的一揽子产业政策奠定基础。

3. 短期尽快构建产业受损后应急保障机制，稳定产业发展

2011 年以来国际食糖市场连续 4 年供给过剩（或将连续 5 年），国际糖价由 748.88 美元/t 跌至 352.42 美元/t 以下，国内糖价由 2011 年的 7800 元/t 跌至 4500 元/t，价格大起大落，连续 3 年价格下滑，产业风险高度累计，糖料产业链主体受损惨重，以广西第一大糖料主产区来看，价格成本调查监审分局数据表明，随着广西甘蔗收购价由 2011/2012 制糖期的 500 元/t 下滑至 2012/2013 制糖期的 475 元/t，2013/2014 制糖期降至 440 元/t，甘蔗收购价格下滑无法弥补成本上涨幅度，种植收入下滑 3.5%，净利润下滑显著（约 38.7%），2013/2014 制糖期成本利润率指标急剧下滑至底线边界（17.64%），相当于 2002 年的水平。2012/2013 制糖期糖企亏损面达 87%，亏损额 15.52 亿；2013/2014 制糖期广西榨糖企业将全面亏损，亏损额近 100 亿（刘铮，2011）。制糖企业普遍亏损，不仅反哺农民种蔗补贴的能力不足，糖料蔗付款也受到严重影响，全国拖欠农民糖料款高达 190 多亿元，广西永凯糖纸集团宾阳大桥分公司拖欠蔗款 2.8 亿元，广西全区拖欠蔗款 41 亿元。延迟兑付蔗款现象严峻，部分糖企资金链断裂，严重影响糖业根基与国民经济的稳定发展。

对于糖料与食糖产业的这种严峻局面，既无现成的产业损害应急办法，也无法可依，只能依靠糖料与食糖产业主产区、中国糖业协会、国家甘蔗技术研发中心等自行呼吁，寻求支持，进度滞后，亟须出台产业受损严重时的应急措施，并出台相关的管理办法，降低产业受损期的延长。例如，区分企业资金断裂的原因，对确因市场状况变动影响而非将资金用作他用的制糖企业实行部分无息贷款（以下一制糖期食糖作为抵押品），实行制糖受损时的税赋减免（年度内减免，下一制糖期行业正常时恢复），产业损害应急援助（可以以入榨甘蔗量为标准进行偿付，加快蔗款的支付）。与此同时，通过制糖企业恢复发展，加快蔗款支付进程，稳定糖农种植意愿。

4. 中期探索以目标价格政策为核心的食糖市场调控政策

根据 2014 年中央一号文件和 6 月 25 日国务院常务会议精神，更多发挥市场作用，完善农产品价格和市场调控机制，是新形势下更好调动农民生产积极性、保障国家粮食

安全的一项重要制度安排。中央政府重点调控谷物、棉花、油料、糖料等，其他农产品主要通过市场调节，地方政府也要承担稳定市场的责任。

2011 年以来，糖料与食糖市场的影响因素由国内供求为主逐渐转向国内与国际供求并重的发展态势，国际化特征日趋显著。中央和地方储备糖在国内供求为主的情况下对于稳定食糖市场价格、促进供需平衡发挥了一定的积极作用，然而，在国际供求和国内供求并重且食糖进入下滑通道国内外糖价存在价差、配额外进口有利可图时，收储政策很难发挥有效稳定市场的作用，甚至通过增加进口加剧了国内市场的波动，此时，以目标价格政策为核心进行市场调控，符合国际规律和国内现实。

目标价格政策的实施可以在 3 种方案中进行考虑：一是目标价格与差额补贴机制，即当前棉花、大豆的目标价格；二是以美国金融手段（无追索权贷款）为主要代表的目标价格政策；三是在糖料美国 2014 年农业法案中的价格损失保障补贴，这种补贴首先设定一个参考价格，如果市场价格低于参考价格的时候，则向生产者提供补贴。价格损失保障补贴的补贴率是参考价格与年度全国平均市场价格之间的差额，第三种方案和第一种方案类似。总之，借鉴棉花和大豆国内目标价格试点经验，可以考虑在糖料与食糖品种中，在金融手段和价格损失保障补贴上进行选择，采取"目标价格"之实但避开"目标价格"的用词，也可探索并积累目标价格政策的实施经验。

食糖产业最具有实施目标价格的便利条件，建议有条件时逐步推进目标价格的试点。世界糖价跌宕起伏，暴涨暴跌，但各国政府均无一例外地实行严格调控，保障国内糖价相对稳定。而我国食糖产业多位于老、少、边、穷地区，涉及蔗农和糖厂人数巨大，影响了上千亿元的产业链，无论是出于稳定，还是产业链发展层面，适宜借鉴、学习供需基本平衡国的经验，如美国目标价格和保障价格制度，完善现有收储为主的市场调控政策体系。而且，食糖因为糖料需 24h 快速入库压榨以减少损失的特点，与糖厂构建了紧密的砍收和压榨信息制度，国税局则从入库、压榨、出糖等建立了严密的实时监测系统以保障税收的顺利完成。这些现实与监测系统的存在，既为中国蔗农、糖厂信息监测系统提供了前提，也为目标价格与补贴制度的实施提供了最有利的先天便利条件。

因此，中国食糖产业最具有实施目标价格的便利条件，当然还需考虑糖料与食糖价格之间的挂钩机制及目标价格的动态调整机制。但从长远来看，中国食糖作为内销市场，以满足国内需求为主，可在保障消费者、工农生产者基本利益的原则下，通过利益各方协商，确定国内常年食糖销售的"保障价格"。以保障价格为例，保障价格是贴息贷款里面的抵押价格，当国内价格在保障价格以上运行时，企业可以按照国内市场价格销售；当国内价格在保障价格以下时，糖厂可以按照保障价格获得贴息贷款，将食糖按照保障价格交给有关管理机构，类似于政府在保障价格和市场价格间提供了补贴。当低于保障价格时，会启动一些调控措施，如鼓励再出口、抑制企业进口需求、启动食糖与相关商品的联动项目等。

5. 长期构建多层次的糖料作物风险保障体系，保障产业稳定发展

一是积极探索多层次糖料生产风险管理体系，完善甘蔗农业保险措施中的定损复杂而不及时等问题，依托糖企或者风险投资公司实施多元化市场化的风险管理措施。二是

建立甘蔗与食糖发展风险基金，发挥其市场风险"稳定器"的作用。三是有条件时尝试探索（个人）农业风险保障补贴[①]或收入保险机制。

6. 推行"以质论价"，改进工农利益分配机制

实行以蔗糖分为基础的"以质论价"，改进我国"糖蔗联动、二次结算机制"的产业化经营模式，完善糖价和蔗价的经验公式挂钩关系，明晰价格联动机制的确定，确保工农利益比例控制在4∶6左右或1∶2，由4000万蔗农分配60%（67%）而48家糖业集团分配剩余40%（33%），实现完全意义上的蔗农和制糖企业的利益共享和风险共担。

7. 发展壮大甘蔗种植者协会和行业协会，推动蔗糖生产组织化和规模化

一是支持广西等主产区培育发展真正意义上的甘蔗种植者协会。以种蔗大户自发联合、政府适度引导为基础，通过发展专业合作社和加快土地流转，组建甘蔗种植者协会，严格规定协会参与政府"糖蔗联动、二次结算"收购价格政策制定，提高蔗农定价话语权。二是进一步强化中国糖业协会的作用。将行业协会做实做透，使之在市场供需平衡、政策协调沟通方面发挥更大的作用。三是运用经济手段加大兼并重组力度，鼓励企业通过提高生产加工规模来降低食糖生产成本，提高产业集中度。

8. 促进科技升级，实现生产发展方式转变

一是建立稳定长效的科研投入机制，把科技创新作为竞争力提升的重要支撑。鉴于农业技术研究的周期长，像美国农业部的ARS、印度的SBI都是"百年老店"，他们多数是成立30年后才真正育有应用价值的良种，再加上中国立地条件结合起来，中国育种比国外都难，三旱两寒、五年一周期，土壤极薄，虫害多，没有轮作，就更需要较长时间的持续投入。支持力度除了国家加大投入外，还应同世界接轨，从生产者手中每吨甘蔗抽取1元的技术改进费，有国家农业主管部门统筹，一半用于农业技术改进，一半用于加工和经济研究。

巴西对甘蔗生产技术的投入非常大，拥有甘蔗种植、制糖工艺、甘蔗农机、制糖设备、综合利用和新产品开发等各专业领域的研究所，并且由所属行业管理部门直接领导，为解决生产中的实际问题提供有偿服务。甘蔗农场也建立自己的实验室进行甘蔗育种及病虫害防治研究。澳大利亚联邦和昆士兰州政府对糖业技术研究十分重视，2004年食糖产业改革方案中约40%的资金直接或间接用于科技投入，糖业试验站管理局（BSES）主要负责协调与促进各个科研组织研发技术成果，糖业研发公司（SRDC）负责投资、管理各种科研成果并推动其经济效益最大化。

二是重视延伸甘蔗产业链，增加产业附加值。巴西将甘蔗制糖和甘蔗制乙醇结合在一起，推进甘蔗产品多样化。除用于生产占世界20%的食糖和20%的乙醇外，甘蔗还被广泛用作重要的再生能源进行生化发电，甘蔗发电已占巴西全国发电量的3%，预计2020年将达到18%。巴西的糖厂废水100%作为肥水用于灌溉甘蔗地。此外，甘蔗还在生物

---

① 个人农业风险保障补贴是2014年美国农业法案中的方案，含义是，真实的个人收入低于个人农业风险保障收入的时候，补贴就会启动；个人农业风险保障无法以单个产品来获得补贴，只能将全部农场作物纳入项目中。

塑料、化妆品、食品、第二代乙醇等领域有所发展。

9. 运用好 WTO 规则，严格控制食糖进口

在多边及中澳、区域全面经济伙伴关系（RCEP）等双边贸易谈判中，不作减让承诺，维护好有限的关税和国内支持政策空间。充分考虑国内产业稳定发展的需要实施贸易政策调控。当国内食糖产需缺口不大时，严格控制配额内进口，防止对国内价格形成打压；关税配额的发放可适当参照往年配额政策的执行情况，微调原糖与白糖配额发放比例，适当考虑制糖与配额发放挂钩的配额发放制度。同时，要加大食糖缉私及假冒产品综合治理力度，维护市场秩序。

10. 立足内需建立海外生产基地，实施"走出去"战略

鉴于中国食糖供求关系的长远考虑，未来缺口成为常态且呈日益扩大态势，即使考虑到淀粉糖的补充，仍有相当大的缺口。这部分缺口的食糖仅依靠进口会受国际价格影响较大，可以尝试鼓励国内大型企业在资源优势最优越、技术很强的国家（如巴西）当地通过参股与控股当地糖厂，然后将食糖卖回本国的方式，提供稳定的食糖供给。在气候条件、资源条件和技术条件都比较适合的巴西进行投资，不仅可以保障国内的食糖供给，还可以学到先进的糖醇联产经验、制糖技术，并培训大量的技术人员，为国内食糖技术升级提供一些经验借鉴。

主要参考文献

陈树强. 2011. 深度逻辑——巴西甘蔗及制糖行业分析. 中证期货研究部国际食糖市场专题报告

代斌. 2015. 贵糖股份存货内控失败案例分析. 经贸实践, (9): 257

段立君, 迟薇. 2014. 我国食糖进口现状及影响因素分析, 农业经济, (12): 125-127

傅长明. 1999. 澳大利亚糖业之我见. 广西轻工业, (3): 11-14

贺贵柏. 2012. 广西蔗糖产业循环经济发展的现状、问题及对策措施探讨. 甘蔗糖业, (6): 48-52

侯薇薇 刘晓雪. 2015. 中国食糖超配额进口出路分析. 农业展望, (1): 70-80

黄振瑞. 2015. 高产甘蔗养分需求规律及施肥调控研究. 北京: 中国农业大学博士学位论文

杰拉尔·库塔斯. 巴西食糖市场形势与展望. http://futures.hexun.com/2012-09-10/145670656.html, 2012-09-10.

坤尚. 2009. 印度降低食糖生产税. 农村实用技术, (3): 18

李艳君. 2011. 中国食糖进口贸易前景分析. 农业展望, (7): 15-26

李艳君. 2013. 我国食糖进口贸易的新特点和发展趋势. 中国经贸导刊, (16): 20-22

李杨瑞, 杨丽涛, 杨柳, 等. 2015. 巴西甘蔗糖业高效低耗的经验与启示. 中国糖料, (4): 73-76

梁志婷. 2015. 论糖料蔗划区收购政策的合理性与完善建议——以广西糖业为研究背景. 广州: 暨南大学硕士学位论文

刘晓雪, 陈如凯, 郑传芳. 2013a. 62 年变迁背景下中国糖料与食糖市场的发展特点. 中国糖料, (1): 1-5

刘晓雪, 何宸枫. 2015. 近期中国食糖进口形势与未来走势, 农业展望, (9): 57-62

刘晓雪, 王沈南, 郑传芳. 2013. 2015—2030年中国食糖消费量预测和供需缺口分析. 农业展望, (2): 71-75

刘晓雪, 王新超, 高睿雯. 2014. 美国食糖产业目标价格政策及其对中国的启示——基于2014年美国农业法案的视角. 世界农业, (12): 64-68

刘晓雪, 王新超, 郑传芳. 2013b. 50 年来澳大利亚食糖市场与政策的发展演变及对我国的启示. 世界农业, (6): 75-89

刘晓雪, 王新超, 郑传芳. 2013c. 泰国食糖产业与政策的发展演变——基于 1961—2012 年的数据. 世界农业, (7): 67-74

刘晓雪, 王新超. 2014. 高睿雯美国食糖产业目标价格政策及其对中国的启示——基于 2014 年美国农业法案的视角. 世界农业, (12): 64-68

刘晓雪, 徐欣. 2010. 中国食糖消费状况分析与未来五年前景展望. 农业展望, (2): 28-32

刘晓雪, 张宸, 郑传芳. 2013d. 巴西蔗糖产业与政策的发展演变——基于 1961—2012 年的数据. 世界农业, (5): 75-84

刘晓雪, 张宸, 郑传芳. 2013e. 印度食糖市场 65 年来发展历程及其变迁规律. 世界农业, (4): 75-82

刘一砂. 2012. 浅析巴西农业信贷政策及效果影响. 经济视角(上), (5): 39-41

刘铮. 2011. 食糖成本与价格形成机制对广西制糖产业影响研究. 改革与开放, (6): 78-79

刘志雄、董运来、耿建. 印度农业贸易政策改革: 问题和前景. 经济管理与研究, 2008, (1): 55-59

王沈南, 刘晓雪, 郑传芳. 2014. 十三五时期中国食糖消费市场展望. 农业展望, (10): 67-72

谢良俊. 2013. 从南宁糖业年报透视糖业发展困境. 中国农业信息, (9): 29-31

徐广涛. 2002. 我国食糖生产与市场发展. 中国食物与营养, (3): 28-29

徐雪. 2004. 中国与巴西食糖产业竞争力比较. 农业经济问题, (11): 60-64

杨莲娜. 2013. 中国食糖的进口波动研究——基于进口安全的视角. 国际经贸探索, (3): 18-25

余显伦. 2010-06-29. 泰国蔗糖业发展前景看好. 中国贸易报, 2

张显勇, 蔡文伟, 杨本鹏, 等. 2008. 甘蔗花叶病和宿根矮化病多重 PCR 检测方法的建立. 中国农业科学, (12): 4322-4323

Wang K B, Wang Z W, Li F G, et al. 2012. The draft genome of a diploid cotton *Gossypium raimondii*. Nature Genetics, 44:1098–1103